5·16과 박정희 근대화노선의 비교사적 조명

5 · 16과 박정희 근대화노선의 비교사적 조명

초판 1쇄 발행   2012년 7월 4일

편   자 ㅣ 한국정치외교사학회 이재석 · 김은경
발행인 ㅣ 윤관백
발행처 ㅣ 선인

편   집 ㅣ 소성순
표   지 ㅣ 윤지원
영   업 ㅣ 이주하

등   록 ㅣ 제5-77호(1998.11.4)
주   소 ㅣ 서울시 마포구 마포동 324-1 곶마루 B/D 1층
전   화 ㅣ 02)718-6252 / 6257   팩스 ㅣ 02)718-6253
E-mail ㅣ sunin72@chol.com
Homepage ㅣ www.suninpub.co.kr

정가   23,000원

ISBN   978-89-5933-562-6 94300
ISBN   978-89-5933-194-9 (세트)

· 잘못된 책은 바꿔 드립니다.

5·16과 박정희 근대화노선의 비교사적 조명

한국정치외교사학회 이재석·김은경 편

간행사

5·16과 박정희 근대화노선의 비교사적 조명

　2011년은 5·16이 발생한 지 50주년이 되는 해이다. 5·16을 계기로 정권을 장악한 박정희 중심의 군부는 군정을 거쳐 제3공화국을 출범시키면서 지속적으로 조국근대화를 추진했다. 이로써 한국은 1948년 이룩한 건국이란 시대적 과제에 이어 근대화란 두 번째 역사적 과제에로 매진하게 되었다.

　근대국가는 하나의 역사적 산물로서, 유럽의 대부분의 국가들처럼 전통국가가 근대국가로 탈바꿈하거나 아시아 아프리카의 일부지역처럼 근대적인 국가가 없던 지역에서는 새로이 창설되었다. 전통국가에서 근대국가로 탈바꿈한 국가의 경우라 하더라도 그 국가들의 근대화도정이 순탄한 것은 결코 아니었다. 일부는 대내적으로 아래로부터의 변화요구에 의해서 다른 일부는 대외적 자극에 영향을 받아 시행착오를 거친 끝에 근대국가체제를 갖추게 되었다. 전근대적인 제국이 해체되거나 전통국가가 계속 독립을 영위하지 못해 식민지배를 받다가 해방되어 일시적으로 국가부재 상태에 놓였던 또 다른 지역에서는 근대국가체제가 이식되었다. 이들 국가는 비록 국가로 수립되기는 했으나 국가다운 국가로 틀을 갖추기 위해서 지난한 국가형성과 근대화과정을 필요로 했다.

　한국은 제2차 세계대전 종전 후 근대국가체제를 갖추게 되었으나 1948년 수립된 한국의 국가체제는 일종의 외삽국가체제였기 때문에 이후 근대화과정을 통해 근대민족국가로 성숙해야만 했다. 근대화는 서구에서는 19세기에 일단락된 것이었으나, 전통한국의 근대화실패, 일본제국의 강점, 건국직후의 6·25전쟁과 전후복구 등으로, 한국은 1960년대에 들어서서야 비로소 근대화에 매진하게 되었다. 한국의 근대화는 서구의 근대화에 비해 '지체된' 것이었지만, 전후 독립한 신생국의 근대화 정책에 비해서는 '선구적'이었으며 그것도 '성공적인 근대화'라고 평가되고 있다. 이러한 근대화정책이 본격적으로 추동된 시발점은 5·16이고, 그 중심에 지도자로서의 박정희가 있다. 한국의 근대화는 비서구 발전도상국가에게 하나의 모델이 되었고, 박정희 리더십은 한국근대화 성공의 중요한 한 요인이었기 때문에, 이들에 대한 지속적인 관심과 평가가 요구되고 있다.

한국정치외교사학회는 한국의 정치사, 외교사, 사상사의 제 문제를 역사의식을 갖고 자아준거적 차원에서 연구하고 발표함으로써 한국정치와 정치학의 발전에 기여한다는 문제의식으로 창립된 학회이다. 그리하여 한국정치외교사학회는 정치학과 역사학의 접목을 도모하며 한국의 정치사, 외교사, 사상사 및 이와 관련된 연구에 천착해 왔다. 이러한 학문적 지향에 따라 한국정치외교사학회는 1984년 창립초기부터 한국역사상의 크고 중요한 정치·외교·사상사적 사건을 조명하는 학술대회를 개최해 해당되는 사건의 실체적 규명과 역사적 의미를 학술적으로 평가하고자 하였다. 이런 학회전통에 따라 한국정치외교사학회는 5·16 50주년을 맞이하여 5·16과 박정희의 근대화노선을 조명하기 위해 "5·16과 박정희 근대화노선의 비교사적 조명"이란 학술대회를 2011년 5월 13일 프레스센터에서 개최하였다.

이 학술대회는 5·16과 한국의 근대화정책과 5·16과 정치변동의 성격으로 나누어 7개의 주제발표로 구성되었는데, 전자는 5·16과 전개과정과 이후 추진된 근대화정책을 정치, 경제, 이념적으로 조명하는 연구발표이었고, 후자는 5·16과 근대화정책의 성격을 조명하는 연구발표로, 비교를 위해 "케말과 터키의 근대화"와 "인도네시아의 수하르토체제와 근대화"란 주제를 포함시켰다. 이제 그 연구성과를 공유하기 위해 발표된 논문들과 해당주제를 더욱 체계적으로 이해하도록 도움이 되는 연구물을 두 편 추가해 한 권의 책으로 내놓는다.

이 책이 독자들이 5·16과 박정희 근대화노선을 올바르게 이해하고 평가하는데 도움이 되기를 기대한다.

정일준 교수의 "5·16과 군부의 정치참여: 미국의 대한정책과 군사정권"은 기존의 연구들이 쿠데타 주체세력의 동기와 당시의 국내적 정치·경제·사회상황에 비추어 그 필연성을 강조하는 연구이며 기존의 연구들은 대내외적 행위자들과의 상호작용 속에서 사회적 실재로 자리잡아 가는가 하는 사회적 구성의 측면을 간과하고 있다는 전제로부터 출발한다. 그리하여 이 글은 사회적 반응이란 차원에서 분석하고자 미국을 당시 쿠데타를 진압할 능력을 가지고 있거나 쿠데타세력이 표방하고 나온 목표를 달성하거나 좌절시킬 수 있는 행위능력을 가진 행위자로 보고, 5·16에 대한 미국의 반응을 원칙적 입장표병과 관망, 미국의 불개입결정, 쿠데타 세력의 권력장악에서 경제개발에로 관심의 이행, 미국의 평가 순서로, 5·16이 미국에게 어떻게 인식되고 수용되었는가를 분석한다. 특히 5·16 후 부임한 버거 대사가 직접 작성한 보고서 「한국의 변혁 1961·1965」를 통해 미국의 시각을 정리해 소개하고 있다.

이완범 교수의 "박정희 군사정부 '5차헌법개정' 과정의 권력구조 논의와 그 성격: 집권을 위한 '강력한 대통령제' 도입"은 부제가 밝히고 있듯이, 대통령중심제·대통령직선제를 현행헌법에 계승시키는 현행헌법의 원형중 하나인 제3공화국헌법의 마련과정을 분석해 박정희 군사정부의 정부권력구조의 성격을 밝히는 글이다. 제3공화국헌법은 국가재건최고회의가 1961년 5월 23일 국회와 지방의회를 해산한 후 8월 12일 민정이양구상을 발표한 후 헌법마련과정이 진행되어 1962년 12월 17일의 국민투표를 거쳐 12월 26일 공포되었다. 이 글은 헌법마련과정에서 민간의 내각책임제에 집착하려는 분위기와는 달리 국가재건최고회의 산하 헌법심의위원회에서 제2공화국의 내각책임제에 대한 반발과 강력한 리더십의 필요성을 명분으로 대통령제를 관철시킴으로써, 제3공화국의 헌법은 대통령에게 강한 권한을 부여해 입법부에 대해 행정부의 우위를 부여하는 권력구조, 행정부와 입법부의 대립 때 초래될 수 있는 정국의 마비를 방지할 수 있는 정당조항이 삽입되어 정당제도에 입각한 대통령제 정부형태를 골격으로 하고 있음을 밝히고 있다.

신복룡 교수의 "박정희의 민족중흥의 논리의 사상적 기원"은 박정희 집권의 논리적 정당화수단은 조국근대화와 민족중흥의 논리라 보고, 그의 집권 후 취한 경제, 문화, 사회정책에 그 논리가 일관되고 있음을 분석하고 있다. 이 글은 수출주도형 공업정책과 중화학공업정책, 국민정신의 함양, 대중동원 속에 녹아든 민족중흥논리를 추출하여, 그 사상적 기원은 프러시아적 우국심에 있다고 본다. 그리하여 박정희는 자신이 국가운명에 무관할 수 없다는 소명감에서 국가비전과 전략의 국제적 시야를 정확하게 포착하여 국가와 사회편제를 재구성하는데 성공한 최초의 지도자가 되었다고 평한다.

류상영 교수의 "박정희 정권의 산업화전략 선택과 국제 정치경제"는 세계체제는 후기 후발 산업화국가에 제약과 동시에 기회가 된다고 보고, 1960년대 세계체제의 특징, 박정희정권의 발전전략과 정책의 선택, 미국의 동아시아통합전략과 신고전주의, 한일국교수립과 개발국가론, 국가와 세계체제의 관계와 경제성과의 순서로, 1960년대의 미국의 군사 헤게모니가 약화하고 일본중심의 경제적 헤게모니가 성장하는 이중적 헤게모니의 세계체제에서 박정희 정권이 선택한 산업화 전략과 성과를 분석한다. 필자는 분석을 통해 박정희정권은 미국의 동아시아 지역통합전략에 부합되는 국가전략과 한일국교정상화 이후 형성된 한일간 정책공유와 경제협력이란 기회조건에서, 경제우선적 국가전략과 효과적인 정치적 리더십 그리고 효율적인 제도형성을 통해 단시일 내의 경제성장과 산업화를 이룩하게 되었다고 밝힌다.

김은경 박사의 "박정희 체제의 근대화전략으로서의 음악정책"은 음악정책을 중심으로 박정희 체제의 지배이데올로기를 분석한다. 필자는 음악은 단순히 내면적 서술이나 이미지가 아니라 현실에 대한 하나의 태도이며 현실인식의 시현으로, '음악 밖의 실재를 재현하는 것이라 보고, 박정희의 음악정책도 그 시대를 재현하는 것으로, 박정희 체제의 지배양식과 이데올로기는 음악정책, 음악제도, 음악으로 구체화되었다고 주장한다. 그리하여 이 글은 음악에서 국악장려정책, 예그린 창단과 운영, 음악국제화사업, 왜색의 정치성을 차례로 분석하여, 박정희 체제의 민족주의는 음악정책과 공연물 속에 재현되었고, 조국근대화를 추진하기 위해 음악이 동원되었음을 밝히고 있다.

이희수 교수의 "케말과 터키의 근대화: 중세를 현대로 바꾼 리더십"은 제1차세계대전 때는 쇠퇴해가는 오스만터어키의 통치자를 교체하고 세계대전에서의 패전 후 외국군지배와 해체에 직면한 터키를 구원해 근대국가로 만든 무스타파 케말 아타튀르크의 리더십을 분석한다. 이 글은 무스타파 케말 아타튀르크의 청년시절, 제1차세계대전과 독립전쟁을 통해 보여주는 실천적 조국애, 케말의 6개 지주의 리더십, 조직적 반대를 견뎌낸 지도자 순서로 케말의 근대화정책의 실천을 소개하고, 케말이 터키인의 마음속에 살아있는 선진 무슬림국가로 나아가는 정신적 표상의 지도자라고 평가한다.

최경희 박사의 "인도네시아 수하르또 체제시기 근대화의 의미: 탈권위주의체제와 비판적 발전국가의 재구성을 위하여"는 1966년부터 1998년까지 32년간 집권한 인도네시아의 수하르또 시기 인도네시아가 어떻게 근대국가의 기본틀을 형성하고, 경제에의 핵심적 요소의 역할을 한 발전국가 요소를 선택했는가를 살피고, 수하르또 시기 정치적·경제적 근대화의 긍정적 요소와 부정적 요소를 분석하려 한 글이다. 이를 위해 먼저 국가론과 정치체제론에 대한 이론적 검토를 하고, 수하르또 체제 시기 정치적 근대화와 경제적 근대화의 차례로 분석하여, 그의 시기에 인도네시아가 중앙집권화된 근대국가시스템을 구축하고 전근대적 경제시스템에서 근대적 시스템으로의 전환이 이루어졌음을 밝힌다.

김석근 교수의 "'조국근대화'이념과 박정희, 그리고 5·16: 개념적 접근과 비교사적 검토"는 박정희집권기 중 전반기에 해당되는 시기에 대한 비교사적 연구로, '성공한 쿠데타', '위로부터의 혁명', 성공한 쿠테타와 위로부터의 혁명 사이: 조국 근대화를 핵심주제별 성격을 압축해 5·16과 박정희의 조국근대화이념의 성격과 의미를 비교사적으로 검토하고 있다. 이 글은 5·16을 먼저 쿠데타란 관점에서 한국 역사상의 다른 정치변동들과 비교해서 5·16의 성격을 밝히고, 다음으로 위로부터의 혁명이란 관점에서 다른 나라와의 정치변동과 비교해 혁명적 성격을 분석한다. 5·16주체들은 외국의 혁명을 모델로 삼아 자신들의 거사를 혁명으로 인식하고 혁명으로 정당성을 부여받고자 근대화를 추구했으며, 그것은 조국근대화와 민족중흥이란 이념으로 나타나게 되었다고 한다.

이 책을 내는 데 감사해야 할 분이 여럿 있다. 무엇보다도 이 세미나에서 발표를 해주고 이제 책으로 내는 데 동참해주신 필진들에게 깊이 감사드린다. 그리고 그 세미나 결과를 책으로 묶어내는 데 책의 체계적 구성을 위해서 세미나에서는 다루지 못했던 두 편의 주제를 추가하게 되었는데, 이 책의 출판에 옥고의 수록을 허락해주신 이완범 교수와 류상영 교수에게 깊이 감사드린다.

2011년 [5·16과 박정희 근대화노선의 비교사적 조명]이란 학술세미나를 개최할 때 후원을 해주신 (주)코비코의 연재화 회장에게 감사드린다. 연재화 회장의 도움이 없었더라면 학술행사가 그처럼 성황을 이루지 못했을 것이다.

전문서적의 출간은 상업성만 고려해서는 좀처럼 이루어지기 어려운 것이 현실이다. 그럼에도 불구하고 기꺼이 이 책의 출판을 수락하고 정성을 기울여 좋은 책으로 만들어 주신 선인출판사 윤관백 사장께 감사드리고, 편집부 여러분에게도 고마움을 전한다.

2012년 2월
한국정치외교사학회 회장   이 재 석

차 례

제1부 군부의 정치참여와 권력구조

5·16과 군부의 정치참여 | 정일준
미국의 대한정책과 군사정권
   Ⅰ. 들어가는 말: 5·16은 무엇이었나?   17
   Ⅱ. 5·16과 미국 (1): 첩보와 구상   20
   Ⅲ. 5·16과 미국 (2): 사건과 대응   24
   Ⅳ. 5·16과 미국 (3): 순치와 변형   29
   Ⅴ. 5·16과 미국 (4): 회고와 평가   36
   Ⅵ. 결론: 5·16은 미국에게 무엇이었나?   47

박정희 군사정부 '5차헌법개정' 과정의 권력구조 논의와 그 성격 | 이완범
집권을 위한 '강력한 대통령제' 도입
   Ⅰ. 서론   53
   Ⅱ. 헌법 마련 과정의 정치적 역동성 탐구: 연대기적 사실 재구성   59
   Ⅲ. 강력한 대통령제와 그 성격
      : 수월한 집권과 정권유지를 위한 권력구조   78
   Ⅳ. 결론   82

제2부 근대화노선의 이념과 정책

박정희의 민족중흥의 논리의 사상적 기원 | 신복룡
  Ⅰ. 서론   92
  Ⅱ. 수출주도형과 중화학 공업   94
  Ⅲ. 국민정신의 함양   103
  Ⅳ. 대중 동원   108
  Ⅴ. 결론   115

박정희 정권의 산업화전략 선택과 국제 정치경제 | 류상영
  Ⅰ. '박정희시대 논쟁'의 총론적 이해   121
  Ⅱ. 세계체제와 국가: 제약과 기회   127
  Ⅲ. 박정희 정권의 발전전략과 정책선택   130
  Ⅳ. 미국: 동아시아 지역통합전략과 신고전주의   133
  Ⅴ. 일본: 한일국교 수립과 개발국가론   143
  Ⅵ. 국가-세계체제 관계와 경제성과: 가설적 모형   149
  Ⅶ. 결론   152

박정희 체제의 근대화전략으로서의 음악정책 | 김은경
  Ⅰ. 서론   159
  Ⅱ. 음악에서 '상상된' 민족   163
  Ⅲ. 결론   186

제3부 근대화혁명의 국제비교

케말과 터키의 근대화 | 이희수
중세를 현대로 바꾼 리더십
  Ⅰ. 서론   193
  Ⅱ. 무스타파 케말 아타튀르크: 청년시절   194
  Ⅲ. 실천적 조국애: 제1차 세계대전, 독립전쟁, 목숨을 건 투쟁과 애국   197
  Ⅳ. 결단과 실천의 새로운 리더십: 여섯 개의 통치 기둥   200
  Ⅴ. 조직적 반대를 견뎌낸 지도자   209
  Ⅵ. 결론: 아타튀르크 리더십   211

인도네시아 수하르또 체제시기 근대화의 의미 | 최경희
탈권위주의체제와 비판적 발전국가의 재구성을 위하여
  Ⅰ. 문제제기   217
  Ⅱ. 이론적 검토   220
  Ⅲ. 수하르또 체제 시기 정치적 근대화   228
  Ⅳ. 수하르또 체제의 경제적 근대화   237
  Ⅴ. 결론   246

'조국근대화' 이념과 박정희, 그리고 5·16 | 김석근
개념적 접근과 비교사적 검토
  Ⅰ. 머리말   253
  Ⅱ. '성공한 쿠데타'(Successful Coup d'état)   255
  Ⅲ. '위로부터의 혁명'(Revolution From Above)   264
  Ⅳ. 성공한 쿠데타와 위로부터의 혁명 사이: 「조국 근대화」   272
  Ⅴ. 맺음말   278

■ 찾아보기   285

제1부

군부의 정치참여와 권력구조

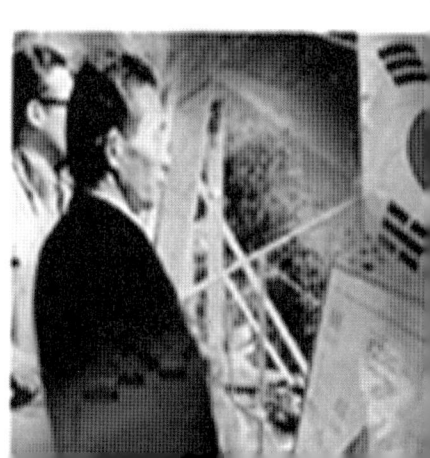

5·16과 군부의 정치참여

미국의 대한정책과 군사정권

정 일 준 (고려대학교)

I. 들어가는 말: 5·16은 무엇이었나?

5·16 50주년이 넘었다. 10년이면 강산이 변한다고 했으니 '5·16'의 성격규정이 적어도 다섯 번은 바뀌었을 법하다. 그렇지만 현실은 그렇지 않다. 여전히 '혁명'과 '쿠데타'라는 이항대립에서 별로 나아가지 못했다. 역사적 사건에 대한 해석은 항상 해석에 대한 해석이다.[1] 따라서 '누군가'의 해석에 대한 해석이기도 하다. 박정희 소장은 '군사혁명'을 통해 집권한 이후 1979년 10월 26일까지 장장 18년 동안 대한민국을 통치했다. '혁명 주체'가 통치하는 박정희 정권 집권 기간 중 5·16을 달리 해석할 수는 없었다. 뒤이은 5공화국에서도 사정은 마찬가지였다. 민주주의로의 이행이 일어나고 미국문서가 기밀해제되어 나온 1990년대 들어서야 박정희 시대를 거리를 두고 조망할 수 있는 학문적 입지가 확보되었다. 미국 자료를 동원하여 5·16과 경제개발을 연구한 성과가 나오기 시작했다.[2] 다른 한편으로 박

---

[1] 특정 정권의 성과에 대한 평가나 주요 역사사건에 대한 해석은 전통주의, 수정주의, 탈수정주의, 나아가 탈수정주의를 넘어서 진전된다. '5·16'에 대한 연구는 전통주의와 수정주의 사이의 대립을 넘어서지 못하고 있다. 한국현대사를 학문적으로 이해하기 어려운 요인에 대해서는 정일준, 2007, 「탈수정주의를 넘어서 한국 근현대사 이해하기: 공간의 다층성, 시폭의 중층성, 그리고 시각의 다원성」, 한국사회연구소, 『한국사회』 제8집 2호, 55~112쪽 참조.

[2] 홍석률, 2002, 「5·16쿠데타의 발발 배경과 원인」, 한국정신문화연구원 편, 『박정희

정희 정권에 직접, 간접으로 관여한 다양한 인물들에 의해 다양한 시각에서 박정희 시대를 회고하거나 정리하는 책들이 출간되고 있다.3)

미국 자료가 공개되면서 5·16을 전후한 미국의 대한정책과 한국 내부 변동에 대한 입체적 인식이 가능해졌다. 한국 현대사에서 미국이 차지하는 비중은 상상이상이다. 한미관계는 두 주권국가 사이의 외교관계를 넘어서는 독특한 관계이다. 한국의 탄생, 방어, 안보, 경제발전, 민주화 그리고 세계화에 이르기까지 미국은 한국의 군사, 정치, 경제, 사회, 문화 각 분야에 깊이 관여했다.4) 미국 없는 한국을 상상하기 어렵다. 그렇다고 미국이 한국의 주권을 무시하거나 경시했다고 보기도 어렵다.5) 한국에서 주요

시대 연구』, 백산서당, 11~54쪽 ; 박태균, 2002, 「군사정부 시기 미국의 개입과 정치변동, 1961~1963」, 한국정신문화연구원, 『박정희 시대연구』, 백산서당, 55~107쪽 ; 박태균, 2007, 『원형과 변용: 한국 경제개발계획의 기원』, 서울대학교출판부 ; 이완범, 1999, 「제1차 경제개발 5개년 계획의 입안과 미국의 역할, 1960~1965」, 한국정신문화연구원 편, 『1960년대의 정치사회변동』, 백산서당 ; 이완범, 1999, 「박정희와 미국: 쿠데타와 민정이양 문제를 중심으로, 1961~1963」, 한국정신문화연구원 편, 『1960년대의 정치사회변동』, 백산서당, 109~172쪽 ; 이완범, 2006, 「박정희와 한강의 기적: 1차 5개년 계획과 무역입국』, 선인 ; 기미야 다다시, 2008, 『박정희 정부의 선택: 1960년대 수출지향형 공업화와 냉전체제』, 후마니타스 ; 김보현, 2006, 『박정희 정권기 경제개발: 민족주의와 발전』, 갈무리 ; 박명림, 「박정희 시대 민주주의와 헌정주의」, 민주·평화·복지 포럼, 『'5·16 쿠데타 50년' 학술대회: 5·16, 우리에게 무엇인가』, 2011년 3월 14일, 프레스센터 국제회의장.
3) 김용서, 2006, 「박정희 모델의 21세기적 변용」, 『박정희시대의 재조명』, 전통과 현대 ; 김윤근, 2006, 『5·16 군사혁명과 오늘의 한국: 한국 산업화의 원점』, 삼일서적 ; 김일, 2005, 「박정희시대 연구의 쟁점과 과제」, 정성화 편, 『박정희시대 연구의 쟁점과 과제』, 선인 ; 김일영, 2005, 「한국, 성공의 역사」, 복거일 외, 『21세기 한국: 자유, 진보 그리고 번영의 길』, 나남 ; 박명림, 2006, 「한국현대사와 박정희·박정희시대」, 정성화 편, 『박정희시대와 한국현대사』, 선인 ; 조갑제, 1995, 『박정희 ①: 불만과 불운의 세월 1917~1960』, 까치 ; 조갑제, 1998, 『내 무덤에 침을 뱉어라3: 革命 前夜』, 조선일보사 ; 조갑제, 1999, 『내 무덤에 침을 뱉어라4: 國家改造』, 조선일보사 ; 조희연, 2007, 『박정희와 개발독재시대: 5·16에서 10·26까지』, 역사비평사 ; 조희연, 2010, 『동원된 근대화: 박정희 개발동원체제의 정치사회적 이중성』, 후마니타스 ; Byung-Kook Kim & Ezra F. Vogel eds., 2011, *The Park Chung Hee Era: The Transformation of South Korea*, Cambridge, MS: Harvard University Press.
4) Brazinsky, Gregg, 2007, *Nation Building in South Korea: Koreans, Americans, and the Making of a Democracy*, The University of North Carolina Press(나종남 옮김, 2011, 『대한민국 만들기, 1945~1987: 경제성장, 민주화 그리고 미국』, 책과함께).

정치변동이 있을 때마다, 미국은 그 배후세력으로 지목되곤 했다. 문제는 미국의 항상적 관여(commitment)가 제도화되어 있는 한미관계에서 미국의 개입(intervention)을 연루(involvement)와 어떻게 구분할 수 있을지이다.

5·16과 관련된 문건은 상당히 많다. 책을 쓴 주체에 따라 분류해보면 먼저 '혁명주체'세력이 직접 발간했거나 또는 쿠데타를 정당화하고 홍보하기 위해 쓴 책자들이 있다.6) 다음으로는 학계에서의 연구 성과이다. 주로 군내부의 요인을 강조하는 입장7)과 4월혁명 이후 사회의 양극화와 급진화가 군부의 정치개입을 가져왔다고 보는 연구가 있다.8) 이 글에서는 5·16 발생 원인을 해명하는데 관심을 두기보다 쿠데타에 대한 미국의 시각과 대응 그리고 전망을 중심으로 쿠데타 정권이 민정이양을 결정하고 경제발전을 자기들의 국가 프로젝트로 채택하게 되는 과정을 살펴보기로 한다.

기존연구는 5·16 주체 세력의 거사 동기에 초점을 맞추어 주체적 측면을 강조하거나, 또는 당시의 정치·경제·사회상을 거론하면서 5·16의 객관적 필연성을 강조했다. 그리하여 사회과정으로서의 쿠데타를 간과했다. 즉 쿠데타의 발발 자체보다도 그것이 대내외적인 행위자들과의 상호작용 속에 어떻게 사회적 실재(social reality)로 자리잡아 가는가 하는 사회적 구성(social construction)의 측면을 간과했다. 말을 바꾸면 5월 16일 새벽을 중심으로 한 무력의 동원으로서의 쿠데타라는 행위(行爲) 차원으로부터 그

---

5) 정일준, 2005, 「지구시대 한미관계와 한국 민족주의」, 한국역사교육학회, 『歷史敎育』 제94집, 241~270쪽 ; 정일준, 2009, 「한미관계의 역사사회학: 국제관계, 국가정체성, 국가프로젝트」, 한국사회사학회, 『사회와 역사』 제84집, 217~261쪽 ; 정일준, 2010, 「4월혁명과 미국: 한국 정치변동과 미국의 개입양식」, 정근식·이호룡 편, 『4월혁명과 한국 민주주의』, 선인, 341~392쪽.
6) 韓國軍事革命史 編纂委員會, 1963, 『韓國軍事革命史』 제1집, 韓國軍事革命史 編纂委員會 ; 韓國軍事革命史 編纂委員會, 1964, 『五·一六 軍事革命의 全貌』, 문광사 ; 한국혁명재판사 편찬위원회, 1962, 『한국혁명재판사』 ; 한국혁명사 편찬위원회 제공, 1964, 『5·16 군사혁명의 전모』.
7) Se-Jin Kim, *The Politics of Military Revolution in Korea*, Chapel Hill, The University of North Carolina Press, 1971이 대표적이다.
8) 한승주, 1983, 『제2공화국과 한국의 민주주의』, 종로서적 ; 鄭守汕, 1992, 「第2共和國의 崩壞過程에 관한 연구」, 서울대학교 정치학과 박사학위논문 참조.

러한 사회행위가 당시의 다른 주요 행위자들에 의해 어떻게 인식되고 또 어떻게 수용되었는가 하는 사회반응(social reaction)의 측면으로 분석의 차원을 달리해서 바라볼 필요가 있다는 말이다. 이때 가장 중요한 행위자는 물론 미국이다. 미국이야말로 쿠데타를 무력으로 진압할 수 있는 군리력을 가지고 있다는 좁은 의미에서 뿐 아니라 쿠데타가 표방하고 나온 여러 목표를 달성할 수 있게 하거나 또는 좌절시킬 수 있는 여러 가지 직간접적인 자원과 수단을 가지고 있었기 때문이다. 이렇게 볼 때, 5·16에 대한 미국의 막후 개입여부와 개입의 정도를 음모론적인 시각에서 파헤치고자 하는 것은 미국의 한국 사회에 대한 관여의 폭과 정도를 너무 협소하게 전제하는 것이라 아니할 수 없다.9) 즉 미국은 특정 행위나 집단에 대한 지지와 거부를 넘어 한국사회전체를 거시적으로 변형시킬 수 있는 능력이라는 의미에서 한국에 대한 권력을 가지고 있었기 때문이다.10)

II. 5·16과 미국 (1): 첩보와 구상

미국은 5·16을 미리 인지했을까? 당시의 정황이나 증언을 종합해보면 미국은 박정희 소장을 중심으로 하는 군내부의 쿠데타 움직임을 파악하고 있었다. 그렇지만 그러한 움직임에 어떻게 대응하느냐는 또 다른 문제이다. 미국은 전지전능하지 않다. 그렇다고 무능하지도 않다. 다음에 살펴볼 문서들은 한국 현지와 미국 백악관에서 차원을 달리하여 한국 문제를 조

---

9) 군정과 미국의 관계에 대한 한국 쪽 정리로는 「軍政과 美國의 交涉密話」, 『思想界』 1964년 4월호, 114~120쪽 참조. 제1단계: 쿠데타 政權承認與否, 제2단계: 公式外交再開, 제3단계: 一面支援, 一面觀望, 제4단계: 對立·反目·相互牽制, 제5단계: 混線·幕後活動, 제6단계: 不關與·觀望, 제7단계: 後援 등 7단계로 나누고 있다.
10) 현재 이용가능한 기밀해제 된 자료에 입각해 볼 때, 미국의 5·16에 대한 개입은 이란이나 과테말라 또는 베트남에서의 쿠데타의 경우처럼 직접적이고 전면적인 것이었다기보다는 은밀하고 간접적이었던 것처럼 보인다. 그렇지만 미국의 한국에 대한 관여의 폭과 깊이는 다른 제3세계국가의 그것과 비교할 수 없을 정도로 큰 것이기 때문에 다른 국가들과 평면적으로 비교하는 것은 무의미하다.

망한 문건들이다.

　1961년 1월 24일자로 미국 국무부에서 주한미대사관에 내린 다음과 같은 지령을 보면, 미국이 한국상황을 어떻게 평가하고 있었으며, 또 앞으로 닥쳐올 사태에 대해 어떤 준비를 하고 있었는지 보여준다. 전문(全文)을 인용하기로 한다.

「한국의 정치권력구조에 변동이 생겼을 경우에 대비한 긴급대책」
(Contingency Planning for Possible Changes in ROK Political Power Structure)[11]

　주한미대사가 12월 1일자로 보낸 「대한민국 여론의 부정적 추이」[12]를 관심과 우려를 가지고 읽었다. 한국정부 측에서 극적인 프로그램, 역동적 지도력, 그리고 보다 나은 대중홍보 프로그램이 긴급히 필요하다고 하는 주한미대사관의 결론에 전적으로 찬성한다.

　혁명이 낳은 정서적 분위기나, 한국인이 품고 있는 비현실적이고 순진한 기대, 그리고 모든 한국인들이 새롭게 가지게 된 사상과 비판의 자유를 감안할 때, 주한미대사관이 관찰한 기성질서에 대한 환멸과 불만은 어느 정도 불가피한 측면이 있다. 물론, 문제는 이러한 흐름이 돌이킬 수 없는 지점을 지나기 전에 저지하는 일이다. **만약 현재의 한국정부가 처리하는 것이 불가능하다고 판명된다면, 의회 절차를 통해서나 또는 초법적인 채널을 통해 새로운 정부가 등장할 가능성이 크다(강조 필자).**

---

11) "Contingency Planning for Possible Change in ROK Political Power Structure", January 24, 1961, RG 59, CDF 1960-63, Box. 2181. 1961년 당시 국무부 동아시아과 한국담당으로 재직하던 도날드 맥도날드가 주한미대사관에서 미국무부에 보낸 1960년 12월 1일자 「대한민국 여론의 부정적 추이」에 답신으로 보낸 문건이다. 원래 일급기밀로 분류되어 있던 것을 문건작성자인 맥도날드 자신이 1973년 4월 23일 기밀해제를 요청하여 허가를 받아낸 것이다.
12) 「대한민국 여론의 부정적 추이」는 이승만 정권 붕괴 이후 제2공화국 장면 정권 수립까지 과도정부 수반을 지낸 허정과 매카나기 주한미대사와의 대담내용을 정리한 보고서이다. "Negative Trends in Public Opinion in the ROK", December 1, 1960, RG 59, CDF, 1960 63, Box 2181.

따라서, 미국은 현재의 정부로 하여금 이러한 도전에 맞설 수 있도록 계속해서 격려하고 도와야 할 뿐 아니라, 동시에 가능한 대안적 정치지도자와 지도력을 발휘할 수 있는 집단을 찾아내어, 정권변동이 불가피해질 경우 새로운 지도자를 돕고 그와 함께 일할 준비가 되어 있어야 하며, 작년 봄의 위기(4·19혁명; 역주) 때와 마찬가지로 다시 한 번 교묘하고도 성공적으로 미국의 지원을 경주해야 한다. 미국은 또한 새로운 지도자가 통치할 수 있는 능력을 갖출 수 있도록, 그리고 새로운 정부가 미국과 자유세계의 원칙 및 정책에 우호적으로 남아 있도록, 그러한 권력변동이 합헌적인 절차를 통해 이루어지도록 해야 한다.

이 목표를 위해, 주한미국대사는 한국대책반원(국무부산하 개별국가연구팀; 역주)과 상의하여 다음과 같은 일이 실제로 일어났거나 혹은 임박했을 경우 미국정부와 미국 관리들의 활동 지침이 될 계획을, 국무부로부터 승인받기 위해 준비할 것을 요청한다.

(1) 국회에서의 불신임투표, (2) 국회해산, (3) 군부에 의한 쿠데타, (4) 극우 또는 극좌 집단에 의한 쿠데타, (5) 총리암살.

이 계획과 관련하여 주한미국대사는 대한민국의 현재 지도자나 잠재적 지도자들의 명단을 작성해서 항상 준비하고 있을 것을 요청한다. 이 명단에는 미국 관리들이 보기에 자격과 위신을 갖춘 인사들과, 향후 5년 내에 다음에 제시하는 기준에 맞는 자리를 차지할 가능성이 있는 인사들을 망라하기 바란다. (1) 국무위원이나 국회에서 영향력 있는 지위; (2) 민간 공무원, 군인 또는 경찰 중 최고위직; (3) 산업, 금융, 상업 기관에서 지도적 위치; (4) 주요 학생집단 지도자도 포함해서, 교육계, 언론계, 종교계 및 사교 서클에서 지도자이거나 중요하게 여론을 형성하는 역할. 그 명단에는 삼백 명 내지 오백 명의 이름이 포함되어야 한다. (타이핑한 이 명단의 사본 다섯 부 및 그 후의 변동사항을, 본 전문을 적시해서 국무부에 송장과 함께 전송해야 한다).

 이미 확정된 목표 중의 하나로, 주한미대사관이 접촉하고 강조해서 보고할 사항에는, 그렇게 확정된 지도력 행사 집단의 성격과 그들 사이의 상호관계에 대한 정보가 포함되어야 한다. 이는 잠재적인 권력이동을 예측하고 그들이 새로운 권력자로 부상할 경우 효과적으로 다루기 위한 기초자료이다.

 위에서 요청한 계획과 명단 작성을 마치면 국무부에 보고하기 바란다.

 물론 앞으로 일어날지 모를 정치적 긴급사태와 관련된 계획은 일반적인 성격을 가질 수밖에 없다는 것을 알고 있지만, 예측 불가능한 상황에서는 사전에 세워둔 정치적 계획과는 약간 다른 결정이 불가피하게 요구되는 법이다.

 이 문서는 여러 가지 측면에서 주목할 만하다. 첫째는 문서가 작성된 시점이다. 주한미대사관으로부터 그리고 주한 유엔군사령부로부터 한국의 사태전개에 대해 상당한 우려가 전달된 후에 비상대책을 마련할 것을 지시하고 있는 것이다. 둘째, 미국이 장면 정권의 붕괴가능성을 여러 가지 각도에서 점검하고 또 나아가 대안(代案)을 모색하고 있었다는 점이다. 즉 미국은 한편으로는 장면 정권을 지원하면서도 다른 한편으로는 꾸준히 대체세력(代替勢力)을 모색했다는 점이다. 주한미대사관이나 미국 국무부는 장면 정권을 전적으로 신뢰하거나 전폭적인 지지를 보내지 않았으며, 미국 군부는 장면 정권에 대해 상당한 우려를 가지고 있었던 것이다. 1960년대 초의 한국과 같이 군사적, 경제적, 정치적으로 모든 면에서 미국의 영향력이 거의 절대적인 국가에서 미국의 이와 같은 이중적 태도(二重的 態度)는 비록 직접적으로 쿠데타를 조장하거나 선동하지는 않았다고 하더라도 장면 정권에 도전하는 세력에게는 좋은 참고점이 되었을 것이다.

다른 한편, 미국 NSC는 5·16 이전인 1961년 4월 초순부터 새로운 대한 정책을 수립하는 작업에 들어갔다. 5월 5일 국가안전보장회의 483차 회의에서「미국의 대한정책」이라는 보고서를 작성하기 위해 '한국문제에 대한 국무차관 직속 특별대책반'(Korea Task Force; 대통령 직속으로 바뀜)을 구성했다. 이 대책반은 원래 "허약한 장면 정부를 사회경제적 개혁에 단호하게 착수할 수 있는 정부로 어떻게 바꿀 수 있느냐"라는 목적 아래 국무부의 극동지역경제담당인 패터슨(Paterson), 국무부와 원조기관인 국제협력처(ICA)의 한국문제 담당자들, 백악관의 존슨(Robert H. Johnson) 등으로 구성되었다. 이 대책반의 보고서는 5월 15일까지 작성하기로 했으며 19일의 NSC에서 토의될 예정이었다.13) 백악관과 국무부는 이에 대한 대책에서는 의견 일치를 보지 못했다. 이러한 시점에서 5·16이 발생했다.

이처럼 미국은 한국 현지에서 정치변동의 흐름을 주시하면서 대체세력을 모색하고 있었을 뿐 아니라 백악관에서도 한국 정부가 나아가야 할 정책방향에 대해서 심도 있는 논의를 진행하고 있었다. 이러한 사태파악과 정책구상이 있었기 때문에 5·16을 맞아 이를 미국의 구상대로 끌고 갈 수 있었던 것이다.

III. 5·16과 미국 (2): 사건과 대응

1961년 5월 16일 쿠데타가 시작되었다. 육군 참모총장 장도영은 아침 3시경 주한 유엔군사령관 겸 미8군 사령관인 매그루더(Carter Magruder)에게 미군 헌병을 동원하여 쿠데타군을 진압해달라고 요청했다. 매그루더는 장도영의 요청을 거절했다.14) 그렇지만 매그루더는 합법정부를 지지하고자

---

13) "Editorial Note", *FRUS*, 1961~1963, Vol. XXII, p. 448.
14) "Telegram From the Commander in Chief, U. S. Forces Korea(Magruder) to the Joint Chiefs of Staff", Seoul, May 16, 1961, 5:45 p. m., Foreign Relations of the United States, Vol. XXII, 1961~1963, pp. 449~451.

하는 장도영의 의도를 지지한다는 점을 명확히 했다. 매그루더는 다음과 같은 공식성명을 발표하여 합법적으로 수립된 정부를 한국군이 지지할 것을 요구하였다.

"유엔군 총사령관의 직권으로 휘하 장병에게 장면 국무총리가 영도하는 정당히 승인된 대한민국정부를 지지할 것을 요망한다. 한국군 수뇌들은 그들의 권한과 영향력을 행사하여 통치권을 정부당국에게 반환하고 군내 질서를 회복되도록 요망한다." 마샬 그린(Marshall Green) 주한 미대리대사15)도 다음과 같은 별도의 성명을 발표해서 매그루더와 입장을 같이했다. "자유로이 선출되고 합헌적으로 수립된 대한민국을 지지한 유엔군 총사령관의 입장에 본인도 전적으로 동의하는 바이다. 본인은 미국이 작년 7월에 한국 국민에 의해 선출되고 지난 8월의 국무총리 선거로 조각된 합헌적인 대한민국정부를 지지한다는 사실을 강조하며 명백히 하고자 한다." 두 성명은 미군 라디오 방송에 의해 방송되었지만, 군사혁명위원회의 검열 때문에 한국 국민들에게 제대로 전달되지 못했다.16)

이처럼 주한 미국대표들은 장면 정권을 지지했지만 두 가지 난제에 직면했다. 하나는 장면 정권에 대한 대중적 지지가 부족한 점이었다. 다른 하나는 장면 총리가 반도호텔에 있는 자신의 거처로부터 사라진 것이다. 그리하여 쿠데타 지도자들이 통제력을 강화해나가는 위기상황에서 그에 맞설 대항 지도력이 부재했다.17) 장면 총리는 은신처에서 그린 대리대사

---

15) 그린은 매카나기 전 대사가 국무부로 전임되고, 후임인 버거(Samuel Berger)가 지명은 되었지만 아직 부임해오지 않은 상태에서 대리대사직을 맡고 있었다. 따라서 그린이 당시 한국에 있는 미국정부의 대표였다.
16) 미국 국무차관 보울스가 케네디 대통령에게 보낸 비망록에 따르면, 매그루더가 성명을 낸 이유는 제1군사령관인 이한림 장군으로 하여금 군대를 장악하여 군사분계선을 지키도록 하고, 중립적인 장군들로 하여금 반란군에 가담하지 못하도록 막기 위한 것이었다. 또한 그린이 성명을 낸 것은 미국이 한국의 혁명집단과 무관하다는 점을 즉각적으로 명확하게 하는 것이 필요하다고 느꼈기 때문이다. "Memorandum From Acting Sectretary of State Bowles to President Kennedy", Washington, May 18, 1961, *FRUS*, Vol. XXII, 1961-1963, pp. 463~464.
17) Macdonald, Donald Stone, U.S.-Korean Relations from Liberation to Self-Reliance: The Twenty-Year Record, Wesrview Press, 1992, pp. 208~213.

에게 전화를 걸었다. 미국이 발표한 성명에 대해 감사를 표시하고 "주한 유엔군사령관이 사태를 해결하도록 촉구하였다." 그린 대리대사는 매그루더 사령관을 대동하고 오전 11시에 윤보선 대통령을 방문하여 세 시간 반 동안 대화를 나누었다.18) 윤보선 대통령은 매그루더 장군으로부터 쿠데타군은 실제로 군대내의 소수에 불과하며, 장도영 육군참모총장은 장면 정권에 대한 충성심이 남아 있다는 상황평가를 들었다. 매그루더는 "소규모 반란세력이 총칼로서 정권을 장악하는 것은 한국의 장래에 재앙이 될 것이다"라는 사실을 강조하였다. 그린은 쿠데타가 한번 일어나면 또 다른 쿠데타를 부를 위험이 있다는 점을 지적하고, 한국의 국제적 지위가 손상 받는다는 점도 또한 지적하였다. 그린은 장면 정권이 국민의 불만과 환멸을 받고 있음에도 불구하고 국가의 과제들을 해결하는 데 있어서 실제적인 진보를 이루었다고 말했다. 윤대통령은 "한국은 강력한 정부를 필요로 하며 장면 정권은 그런 지도력을 제시할만한 능력을 보이지 못했다"고 말하고, 원내외의 인사들을 포함하는 초당적인 거국내각을 조직해야 한다고 주장했다. 매그루더는 윤 대통령에게 대통령이 한국군 부대들에 대해 "정부가 안정적인 힘에 기반해서 반란군과 협상할 수 있도록 쿠데타군에 비교해서 압도적인 숫자로 서울 주위를 포위해 줄 것"을 요청하는 것을 허락해주지 않겠느냐고 물었다. 윤보선 대통령은 야전군을 동원하면 휴전선에 허점이 생긴다는 점과 쿠데타군과의 교전으로 유혈사태를 빚을지 모른다는 이유를 들어 이 요구를 받아들이지 않았다. 윤 대통령은 반란군이 스스

---

18) 이 만남이 있기 전에 장면 정권의 현석호 국장장관을 대동하고 장도영 참모총장 그리고 쿠데타를 주동한 박정희 장군과 유원식 대령이 청와대로 윤보선 대통령을 찾아와서 계엄령의 추인을 요구한 바 있다. 이 모임의 성격과 분위기, 그리고 그 결과에 대해서는 상당한 논란이 있다. 당사자들이 각기 자기 입장에서 당시 상황에 대해 다른 해석을 제시하고 있기 때문이다. 윤보선, 1967, 『구국의 가시밭길-윤보선회고록』, 한국정경사 ; 윤보선, 1970, 「새벽 3시 비상전화-내가 겪은 5·16(상)」, 『월간중앙』 5월호 ; 윤보선, 1970, 「올 것이 왔는가-내가 겪은 5·16(하)」, 『월간중앙』 6월호 ; 장도영, 1984, 「나는 박정희를 믿었다-장도영회고록 1」, 『신동아』 7월호 ; 장도영, 1984, 「나의 쿠데타가담설은 조작이다-장도영회고록 2」, 『신동아』 8월호 ; 장도영, 1984, 「나는 역사의 죄인이다-장도영회고록 3」, 『신동아』 9월호 ; 유원식, 1987, 『5·16 비록: 혁명은 어디로 갔나』, 인물연구소.

로 물러가라고 설득하는 것이 더 낫다고 했다.19) 그러는 사이 시간은 흐르고 쿠데타군은 사태를 장악했다.

워싱턴 시각으로 16일 저녁 늦게 국무부 차관보 매카나기는 대사관에 회신을 보내서, 그들 자신의 헌정체제 아래에서 한국민에 의해 자유롭게 선출된 정부를 전복하려는 소수 무장세력에 대항하여 합법적 정부를 회복시키는 것이 바람직하다는 점을 인정했지만, 동시에 상황이 명확해질 때까지 관망한다는 조심스런 태도를 국무부가 채택했다고 통고했다. 미국은 불개입하기로 정한 것이다. 고려사항은 윤보선 대통령과 여타 지도자들이 쿠데타에 대항하여 움직이기를 꺼리는 것, 장면과 그의 내각의 실종, 그리고 대중의 무관심 등이었다.

5월 17일 오전 매그루더 유엔군사령관은 렘니처(Lemnitzer) 미합참의장에게 상황에 대한 평가를 담은 전문을 보냈다.20)

> 장면 총리는 숨어서 나타나지 않는다. 미군 방첩대(CIC)에서 지나가는 시민을 상대로 쿠데타에 대한 여론 조사를 해봤더니 10명 당 4명은 찬성, 2명은 찬성하지만 시기가 너무 이르다, 4명은 반대하는 것으로 나타났다. 한국정부와 주변에 있는 실력자들은 모두 쿠데타 계획을 알고 있었거나, 최소한 그것에 반대하지 않는 것처럼 보인다. 일반국민은 쿠데타에 대해 찬성과 반대로 의견이 갈라진 것처럼 보이지만, 이 시점에서 적극적으로 역할을 할 것 같지는 않다. 반미(反美)나 친공(親共) 분위기는 찾아볼 수 없다. 쿠데타의 진짜 지도자는 박정희인데 한때 공산주의에 물들었음에도 불구하고 그 후에는 확고한 반공주의자라는 명성을 얻고 있다. 만약 쿠데타가 성공하도록 내버려둔다면, 그가 한국에서 가장 강력한 인물이 되리라는 점을 깨달아야 한다.

---

19) 장면은 회고록에서 자신이 사임을 결정하게 된 직접적인 동기는 쿠데타를 지지하는 윤보선 대통령의 태도를 알았기 때문이라고 적었다. 17일 날 미대사관으로부터 윤보선 대통령이 쿠데타 진압에 반대하는 한 미국 측으로서는 별도리가 없다는 연락을 받았다는 것이다. 장면, 1967(1999), 『한 알의 밀이 죽지 않고는-장면회고록』, 카톨릭출판사, 95쪽.

20) "Telegram From the Commander in Chief, United Nations Command(Magruder) to the Joint Chiefs of Staff(Lemnitzer)", Seoul, May 17, 1961, 11: 40 a. m., *FRUS*, Vol. XXII, 1961~1963, pp. 458~461.

매그루더 장군은 자신의 임무가 한국의 외부안보(外部安保)라고 강조했다. 또한 자신의 임무는 공산주의자의 내부전복(內部顚覆)으로부터 한국을 보호하는 것이다. 그러나 쿠데타가 공산주의자에 의해 주도되지는 않은 것으로 보았다. 따라서 매그루더는 쿠데타를 진압할 수 있는 태세를 갖춘 한국의 야전군인 제1군에게 쿠데타를 진압하라고 명령하지 않았다.[21]

미국의 워싱턴 시간으로 5월 17일 저녁 미국무부는 지지기반이 넓고 책임있는 초당적 거국정부를 출범시키기 위해 군사혁명위원회와 필요한 어느 정도의 협력을 하기 위하여 임시적인 정책입장을 서울에 타전하였다. 최대한으로 합법성과 계속성의 냄새를 풍기고, 뒤이을 정부에 대한 합헌적 계승을 나타내는 것이 중요하다고 강조했다. 이러한 목적은 윤보선이 대통령직에 남아 있어야 군사정권을 새 정부로서 승인할 필요성을 없어지게 된다는 것이었다. 5월 18일 장면 총리는 미국인 고문 위태커(Donald Whitaker)를 대동하고 마지막 국무회의를 열고 사임을 결정했다.

군사정권의 정당성은 한국인과 미국인의 초미의 관심사였다. 합헌정부의 계속성은 윤보선 대통령이 계속 재직함으로써 존속되었다. 윤보선은 다음해까지 군사정권의 합법적인 은폐물로 남아 있었다. 군사혁명위원회는 6월 6일에 「특별조치법」을 공포하고, 입법권과 행정권을 모두 가진 국가재건최고회의를 수립했다. 박정희 국가재건최고회의의 의장이 되었다.

미 국무부는 장면 총리가 사표를 낸 것에 환영한다는 의사와 한국의 쿠데타가 성공했다는 평가를 5월 18일 언론을 통해 간접적으로 내보냈다. 이

---

21) 5·16 당일 CIA의 한국지부장 실바(Peer de Silva)는 신속하게 박종규 소령 등 쿠데타 핵심세력과 접촉을 시도하는 한편 케네디 대통령에게 한국상황을 보고했다. 그 결과 5월 16일과 17일에 연이어 열린 NSC회의에서 CIA 국장 알렌 덜레스가 주한 CIA 책임자 실바의 보고를 토대로 쿠데타 지지를 주장했다는 것이다. 이 회의 결과에 의해 5·16을 자신의 작전권 침해로 규정하고 합참에 진압작전의 추진을 상신한 매그루더 사령관에게 작전 취소를 지시했다는 것이다. Peer de Silva, 1978, Sub-Rosa: The CIA and the Use of Intelligence, New York: New York Times Books, pp. 175~177. 헨더슨은 케네디가 매그루더의 진압건의를 묵살하게 된 데에는 1961년 4월 16일부터 19일간 미국 CIA 주도하고 쿠바난민들이 참가한 쿠바침공작전이 실패하게 된데 원인이 있다고 주장했다. 김정기, 1987, 「케네디」, 5·16진압건의를 묵살: 5·16 당시 미대사관문정관 그레고리 헨더슨의 회고」, 『신동아』 5월호, 229쪽.

와 동시에 매그루더 사령관이 6월 20일 퇴역 예정이며 그린 대사대리가 홍콩 총영사로 전보되는 것이 발표되었다. 새 대사인 버거(Samuel A. Berger)가 곧 한국으로 부임하며 새로 부임하는 인사들이 새 체제와 우호적인 관계를 가지게 될 것이라는 추가적 발표도 있었다. 특히 소식통을 인용해 미국의 군부와 정치권에서는 장면 정부에 대해 강한 불만이 있었으며 이는 장면 정부가 부패척결과 농촌의 피폐, 실업문제를 해결하는데 실패했기 때문이라고 설명하고 있다. 5월 19일 미 국무부는 쿠데타가 기정사실이 된 것을 인정하고 조속한 민정이양을 촉구하는 5·16 후 첫 공식 성명을 발표했다.

Ⅳ. 5·16과 미국 (3): 순치와 변형

박정희 소장이 혁명 당시 어떤 목표를 가지고 있었는지를 잘 보여주는 것은 쿠데타 당일 발표한 6개항의 혁명공약이 있다.

> 혁명공약
> 1. 반공을 국시의 제일의로 삼고 지금까지 형식적이고 구호에만 그친 반공태세를 재정비 강화한다.
> 2. 유엔헌장을 준수하고 국제협약을 충실히 이행할 것이며 미국을 위시한 자유우방과의 유대를 더욱 공고히 한다.
> 3. 이 나라 사회의 모든 부패와 구악을 일소하고 퇴폐한 국민도의와 민족정기를 다시 바로잡기 위하여 청신한 기풍을 진작시킨다.
> 4. 절망과 기아선상에서 허덕이는 민생고를 해결하고 국가자주경제 재건에 총력을 경주한다.
> 5. 민족적 숙원인 국토통일을 위하여 공산주의와 대결할 수 있는 실력배양에 전력을 집중한다.
> 6. (군인) 이와 같은 우리의 과업이 성취되면 참신하고도 양심적인 정치인들에게 언제든지 정권을 이양하고 우리들 본연의 임무에 복귀할 준비를 갖

춘다.

　(민간) 이와 같은 우리의 과업을 조속히 성취하고 새로운 민주공화국의 굳건한 토대를 이룩하기 위하여 우리는 몸과 마음을 바쳐 최선의 노력을 경주한다.

박정희 국가재건최고회의 의장은 『最高會議報』 창간호에서 「革命政府의 使命」이라는 글을 통해 다음과 같이 언급하고 있다.22)

　모든 社會惡이 貧困에서 出發하는 것이요 貧困은 政治의 腐敗에서 오는 것을 우리는 歷歷히 보았다. 愚昧한 一部大衆이 無謀한 統一口號에 附和雷同하는 것도 貧困에서 헤어 나갈려고 幻想的인 希望을 거는 結果요 이러한 情勢를 奸巧하게 利用하는 共産徒輩의 術策도 우리는 看破하였다. 機會主義的인 容共分子들이 共鳴跳梁하는 것도 政治的 無能力에서 招來되는 것을 우리는 알았던 것이다…중략…革命政府의 使命은 이러한 舊秩序를 一掃하고 擧事卽時로 發表한 革命公約遂行에 있는 것은 두말할 것도 없다. 反共國是를 顯揚하기 爲해 共産侵略의 防備를 强化할 것은 勿論 國論을 統一하기 爲해 無責任한 言論의 自肅이 要請되는 것이고 舊惡을 一掃하기 爲해 國民의 協力이 있어야 하며 責任位置에 있던 政客들의 謹身도 要求되어야 한다. 爲政者와 結託하여 國家財政을 紊亂케 하던 實業人들도 此際에 大悟覺醒하여 國家的見地에서 生産擴充 民族資本育成의 길을 開拓해야 한다. 經濟의 機會均等을 爲해 企業에의 政治性介入을 排擊하고 援助資金이나 앞으로 導入될 外國資本은 緊要한 部門에 計劃性있고 效率性있게 使用되어야 한다. 國力의 根幹이 될 農民들을 爲해 從來의 姑息的이고 弄奸的인 施策을 打破하고 收益性있는 指導와 援助를 해야한다. 福祉國家의 첫 段階로서 國土建設과 産業開發部面에 人的資源인 失業者를 動員해야 한다. 이러한 課業의 遂行에 앞서 要請되는 것이 國家紀綱과 社會正義 確立이다.

이처럼 반공태세확립(反共態勢確立)과 빈곤제거(貧困除去)를 쿠데타의 명분으로 내걸었다. 그렇지만 쿠데타 이후에 나온 몇 권의 저서에서 확고

---

22) 國家再建最高會議, 『最高會議報』 창간호, 1961년 8월 15일, 5쪽.

한 경제노선을 제시하고 있는 것은 아니었다. 그렇지만 박정희가 한국경제의 과거, 현재, 미래에 대해 어떻게 보고 있었는지를 엿볼 수 있다. 박정희의 견해는 특히 미국의 대한원조정책과 그것에 의존해 왔던 한국 경제의 현상에 대한 철저한 비판 속에 잘 나타나고 있다. 박정희의 미국의 대한정책 비판의 요점은 다음과 같다.[23]

첫째로 한국경제의 대미의존도가 너무 크기 때문에 한국정부는 자주적 발언권을 지닐 수 없다는 것이다. 그는 1961년도 예산을 예를 들어서 정부예산 중 미국원조가 차지하는 비중이 52%이기 때문에 한국에 대한 미국의 발언권이 52%나 된 셈이라고 자학적으로 보고 있었다. 나아가 "만일 미국의 원조나 관심이 끊어진다면 우리는 무슨 대비를 강구할 것인가"라고 개탄하고 있었다.

둘째로 미국의 대한원조의 질적 측면에 대한 비판이다. 지금까지의 미국의 대한원조는 소비재(消費財)에만 편중해 왔고 시설재(施設財)원조가 경시되었다. 이 결과 자립경제를 건설하기 위해서 가장 필요한 기간산업의 발전을 저해했다.

셋째로 미국의 원조 중에서 중요한 비중을 차지하는 잉여농산물 도입에 의해 한국의 농촌이 피폐했다는 인식이다. 따라서 농가의 구매력도 저하함으로써 이와 같은 협소한 국내시장 때문에 국내의 산업발전도 부진을 면치 못했다는 것이다.

마지막으로 미국의 소비재중심의 원조가 한국의 국민경제전체에 끼친 영향에 관해서 그는 다음과 같이 결론을 내렸다. "미국의 원조정책을 기저로 하는 한국경제의 이러한 경향은 기간산업 중소기업 등 국내생산공업을 답보상태에 낙후시킨 반면 앞에서 말하는 바와 같이 국민의 정신면에 회복할 수 없이 큰 멍을 드리게 되었다는 것을 지적하지 않을 수 없다. (중략) 1960년대의 한국은 확실히 외래상품이 한국시장을 점령한 시기였다."

이와 같이 박정희의 당시 한국경제에 대한 현상인식은 한편으로 한국경

---

[23] 박정희, 1963, 『국가와 혁명의 나』, 자문각.

제 자체가 미국의 원조에 의존할 수밖에 없지만 다른 한편으로 미국의 원조에 의존해 온 결과로 한국의 자립경제 달성에 역행해 왔다는 것이었다. 그런데 적어도 당시의 박정희의 저작 속에는 한국경제를 어떠한 방향으로 이끌어 나가느냐에 관한 명확한 전망을 제시하고 있지 않다. 박정희는 5·16의 주도자였지만 경제에 관해서 구체적 계획을 가지고 있지는 않았다.[24]

5월 25일 러스크(Rusk)국무장관은 그린 대리대사에게 군사정부를 일단 승인하도록 지시를 내렸으며 5월 28일에는 케네디 대통령이 그린 대리대사 이름으로 김홍일 외무장관에게 혁명공약은 인정하되 그것을 준수하길 바란다는 미국정부의 입장을 전달하도록 지시했다. 5월 31일 CIA는 특별정보보고서를 작성했다. 이 보고서는 "박정희 소장이 주도하는 쿠데타 주체 세력은 한국을 장악할 것이며 한국의 경제와 행정에 새로운 기풍을 불어넣을 것이다. 고질적인 부패를 막는데도 주력할 것이다"라고 평가해 새 정부에 대한 기대를 드러냈다. 또한 "쿠데타 지도자들은 지금까지 미국이 접촉해 온 한국의 민간인들이나 군 고위장성들과 다르며 아주 새롭다"고 평가했다. 한편 군사정부의 반공국시표명이 박정희가 공산주의자와 연계를 가지고 있다는 주장을 무력화시키기는 했지만 그가 장기적인 공산주의 간첩으로 행세했다거나 다시 변절했다는 가능성을 배제할 수는 없다고 평가해 이에 대해 의식하는 미국 정보당국의 태도를 드러내고 있다. 이 보고서에서도 역시 정부의 억압적 태도와 경제상황의 악화 등에서 기인한 학생과 대중의 반란은 공산주의자들을 이롭게 할 가능성에 대해서도 지적하고 있다.[25] 또한 미국정부는 군사정부의 성격에 대해 장면 정부에 비해 민족주의적이면서 대미자립적이라는 평가를 내렸다[26] 특별대책반이 작성한

---

[24] Satterwhite, David Hunter, "The politics of economic development: Coup, state, and the Republic of Korea's First Five-Year Economic Development Plan(1962~1966)", Ph. D., dissertation, University of Washington, 1994.

[25] "Short-term Prospects in South Korea", Special National Intelligence Estimate 42-2-61, May 31, 1961, *FRUS*, 1961~1963, Vol. XXII, p. 468.

[26] Robert H. Johnson, 1961, "The Task Force Report on Korea", June 6, Country File:

6월 6일자 보고서에 의하면 미국은 장면 정권하에서 지지부진했던 경제개혁이 지속적으로 추진되기를 기대하고 있었다. 미국은 공산화를 방지하기 위해 한국사회가 안정되기를 바랐으며 이것이 경제개발계획의 지지로 집약된 것이다. 미국은 한국의 젊은 세대들이 한국사회의 부패에 대해 혐오하고 있으므로 가만히 내버려 둔다면 공산주의자들만이 이로울 것이라고 판단해 이를 개혁하기 위해 진지한 경제계획이 필요하다고 생각했다. 위 보고서에서 미국은 구 장면 정권은 정치적 의도(意圖)는 믿을 만하지만 능력(能力)이 떨어진다고 평가했는데 비해 신군사정부는 개혁을 추진하는 능력은 돋보이지만 정치적 의도는 믿지 못하겠다고 평가했다. 이러한 상황을 해결하기 위해 먼저 주한 미국 대사가 한국정부의 지도자와 회합한 후 신뢰할 수 있다는 판단이 들면 한국정부의 최고 지도자를 워싱턴에 초청하며, 정상회담이 만족스럽다면 개혁을 위한 특별 사절단을 파견할 것을 건의했다.[27]

이에 케네디 행정부는 7월 초 자국의 주한 신임 대사 부임을 계기로 혁명정부에 대한 본격적인 지원을 결정했다. NSC는 6월 13일 제485차 회의에서 특별대책반이 만든 보고서를 토의했다. 회의에서 케네디는 한국의 정치경제 상황이 희망이 없는 지경이라고 말하자 매카나기 국무부 극동담당 차관보도 불안한 경제와 자원의 부족, 팽창하는 인구 때문에 근본적으로 개선되기는 어려울 것이라고 동조했다. 그러자 대통령 안보담당 특별보좌관보 로스토우(Rostow)는 한국이 보는 바와 같이 그렇게 희망이 없는 것은 아니라고 주장했다. 그 이유로 첫째, 새롭고 효과적인 경제계획 및 사회계획, 둘째, 정부 내에 젊고 공격적이며 능력 있는 인사들의 존재, 셋째, 일본과의 관계 개선 등 세 가지를 들고 있다. 케네디는 이 중에서 일본과의 관계 개선이 가져다 줄 효과에 대해 십중석으로 언급하는 한편, 미국은 스스로의 프로그램과 입장을 가지고 한국문제를 바라보아야 한다고 지

Korea, Box 127, NSE, JFK Library.
27) "Memorandum by Robert H. Johnson of the National Security Council Staff: The Task Force Report on Korea", June 6, 1961, *FRUS*, 1961~1963, Vol. XXII, p. 470.

적했다.[28] 1961년 6월 13일 NSC 회의의 결과로 NSC Action No. 2430이 작성되었다. 이 보고서에서는 미국의 경제원조(經濟援助)를 지렛대로 민정이양(民政移讓)의 조기실현을 달성하고자 했다.[29] 이에 따라 주한미국대사는 대의정부와 입헌적 자유를 회복시키겠다는 국가재건최고회의 지도자들의 약속을 준수하도록 조장시켜야 한다는 것이다. 만일 국가재건최고회의가 대의정부와 헌법에 보장된 자유를 복구할 것을 약속한다면 주한미국대사는 최고회의의 지도자들을 점진적으로 승인한다는 것이다. 또한 한국군에 대한 유엔군사령관의 작전 지휘권을 인정하며, 재정개혁과 경제개혁을 함으로써 대사를 만족시킨다면 버거 대사가 1961년도 분 나머지 2천 8백만 달러의 군사원조를 지원하고 경제개발5개년계획을 미국이 적극 돕겠다는 확약을 할 수 있도록 권한을 위임했다. 특히 향후 몇 개월간 진전이 있다고 판단되면 경제개발5개년계획의 이행을 위한 자원을 지원하겠다는 의지도 피력하고 있다. 보다 장기적으로 미국은 한국이 약속을 계속 준수한다면 경제발전을 위해 지원을 강화할 것이며, 5개년계획을 준비하기 위해 전문가를 파견하고 또 재원도 마련할 것을 한국 측에 언약해도 좋다고 했다. 이 보고서는 또 한국정부의 최고 책임자를 워싱턴에 비공식 방문토록 추천할 수 있는 권한을 대사에게 주었다.

버거 대사는 6월 24일 한국에 부임했다. 박정희와의 첫 만남에서 버거는 민정복귀(民政復歸)와 경제개혁(經濟改革)의 두 가지 약속을 이행하면 박정희를 지지하겠다는 조건을 붙여 관계를 맺었다.[30] 결국 박정희 군사정권은 스스로 내건 혁명공약과 미국의 압력에 의해 경제개발5개년계획을 적극적으로 추진할 수밖에 없었다. 박정희는 그해 11월 11일 방미길에 올랐다. 박정희는 혁명의 불가피성을 역설하고 사회개혁과 경제안정, 반공

---

28) "Notes of the 485th Meeting of the National Security Council", June 13, 1961, *FRUS*, 1961~1963, Vol. XXII, pp. 480~481 ; 김종권, 1992, 「로스토우박사의 개발연대 비화; 나의 충고에 따라 케네디는 박정희를 돕기로 결심했다」, 『월간조선』 12월호.
29) "Record of NSC Action No. 2430", Washington, June 13, 1961, *FRUS*, 1961~1963, Vol. XXII, pp. 482~486.
30) 김종권, 1992, 「맥도널드 현대사 증언; 막후에서 본 한미관계 47년」, 『월간조선』 9월호.

태세의 강화 및 사회악과 부패제거에 한국정부가 취한 적극적인 조치들을 강조했다. 케네디는 박정희가 설명한 5개년계획초안에 큰 관심을 표명했다. 케네디는 박정희가 1963년 여름에 민정 이양을 단행하겠다는 1961년 8월 12일의 약속을 재확인했다. 박정희는 케네디정권으로부터 자신의 체제에 대한 지속적인 지원과 경제개발계획에 대한 협조를 얻어냈으며 대신 미국은 민정이양을 확약받았다.

  미국은 한국에 대한 전면적인 경제원조를 다시 시작했는데 양국간에 합의된 목표와 프로그램에 따라 한국정부가 이를 완수하는 만큼 이전 어느 정권보다도 더 확고한 조건에 따라 집행되었다. 한국의 장기적인 경제발전을 위해 1억 5천만 불에 달하는 차관을 제공하는데 동의했다. 더구나 케네디 행정부의 정책을 반영하여 미국은 반공방어를 원조하는 수단으로보다는 한국의 경제발전 그 자체를 하나의 목표로 강조하게 되었다.[31]

  새로운 한국팀 새로운 한국정부 그리고 새로운 미국의 정책 모두가 모여 한미관계, 특히 경제분야에서의 분위기를 현저하게 바꾸었다. 한미양측 모두 냉정한 현실주의로 돌아섰으며 미래에 대한 새로운 낙관주의를 공유했다. 사안별로 엄격하게 협상이 진행되었다. 미국의 노력은 몇몇 선택적인 우선순위에 따른 목표에 집중되었다. 미국경제사절단의 규모는 급격히 감소되었다. 주한 미국 대사인 버거는 한국팀으로서 모든 비군사활동을 수중에 장악했을 뿐 아니라 1961년 5월의 케네디 서신에 의해 확고한 권한을 부여받았다. 이에 따라 버거는 한국에서 가장 우월한 위치임을 확인받았을 뿐 아니라 서울과 워싱턴 양쪽 모두에서 제기되는 관료들의 도전을 효과적으로 대처할 수 있었다.

---

31) Ekbladh, David, 2010, *The Great American Mission: Modernization and the Construction of an American World Order*, Princeton University Press ; Gilman, Nils, 2003, *Mandarins of the Future: Modernization Theory in Cold War America*, The Johns Hopkins University Press.

V. 5 · 16과 미국 (4): 회고와 평가

　　버거 대사가 직접 작성한「한국의 변혁: 1961~1965」를 통하여 5 · 16과 미국의 관계를 정리하고자 한다.32) 보고서는 1. 서론, 2. 군사쿠데타의 배경, 3. 쿠데타 지도자의 특성, 4. 첫해: 1961년 5월~1962년 5월, 5. 미국의 정책: 첫 번째 단계, 6. 첫 번째 위기: 1962년, 7. 한국 정책: 둘째 해, 8. 정치활동 재개, 9. 두 번째 위기, 10. 선거, 11. 결론 순으로 이루어져 있다.
　　먼저 군사쿠데타의 배경을 다음과 같이 설명하고 있다. "이승만을 몰아낸 성공에 들뜬 학생들은 '제5부'가 되어 장면 정부의 정책에 영향력을 행사하고 압력을 가할 목적으로 매일같이 시위를 했다. 부당이득과 부패에 대한 공격, 그리고 이승만 주위에 있던 정치인과 경제인을 처벌하라는 요구는 북한과의 통일, 중립한국, 그리고 미국의 간섭에 대한 반대라는 슬로건과 뒤섞여있었다. 노동조합도 다른 조직 및 압력집단과 더불어 이승만의 자의적인 통제로부터 벗어나 파업의 물결에 참여하기 시작했다. 제약으로부터 벗어난 언론은 수십 개사로 늘어나서, 무책임한 비판을 가하기 시작했는데, 많은 신문기자들은 공무원의 부정을 캐내어 공갈협박해서 자신들의 수입을 늘렸다. 문제를 더욱 꼬이게 만든 것은 장면의 민주당이 선거 이후 얼마 지나지 않아서 분당되었다는 사실로서, 당면한 다른 문제들에 더하여 국회에서의 어려움을 가중시켰다. 장면은 전국적인 질서를 잡기 위해 신속히 움직이는데 실패했다. 그래서 효율적인 정부를 수립하여 이승만 정권으로부터 물려받은 숱한 문제들을 다루는데 실패했다. 가장 밑바탕에는 장면이 권력을 이해하지 못했으며, 권력을 어떻게 행사하는지 알지 못했다. 1961년 봄에 이르면 장면의 선출을 환영했던 열광은 침울과 좌절로 변했다. 민주주의에 대한 확신은 급속히 사라져갔다. 사회 곳곳에

---

32) 이 글은 1961년에서 1965년까지 주한미대사를 역임한 버거가 다음 임지인 남베트남에 취임하기 직전 국무성관리들에게 한국에서의 자신의 경험이 남베트남에서도 얼마나 유용할지에 대한 개략적인 설명을 보고서 형태로 제출한 것이다. 원제는 *The Transformation of Korea, 1961~1965* (by Samuel D. Berger, 1966, 1, 7)로 문서분류상 비밀(Secret)등급으로 분류되어 있었다.

만연한 무질서와 혼란으로 말미암아 공산주의의 영향력이 곧 남한에 뿌리를 내리게 되리라는 위협이 고조되었다. 이런 분위기 속에서 이미 이승만 정권 말기부터 군사쿠데타를 심각하게 고려해 온 군부의 집단 중에 하나 혹은 다른 집단이 조만간 권력을 잡고자 하리라는 것은 명백했다. 이 집단 중 하나가 1961년 5월 16일 무혈군사쿠데타를 일으켰다."

쿠데타 지도자의 특성을 다음과 같이 정리했다. "우리는 쿠데타를 이끈 장교들에 대해 놀라울 만큼 알지 못했는데 그들 대부분은 미국인을 기피하는 경향이 있었기 때문이다. 쿠데타의 지도자인 박정희 장군은 우리 측 기록에 따르면, 1948년에 실패한 공산주의 쿠데타를 추종한 공산주의자로서 재판에 회부되어 유죄판결을 받은 것으로 되어 있었다. 그는 곧이어 사면되었으며 군장교의 개입으로 복권되었는데, … 박정희가 그렇게 된 것은 자기 형이 공산주의자였기 때문이라는 견해를 가졌다."

보고서는 쿠데타 지도자들의 성향을 다음과 같이 적었다. "가. 쿠데타 지도자들은 개혁지향적이다. 그들은 군대와 정부에서 부패를 쓸어내고, 밀수를 근절시키며, 재계에서의 부당이득과 세금포탈에 단호히 대처하고, 농업에서의 고리대금업을 끝장내며, 대학교육을 개혁할 결의가 되어 있었다. 나. 그들은 학생시위와 무책임하고 부패한 언론을 통제하고, 전통적으로 그리고 만성적으로 무정부상태에 있던 사회에 일종의 기율을 부과할 결의가 되어 있었다. 다. 그들은 자기들이 군대에서 배운바 대로 민간정부에 질서와 조직, 그리고 지도력을 도입함으로써 정부를 효율적이고 효과적으로 만들 결의가 되어 있었다. 라. 그들은 한국을 근대화하며 농업을 다각화하고 산업을 발전시키는 방향으로 끌고 갈 결의가 되어 있었다. 나중에 그들은 주요 정부시책 중 하나로 가족계획을 추가했다. 마. 그들은 한국민에게 목적의식과 희망, 그리고 성취감을 주고, 정부를 국민에게 봉사하도록 함으로써 정부에 대한 전통적인 회의와 적대를 극복할 결의가 되어 있었다."

이어서 또 다른 특성도 적었다. "가. 그들은 한국이 강력하고 확고한 중앙정부를 필요로 하며, 그렇지 않으면 수백 년의 역사에 걸쳐 언쟁만 하고 우유부단하며 파벌에 찌든 상태를 극복하지 못하리라고 생각했다. 그들은 민주주의 절차에 대한 이해가 매우 적으며, 명령과 복종을 신봉했다. 나. 그들은 정부란 단지 조직과 행정, 그리고 지도력 문제이며 경험있는 군인은 사람과 자원을 경영하는 특별한 위치에 있다고 생각했다. 그들은 군부가 그와 같은 지도력을 제공할 수 있는 유일한 집단이라고 생각했으며, 이로부터 민간인, 특히 민간인 정치가들을 의심하는 태도를 가지고 있었다. 다. 그들은 경제와 정치에 대한 막연한 생각밖에 가지고 있지 않았다. 그들은 근본적으로 반공주의자이자 반자본주의자이며 한국의 '현실과 요구'에 맞춰 교도 또는 계획된 민족민주주의에 기반을 둔 새로운 정치, 경제질서를 한국에 세우겠노라고 말했다. 그들은 드러내놓고 말은 안 했지만 아유브 칸(Ayub Khan), 히틀러(Hitler), 나세르(Nasser), 그리고 수카르노(Sukarno)를 존경했다. 라. 그들은 매우 민족주의적이며 미국에 의존하고 있는데 대해 적의를 가지고 있었다. 대부분의 한국인들과 마찬가지로 그들도 미국이 한국의 곤경에 책임이 있다고 생각했다. 즉 1945년에 나라를 분할한 것과 1949년 미군을 철수키로 결정함으로써 북한으로부터 침략을 초래한 것 등 말이다. 그들은 한국이 미국인들을 허용해야 한다고 인식하고 있었지만, 우리의 충고는 간섭이라고 분개했다. 군사정부를 처음 일 년 남짓 이끌었던 김종필 밑에 있던 내부 패거리에 속한 장교들과 민간인들은, 처음에는 우리에게 이름조차 알려져 있지 않았는데, 우리는 그들 중 공산주의 잠복자가 침투해 있을지 모른다고 의심했다. 쿠데타 직후에는 공무원들과 혁명위원회의 지도부조차 우리로부터 거리를 유지하고 '자신들의 계획을 의논하지 않을 것'이라는 말들이 나돌았다. 한국중앙정보부장인 김종필과 국가재건최고회의 의장인 박정희를 통해서만 모든 교섭이 이루어졌다. 마. 그들은 한국의 숙적인 일본에 대해 적대적이며 분개했다. 바. 그들은 남북한 통일을 깊이 열망하고 있으며 쿠데타가 일어난 처음 몇 달 동안 북한의 군부도 자신들의 예를 따라 북한의 공산정권을 전복시키도록 설득할 수 있을 것으로 생각했다. 그런 다음 남북한의 군사정권을 합쳐서 재통일된 한국을 공산주의와 자본주의의 중간쯤 되는 기반 위에서 통치해 나갈 수 있으리라 생각했다."

　보고서는 5·16에 맞선 미국의 정책을 다음과 같이 적고 있다. "우리가 힘을 기울여 수립한 합법적인 정부를 무너뜨린 쿠데타의 초기 충격으로부터 그리고 우리의 반대의견 표명으로부터 벗어나 미국의 정책은 매우 다른 방향으로 전개되어 왔다. 가. 우리는 한국의 새로운 통치세력이 등장했음을 인지했으며 그들의 민족주의적 정서와 미국으로부터 독립적이고자 하는 열망이 건설적인 방향으로 돌려질 수 있다면 긍정적일 수 있는 가능성을 제공할 수 있다고 판단했다. 나. 우리는 박정희가 자기 조국의 병환에 대한 깊은 이해를 가지고 있으며 지도력과 개인적인 청렴함을 지녔고 우리가 통치의 기본을 그에게 가르칠 수 있다고 판단했다. 다. 우리는 박 장군의 조카인 정열적이고도 똑똑한 김종필의 손에 과도한 권력이 집중될 위험을 감지했다. 그들의 관계는 지엠과 누의 관계와 비슷하다. 우리는 개인적으로 혹은 집단적으로 그들을 지원할 수밖에 없는 다른 선택지가 없는 입장에 빠져들지 않으려는 자세를 가져야만 한다. 라. 우리는 가능한 한 공개적인 언급을 최소화하고 언론 회합이나 연설을 줄이기로 결정했다. 쿠데타 두 달 후, 우리는 쿠데타에 대한 몇 안 되는 공식언급 중 하나를 했는데, 군사정부가 오래도록 지속되던 문제를 해결하고자 하는 강력한 열정에 매우 인상 깊었다는 내용이었다. 몇몇 예외를 제외하고는 우리의 비판은 사적으로 이루어졌다. 우리는 우리가 공개적으로 박정권을 지지한다는 느낌을 주지 않도록 조심했으며 사적으로 박에게 우리의 협조를 다짐하곤 했다. 우리는 김종필을 지지한다는 증거를 결코 보여준 적이 없다."

　이어서 미국의 노력이 다음과 같은 다섯 가지 방향에서 이루어졌다고 적었다. "가. 우리는 박에게 영향력을 행사하여 지나친 것을 피하라고 했는데 그에게 투옥된 학생들과 정치인들, 언론인들, 그리고 쿠데타에 가담하기를 거부한 군장성들을 풀어주라고 재촉했으며, 박에게 처형을 멈추라고 요구했다. 박은 이러한 견해를 공유하고 자기 식으로 그리고 자기가 선택한 시간에 때때로 우리로부터 잔소리를 들은 다음에야 협조하곤 했다. 나. 우리는 박과 김에게 인플레의 위험과 그 후로 우리가 계속해서 되돌아가곤 했던 주제인 너무 많은 일을 너무 짧은 시간에 하려고 하지 말라는 경고를 했다. 그들에게 문제가 생기면 우리는 우리가 이전 한국정부를 구제했던 것처럼 그들을 구제할 수 없음을 경고했다. 우리는 그들로 하여금 인플레적인 정책을 그만두도록 하는데 성공하지 못했다. 그들은 어려움을 겪으면서 배워나갔다. 3년 후에 그들이 평가절하를 하고자 할 때 우리의 위협을 실행에 옮겨서 그들을 구제할 수 없다고 거절했다. 다. 쿠데타 2달 후인 1961년 7월 우리는 박정희와 함께 정치활동이 재개되고 선거가 실시되는 명확한 시간을 공포하는 것이 중요하다는 것을 논의했다. 우리는 이것이 미국 국민과 정부가 그를 지지하는데 있어 필수적일 뿐 아니라 한국의 입장이 UN에서 방어되기 위해 요구된다고 재촉했다. 그러나 우리는 또한 그것이 한국 국민들을 독재의 위협으로부터 벗어나게 할 것이며 이러한 위험을 박정희 정부에 대한 공중의 끊임없는 비판의 원천으로 만들 위험을 제거하고 사람들을 혁명의 편으로 돌려세울 수 있으며, 이 쟁점에 관한 혼란을 최고한도로 줄일 수 있으리라고 주장했다. 그는 동의했으며 쿠데타 이후 세 달이 못된 8월 12일 1963년 1월 정치활동이 재개되면 1963년 봄에 선거가 실시될 것이라고 공포했다. 여담으로 말하면, 김종필과 그의 젊은 호랑이들은 정치일정을 제시하는데 반대했으며 만약 정치일정을 확정하고자 한다면 10년 이후에야 할 것이라고 주장했다.33) 고급장교들은 조속한 이양을 선호했다. 박정희는 현명하게도 중간입장을 취했는데 그가 미국에 국가원수 자격으로 초청을 받은 직후에 그런 결정을 내렸다. 라. 우리의 네 번째 노력은 박정희와 김종필, 그리고 몇몇 다른 장성들로 하여금 군사력과 군인들의 지지에만 의지하고 있는 혁명 정부는 통치하기에 너무 협소한 권력기반이라는 점을 이해시키고자 노력하는 것이었다. 우리는 많은 저명한 한국 민간인들이 군사정부의 목표에 공감하고 있으며 군

---

33) 1962년 10월 28일, 미국 대통령 고문이자 백악관 정책기획실장인 로스토우는 한국중앙정보부장인 김종필을 만나 한국이 군사독재를 벗어나서 민주주의로 옮아가는 방안에 대해 물었다. 김종필은 다음과 같이 그림을 그리며 설명했다. 1963년 8월에 실시되는 선거에서 1966년 8월 사이에 군사독재를 완화시켜서 참된 민정으로 이행되는 것으로 그려져 있다.

사정부에서 하고 있는 일에도 공감하고 있음을 지적했다. 우리는 박정희에게 민간인들과 권력을 공유하고 군사혁명위원회를 가능한 한 빨리 군사민간임시정부로 전환시켜서 박정희에게 전국적인 지지기반을 갖도록 촉구했다. 우리는 정치활동이 재개되면 그런 정부가 새로운 정당의 지도력을 이룰 것이며 선거에서 승리하고 군사정부의 프로그램을 지속시켜나갈 모든 기회를 갖게 될 것이라고 지적했다. 박정희와 김종필은 이런 충고를 거절하고 반대방향으로 나아갔다. 1962년 2월 그들은 「정치정화법」을 공포했다. 그들 중 많은 사람은 애초에는 그들 편이었고 그렇게 하도록 요청 받았다면 그들 편으로 합류할 사람들이었다. 마. 마지막으로 우리는 박정희로 하여금 일본과 국교를 정상화하도록 촉구했다. 한일국교 정상화 없이는 한국이 산업발전을 이루거나 국가안보를 장담할 수 없다고 지적했다."

군사정부와 미국 사이에는 위기도 있었다.

"2월 달의 정치정화법 이래 4, 5월에는 증권시장 조작이 이루어졌는데 김종필이 자기가 만들려고 계획하고 있는 정당과 기구를 위해 정치자금을 만들려는 의도에서 고안된 몇 가지 방안 중에 하나였다. 증권시장이 붕괴

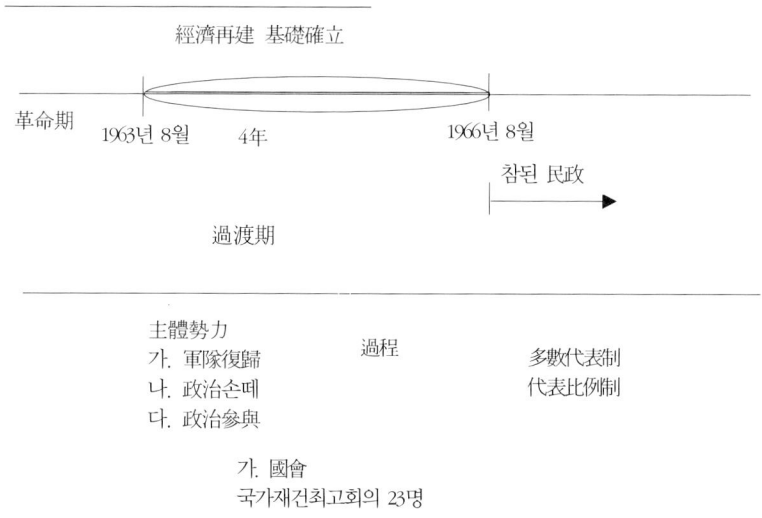

1962년 10월 23일

하기 전에 2천5백만 불이 빠져나갔다. 6월에 군사정부는 자신이 공포한 5개년 산업발전계획을 추진하기 위해 소요되는 자금을 모으려고 믿을 수 없을 정도로 바보 같은 화폐개혁을 단행했다. 이 개혁으로 일정금액 이상의 은행구좌는 몰수되었는데 몇 주 지나서 이 개혁안이 폐기되기 전까지 한국 경제는 거의 정지상태였다. 비록 쿠데타 초기부터 우리와 협력하겠다고 약속했음에도 불구하고 우리는 이런 일들에 대해 협의 받은 바 없으며 이 일로 인해 박정희와 미국 정부사이에 첫 번째 중요한 대립이 생겨났다. 우리는 박정희에게 박정희의 정부가 주권정부라면 우리는 그 주권을 존중하겠노라고 말했다. 그러나 미국 또한 주권정부이며 박정희는 우리의 지지가 어떠한 상황에서도 자동적으로 이루어지는 것이라고 가정하지 말라고 했다. 우리가 한국 정부를 도울 수 있는 능력은 한국 정부의 정책(政策)에 달려있다. 한국 정부의 정책이 건전한 것이면 우리는 어려움이 없다. 이러한 정책들이 잘 고안되지 못한 것이거나 한국 정부의 신용을 저하시키는 것이라면 우리는 그것들을 지지할 수 없다. 우리는 우리가 도울 수 있는 능력에 영향을 줄 어떤 사안이던 사전에 협의할 것을 요구했다. 박정희는 처음에는 거절했다. 미국이 한국문제에 간섭할 권리가 없다고 주장했다. 그러나 대화 도중 그는 자기입장을 바꿨는데 우리가 박정희 정부가 더 이상 미국의 원조를 원치 않는다면 이런 상황에서는 우리도 지원할 수 없노라고 결론지었기 때문이다."

미국은 대한경제원조정책을 수정했다. "우리의 원조 프로그램도 주요한 변화를 겪었다. 직접원조는 절반으로 삭감되었으나 우리는 좋은 계획이 발전될 수 있으면 차관을 제공하기로 했다. 우리의 원조실무진은 450명에서 130명으로 축소되었다. 이 모든 조처는 한국인으로 하여금 이제는 그들 스스로 해 나가야 하며 우리가 더 이상 백지수표를 주지는 않을 것이라는 사실을 알도록 하기 위해 고안된 것이다. 우리가 구사한 채찍과 당근을 결합한 정책은 효과를 발휘하기 시작해서 몇몇 분야에서 진전이 있었다. 생산이 늘었다. 수출이 1961년의 3천만 불에서, 그 수준에서 8년 동안을 머물렀는데, 1962년 4천5백만 불로 증가했다. 새로운 발전소 또는 보수된 발전소가 전력을 공급하기 시작했다. 주요 조림사업이 시작되었다. 몇몇 새로운 공장이 세워졌으며 다른 공장을 세우기 위한 계약이 이루어졌다. 프랑스와 이태리로부터 어선을 구입하기 위한 차관이 도입되었다. 일본과 국교를 정상화하기 위한 회담이 진지하게 시작되었다. 군사정부가 이어받은 10여 개국에 더하여 처음으로 30개 나라와 외교관계가 수립되었다."

1963년 1월 1일 정치활동이 재개되자 한미관계에 위기가 닥쳤다. "1963년 3월 박정희는 군정을 4년간 연장한다고 선포했다. 이 제안은 국민투표에 붙여질 것이라고 했다. 박정희는 이처럼 극적인 계획변경을 전날 밤에서야 우리에게 통보했다. 1963년 3월에 이르러 군정에 대한 초기의 대중적 지지는 사라졌다. 국가재건위원회는 분열되었다. 부패가 빠른 속도로 번져가고 있었다. 인플레가 악화되고 있었다. 김종필이 군사정부에 불미스러운 이름을 가져다주었다. 박정희는 여전히 개인적으로 대중적 지지와 군부 내 집단의 지지를 받고 있었지만 이것조차도 급속히 무너져 갔다. 이제 민심의 저변에는 군사정부에 대한 강한 적대감이 형성되었으며 민간인뿐 아니라 군 내부에서조차 그러했는데 이러한 적대감이 어디까지 미칠지는 상상할 수 없었다. 박정희의 군정 연장 선언이 있은 수 시간 안에 군사혁명위원회의 구성원 중 몇몇으로부터, 박정희의 친구로부터, 야전군 지휘관으로부터, 그리고 박정희의 민간인 친구로부터 (그에게 적대적인 사람은 물론이고) 미대사관으로 긴급한 비밀 전갈이 왔다. 그 전갈은 거의 만장일치였다. 만약 박정희가 군사정부를 연장시키는 것을 주장한다면 학생과 국민이 수일 내지는 수주일 안에 거리로 나설 것이고 그들이 과거에 이승만을 몰아냈던 것처럼 박정희도 전복시킬 것이라고 보았다. 우리는 박정희로 하여금 그의 계획을 포기하도록 압력을 가하라고 요청을 받았다. 우리는 박정희의 계획이 어떤 결과를 가져올지에 대한 그들의 견해에 공감하고 있었으므로 서두를 필요가 없었다. 우리는 이것은 한국인의 문제이며 한국인들이 스스로 그 문제를 맞닥뜨려야 할 것이라고 전갈을 보냈다. 동시에 우리는 비밀리에 박정희에 대해 작용을 가하기 시작했는데 국무총리, 합참의장, 그리고 정부의 몇몇 주요 인사들과 접촉했다. 우리는 박정희에게 이런 위험스러운 코스를 포기하도록 재촉했다. 우리는 다른 이들로 하여금 박정희에게 그들의 영향력을 행사하도록 재촉했다. 우리는 공식성명을 내지는 않았지만 우리가 이 코스를 반대한다는 것을 구두로 군부와 민간인 지도자들에게 알렸다. 아흐레 후 워싱턴은 미국이 군정 연장이 안정을 가져올 것 같지 않으며 박정희로 하여금 야당 지도자들과 힘을 합쳐 이 위기를 해결하기 바라는 낮은 톤의 성명을 발표했다. 이 위기를 신중하고도 강력한 외교적 채널을 통해 해결하는데 6주가 걸렸다. 4월에 박정희는 국무총리와 외무장관을 통해 동의획득에 실패했으며 원래 안대로 밀고 나가겠다고 우리에게 통보해왔다. 다음날 그는 군정연장에 대한 국민투표를 할 날짜를 공포하고자 했다. 우리는 그의 심부름꾼들에게 그가 그러한 성명을 발표하면 1시간 이내에 워싱턴에 있는 미 정부가 미국은 군정이 한국민과 미국에게 서약한 바 있는 선거를 실시하고 민간정부를 수립한다는 전제위에 입각한 것임을 공포하게 될 것이라고 말했다. 만약 이러한 서약이 지켜지지 않으면 우리는 박정권에 대한 우리의 태도를 다시 점검하지 않을 수 없으리라고 말했다. 박정희는 물러섰다. 며칠이 지난 후 9월까지 상황이 잠잠해지면 선거는 가을에 치러질 것이라고 공포했다. 이것은 체면을 세우기 위한 수단이었다.

우리가 군정연장에 반대하고 선거를 선호한 것은 도덕적인 원칙의 문제가 아니었고, 실제적인 정치현실 때문이었다. 우리는 선거가 무엇을 가져올지 또는 선거가 안정을 가져올지 알지 못한다. 그렇지만 우리는 군정연장이 폭동과 분열, 그리고 아마도 유혈사태를 낳으리라는 점을 알고 있다. 선거는 어떤 결과를 낳든 간에 국민의 선택을 반영하고 있다는 장점이 있으며 우리는 사적인 대화에서 누가 뽑히건 그를 지지하고 그와 함께 일해 나가리라는 점을 명확히 했다. 우리는 비밀리에 만약 박정희가 군정연장 투표를 강행할 경우 우리의 지지를 가장 희망적이며 존경받는 민간인 중 한 명에게 돌릴 계획을 짰다."

선거 국면에서 미국이 어떻게 움직였는지를 다음과 같이 적고 있다. "민간지도자들은 우리를 설득하여 박정희를 선거경쟁에서 사퇴시키도록 강력한 건의를 했다. 우리는 미국 정부는 어떤 한국인으로 하여금 대통령직에 출마해라 또는 출마하지 말라고 말할 수 없다는 근거에서 그들의 요구를 거절했다. 그들은 현역 군인은 대통령 출마 불가라고 주장했다. 우리는 현역에서 은퇴한 군인이 군복을 벗고 나면 민간인이므로 다른 민간인들과 마찬가지로 선거에 출마할 자격이 있다고 말했다. 그들은 우리에게 압력을 가하여 박정희로 하여금 선거를 관리할 임시 정부를 만들도록 했으며 그렇지 않으면 공정하지 못하다고 했다. 우리는 모든 정당 대표가 참가하는 선거관리위원회가 안전을 보장할 것이라는 전제 위에서 그들의 주장을 거절했다. 우리는 반복적으로 민간인 후보와 정당을 돕기 위해 돈을 보내달라는 요청을 받았으며 그리하여 자금이 풍부한 여당과 균형을 맞춰야 한다고 요구받았다. 우리는 그들에게 반복적으로 돈이 아니라 통일이 필요하다고 말해주었다. 우리는 야당 지도자들과 박정희에게 우리는 선거에서 완전 중립임을 명백히 했다. 대통령선거 캠페인은 정력적으로 엄청나게 싸웠으며 자유로웠다. 윤보선이 주요 경쟁자로 나섰다. 윤보선은 박정희의 공산주의 전략과 부패, 억압, 인플레이션, 자기주장을 관철시키지 못하는 무능함을 공격했는데 박정희는 윤보선을 15만 6천 표 차로 간신히 이겼다.

　민간지도자들은 대통령선거로부터 아무것도 배우지 못했으며 두 개의 주요 정당과 4개의 군소정당이 국회의원 선거에서 각자 자기 길을 갔다. 공화당이 이겼는데 겨우 33%의 득표율로 비례 보너스제에 따라 175석 중 110석을 석권했다. 대통령선거와 비교해 볼 때 국회의원 선거에서는 매표행위와 불법행위가 눈에 띠었다. 만약 두 야당이 연합했더라면 그 결과는 정반대로 나왔을 것이다. 결국 박정희는 대통령직과 아울러 국회에서 자기를 지원할 다수 의석을 얻었으며 야당은 이들 결과에 대해 자기밖에 탓할 자가 없었다."

　버거는 미국이 한국에서 얻은 교훈을 결론적으로 다음과 같이 요약했다.

　"가. 민간인이 분열되고 있고 효율적인 정당이나 정부를 구성할 수 있는 기율과 단결을 보여줄 수 없는, 정치구조가 약한 발전도상 사회에서는 군부가 중요한 역할을 수행할 수 있다. 나. 근대화된 군부는 지도력과 시민생활로 이전 가능한 많은 종류의 기술을 제공할 수 있는 풍부한 보고이며, 이는 정부조직과 행정에 매우 귀중한 것이다. 다. 군부 혼자로는 그들이 최선을 다한다 할지라도 오랜 동안 통치할 수 없으며 통치하리라고 신뢰받을 수 없다. 기반이 너무 약하고 경험이 너무 협소하다. 군사정권은 단기간의 편법이며 가능한 한 빨리 균형을 맞추기 위하여 민간인과 군부의 요소를 혼합시켜야 한다. 이것은 매우 어려운데 왜냐하면 민간인과 군부 모두 서로를 의심하고 적대시하기 때문이다. 그러나 한국의 경우는 이것이 성취가능하며 우리가 이것을 성취하기 위해 중요한 역할을 담당할 수 있음을 보여준다. 라. 정당은 정치안정을 이루고자 하는 어떤 사회에서도 기본적인 요구사항이다. 한국인들은 정당이 급격히 느는 것을 방지하고 양당제를 고무하는 정당의 통합과 기율을 발전시키는 것을 도울 수 있는 합법적이고 제도적인 방식이 있다는 것을 보여준다. 마. 순수한 민간인 정당이나 정부는 저개발 사회의 경우 분열과 효율성이 없기 쉽다. 현역에서 은퇴한 군인으로 이루어진 요소에 더하여 민간인으로서 정치활동을 하는 것은 정당의 안정성을 가져올 수 있는 수단이 될 수 있다. 다른 한편 민간인 구성인자는 군인과 학생 및 지식인 사이의 갈등을 완화시킬 수 있다. 그리고 이것은 군부가 보다 권위주의적인 경향으로 흐르는 것을 방지할 수 있다. 바. 군장성들은 성격이나 자질 상 매우 다르며 문제는 보다 현명하고 경험 있고 포용력 있고 정치생활에서 건설적인 역할을 수행할 수 있는 사람을 찾아 교육시키는 것이다. 사. 발전도상사회는 효율적인 중앙정부를 필요로 한다. 행정부에 대한 과도한 견제와 균형은 도움이 되기보다는 방해가 될 수 있다. 강력한 행정부와 제한된 힘을 가진 단원제 국회가 필요하다. 아. 미국에 많이 의존하고 있는 나라의 정치적 경제적 변화에 영향을 끼칠 수 있는 미국의 능력은 미국의 개입이 조용히, 솜씨 있게, 지속적으로 그리고 단호하게 이루어질 때 엄청나다고 할 수 있다. 자. 우리가 깊숙이 관여하고 있고 개입된 한국 같은 나라에서 가장 복잡한 문제는 어떻게 정부를 지원하면서도 우리가 다른 선택지가 없기 때문에 그 정부가 어떤 일을 하든지 간에 참을 수밖에 없는 위치로 떨어지지 않느냐 하는 점이다. 이 문제에 대한 해답은 없다. 한국에서 우리는 군사정권을 지지함에 있어 현명한 선택지를 가지고 있었는데 가장 중요한 쟁점들에 대해서는 다른 선택을 감수할 준비도 되어 있었다."

버거는 5·16을 다음과 같이 정의했다. "5·16쿠데타는 기회주의적이거나 이기적인 군사지도자에 의한 단순한 권력 장악이 아니었다. 한국을 혁명적으로 변화시키고자 하는 진정한 시도였다. 쿠데타는 젊은 세대 대 늙은 세대, 근대화론자 대 전통주의자, 군부 대 민간인, 질서를 원하는 자 대 변화를 두려워하는 자 사이의 대립을 나타내고 있다."

Ⅵ. 결론: 5·16은 미국에게 무엇이었나?

6·25전쟁 이후 미국의 한국에 대한 관여는 전면적이고 다방면에 걸쳐 있었다. 미국의 행정부가 아이젠하워에서 케네디로 바뀌고, 한국 정부도 장면 정권에서 박정희 군사정권으로 바뀌면서 한미관계는 굳건하게 지속되는 가운데서도 변화가 모색되었다.

5·16에 대한 미국의 초기 반응은 매우 차분했다. 쿠데타 진압 여부에 대해서는 한국 정부 관계자들과 협의하고 불개입하기로 결정했다. 쿠데타가 한국 국민들에게 어떻게 받아들여지는지를 관망했다(wait-and see). 그렇지만 쿠데타가 자신들의 방조 아래 성공하자 쿠데타 정권을 통해 미국이 한국에서 추구하고자 하는 바를 관철시켰다. 미국은 군사정권이 마음대로 정치일정을 짜도록 내버려두지 않았다. 미국은 군사정권에 조속한 민정이양과 강력한 경제개발계획을 통한 경제개발을 요구했다.[34] 우여곡절도 있었다. 박정희는 민정이양일정을 연기하고자 했다. 경제개발도 미국과 상

---

34) Taehyun Kim and Chang Jae Bail, 2011, "Taming and Tamed by the United States", in Byung-Kook Kim & Ezra F. Vogel eds., pp. 58~84.

의 없이 추진하기도 했다. 그렇지만 결국 미국이 의도하는 바가 관철되었다. 케네디 정권 들어 동북아에서 미국의 부담을 감소시키고자 했다.35) 미국 원조를 군사원조에서 경제발전으로 강조점을 이동했다. 이는 한국 정부로 하여금 일본과의 관계를 적극적으로 개선해나가는 한편 경제발전을 강조하는 정책으로 나타났다. 버거 대사가 국무부에 보낸 7월 30일자 전문(電文)에는 한일국교정상화와 관련하여 다음과 같은 전망을 하고 있다. "1945년 이래 한일국교정상화라는 성가신 문제를 해결할 최조의 진정한 희망을 군사정권의 장교들에서 발견한다. 군사정권은 실용적 정부(pragmatic government)다. 군사정권은 여론이나 언론의 비판을 두려워하지 않는다. 군사정권이 내린 결정들 대부분은 어떤 객관적 기준으로 보더라도 국익을 위해 내린 결정들이다."36) 이후 한국이 비약적인 경제성장을 하는 데 한일국교정상화와 한국군 베트남 파병이 커다란 지렛대가 되었다. 이 모두가 미국의 대 아시아 정책 그리고 대한정책에 의해 영향을 받았다. 5·16을 발발배경이나 전개과정 그리고 성과에 주목해 보기보다 미국과의 관계에서 재조명해야 할 이유가 바로 이것이다. 미국이 군사정권을 어떤 방식으로, 어떻게 다루었는지를 살펴보는 일은 오늘날의 한미관계에도 시사하는 바가 적지 않다. 과거는 단지 시작일 따름이다.

❖ 참고문헌

「軍政과 美國의 交涉密話」, 『思想界』 1964년 4월호.
國家再建最高會議, 『最高會議報』 창간호, 1961년 8월 15일.

기미야 다다시, 2008, 『박정희 정부의 선택: 1960년대 수출지향형 공업화와 냉전

---

35) Midori Yoshii, 2003, "Reducing the American Burden: Kennedy's Policy toward Northeast Asia", Ph. D., dissertation, Boston University.
36) Telegrams from Berger to Rusk, July 30, 1961, NSF, Box. 127, JFKL.

체제』, 후마니타스.
김보현, 2006, 『박정희 정권기 경제개발: 민족주의와 발전』, 갈무리.
김용서, 2006, 「박정희 모델의 21세기적 변용」, 『박정희시대의 재조명』, 전통과 현대.
김윤근, 2006, 『5·16 군사혁명과 오늘의 한국: 한국 산업화의 원점』, 삼일서적.
김　일, 2005, 「박정희시대 연구의 쟁점과 과제」, 정성화 편, 『박정희시대 연구의 쟁점과 과제』, 선인.
김일영, 2005, 「한국, 성공의 역사」, 복거일 외, 『21세기 한국: 자유, 진보 그리고 번영의 길』, 나남.
김정기, 1987, 「'케네디', 5·16진압건의를 묵살: 5·16 당시 미대사관문정관 그레고리 헨더슨의 회고」, 『신동아』 5월호.
김종권, 1992, 「로스토우박사의 개발연대 비화; 나의 충고에 따라 케네디는 박정희를 돕기로 결심했다」, 『월간조선』 12월호.
＿＿＿, 1992, 「맥도널드 현대사 증언; 막후에서 본 한미관계 47년」, 『월간조선』 9월호.
박명림, 「박정희 시대 민주주의와 헌정주의」, 민주·평화·복지 포럼, 『'5·16 쿠데타 50년' 학술대회: 5·16, 우리에게 무엇인가』, 2011년 3월 14일, 프레스센터 국제회의장.
＿＿＿, 2006, 「한국현대사와 박정희·박정희시대」, 정성화 편, 『박정희시대와 한국현대사』, 선인.
박정희, 1963, 『국가와 혁명의 나』, 자문각.
박태균, 2002, 「군사정부 시기 미국의 개입과 정치변동, 1961~1963」, 한국정신문화연구원 편, 『박정희시대 연구』, 백산서당.
＿＿＿, 2007, 『원형과 변용: 한국 경제개발계획의 기원』, 서울대학교출판부.
유원식, 1987, 『5·16 비록: 혁명은 어디로 갔나』, 인물연구소.
윤보선, 1967, 『구국의 가시밭길-윤보선회고록』, 한국정경사.
＿＿＿, 1970, 「새벽 3시 비상전화-내가 겪은 5·16(상)」, 『월간중앙』 5월호.
＿＿＿, 1970, 「올 것이 왔는가-내가 겪은 5·16(하)」, 『월간중앙』 6월호.
이완범, 1999, 「박정희와 미국: 쿠데타와 민정이양 문제를 중심으로, 1961~1963」, 한국정신문화연구원 편, 『1960년대의 정치사회변동』, 백산서당.
＿＿＿, 1999, 「제1차 경제개발 5개년 계획의 입안과 미국의 역할, 1960~1965」, 한국정신문화 연구원, 『1960년대의 정치사회변동』, 백산서당.

, 2006, 『박정희와 한강의 기적: 1차 5개년 계획과 무역입국』, 선인.
장도영, 1984, 「나의 쿠데타가담설은 조작이다-장도영회고록 2」, 『신동아』 8월호.
          , 1984, 「나는 박정희를 믿었다-장도영회고록 1」, 『신동아』 7월호.
          , 1984, 「나는 역사의 죄인이다-장도영회고록 3」, 『신동아』 9월호.
장 면, 1967(1999), 『한 알의 밀이 죽지 않고는-장면회고록』, 카톨릭출판사.
鄭守汕, 1992, 「第2共和國의 崩壞過程에 관한 연구」, 서울대학교 정치학과 박사학위논문.
정일준, 2005, 「지구시대 한미관계와 한국 민족주의」, 한국역사교육학회, 『歷史敎育』 제94집.
          , 2007, 「탈수정주의를 넘어서 한국 근현대사 이해하기: 공간의 다층성, 시폭의 중층성, 그리고 시각의 다원성」, 한국사회연구소, 『한국사회』 제8집 2호.
          , 2009, 「한미관계의 역사사회학: 국제관계, 국가정체성, 국가프로젝트」, 한국사회사학회, 『사회와 역사』 제84집.
          , 2010, 「4월혁명과 미국: 한국 정치변동과 미국의 개입양식」, 정근식·이호룡 편, 『4월혁명과 한국 민주주의』, 선인.
조갑제, 1995, 『박정희 ①; 불만과 불운의 세월 1917~1960』, 까치.
          , 1998, 『내 무덤에 침을 뱉어라3: 革命 前夜』, 조선일보사.
          , 1999, 『내 무덤에 침을 뱉어라4: 國家改造』, 조선일보사.
조희연, 2007, 『박정희와 개발독재시대: 5·16에서 10·26까지』, 역사비평사.
          , 2010, 『동원된 근대화: 박정희 개발동원체제의 정치사회적 이중성』, 후마니타스.
韓國軍事革命史 編纂委員會, 1963, 『韓國軍事革命史』 제1집, 韓國軍事革命史 編纂委員會.
韓國軍事革命史 編纂委員會, 1964, 『五·一六 軍事革命의 全貌』, 문광사.
한국혁명사 편찬위원회 제공, 1964, 『5·16 군사혁명의 전모』.
한국혁명재판사 편찬위원회, 1962, 『한국혁명재판사』.
한승주, 1983, 『제2공화국과 한국의 민주주의』, 종로서적.
홍석률, 2002, 「5·16쿠데타의 발발 배경과 원인」, 한국정신문화연구원 편, 『박정희시대 연구』, 백산서당.

Brazinsky, Gregg, 2007, *Nation Building in South Korea: Koreans, Americans, and the Making of a Democracy*, The University of North Carolina Press(나종남 옮김, 2011, 『대한민국 만들기, 1945~1987: 경제성장, 민주화 그리고 미국』, 책과함께).
Byung-Kook Kim & Ezra F. Vogel eds., 2011, *The Park Chung Hee Era: The Transformation of South Korea*, Cambridge, MS: Harvard University Press.
Ekbladh, David, 2010, *The Great American Mission: Modernization and the Construction of an American World Order*, Princeton University Press.
Gilman, Nils, 2003, *Mandarins of the Future: Modernization Theory in Cold War America*, The Johns Hopkins University Press.
Macdonald, Donald Stone, U.S.-Korean Relations from Liberation to Self-Reliance: The Twenty-Year Record, Wesrview Press, 1992.
Midori Yoshii, 2003, "Reducing the American Burden: Kennedy's Policy toward Northeast Asia", Ph. D., dissertation, Boston University.
Peer de Silva, 1978, *Sub-Rosa: The CIA and the Use of Intelligence*, New York: New York Times Books.
Robert H. Johnson, 1961, "The Task Force Report on Korea", June 6, Country File: Korea, Box 127, NSE, JFK Library.
Satterwhite, David Hunter, "The politics of economic development: Coup, state, and the Republic of Korea's First Five-Year Economic Development Plan(1962~1966)", Ph. D., dissertation, University of Washington, 1994.
Se-Jin Kim, *The Politics of Military Revolution in Korea*, Chapel Hill, The University of North Carolina Press, 1971.
Taehyun Kim and Chang Jae Bail, 2011, "Taming and Tamed by the United States", in Byung-Kook Kim & Ezra F. Vogel eds.
Telegrams from Berger to Rusk, July 30, 1961, NSF, Box. 127, JFKL.
"Contingency Planning for Possible Change in ROK Political Power Structure", January 24, 1961, RG 59, CDF 1960-63, Box. 2181.
"Editorial Note", FRUS, 1961~1963, Vol. XXII.
"Memorandum by Robert H. Johnson of the National Security Council Staff: The Task Force Report on Korea", June 6, 1961, *FRUS*, 1961~1963, Vol. XXII.
"Memorandum From Acting Sectretary of State Bowles to President Kennedy",

Washington, May 18, 1961, *FRUS*, Vol. XXII, 1961-1963.

"Negative Trends in Public Opinion in the ROK", December 1, 1960, RG 59, CDF, 1960~63, Box 2181.

"Notes of the 485th Meeting of the National Security Council", June 13, 1961, *FRUS*, 1961~1963, Vol. XXII.

"Record of NSC Action No. 2430", Washington, June 13, 1961, *FRUS*, 1961~1963, Vol. XXII.

"Short-term Prospects in South Korea", Special National Intelligence Estimate 42-2-61, May 31, 1961, *FRUS*, 1961~1963, Vol. XXII.

"Telegram From the Commander in Chief, U. S. Forces Korea(Magruder) to the Joint Chiefs of Staff", Seoul, May 16, 1961, 5:45 p. m., Foreign Relations of the United States, Vol. XXII, 1961~1963.

"Telegram From the Commander in Chief, United Nations Command(Magruder) to the Joint Chiefs of Staff(Lemnitzer)", Seoul, May 17, 1961, 11: 40 a. m., *FRUS*, Vol. XXII, 1961~1963.

박정희 군사정부 '5차헌법개정' 과정의 권력구조 논의와 그 성격

집권을 위한 '강력한 대통령제' 도입

이 완 범 (한국학중앙연구원)

Ⅰ. 서론

1. 문제의 제기

박정희 군사정부(1961~1963)는 1961년부터 헌법안 구상에 착수한 후 1962년 이를 구체화시키고 민정이양을 준비해 1963년 대통령선거 승리로 집권에 성공했다. 제3공화국 헌법은 현행 헌법의 원형 중 하나이며 수차례 개정 중에도 대통령중심제・대통령직선제를 현행 헌법에게 계승시키고 있으므로 중요한 헌법 중의 하나라고 할 수 있다. 또한 제3공화국 헌법의 마련[1]과정은 우리의 대통령제가 어떤 배경에서 도입되었는지를 알 수 있으므로 정치사적 맥락에서 현행 대통령제의 도입 기원을 파악할 수 있는 중요한 연구 과제라고 할 수 있다.[2]

---

1) 당시 헌법 마련이 개정이냐 제정이냐에 논란이 있었다. 군부에서는 헌정파괴적 행위를 정당화하기 위해 개정이라고 규정했으며 후일 학계에서는 개정이라는 외피를 씌운 '실제적 제정'이라고 평가했다(이완범 2000, 138~139). 따라서 본 연구에서는 당시 군부의 공식 문서상 나타난 개정 표현을 제외하고는 주로 '마련'이라고 표현할 것이다.
2) 제1공화국하의 발췌개헌안(1952년)도 대통령직선제 개헌안이었으나 우리가 현재 도

1967년 제3공화국 시대의 국회에서 간행된 1962년 헌법심의위원회 회의록『헌법개정심의록』서문에 의하면 군사혁명 주도세력들은 5·16혁명의 이념에 입각하여 참신하고 안정된 새로운 국가질서의 기반을 확립하고자 국가기본법인 헌법을 새로이 확립했다는 것이다. 그들은 "이와 같은 동기와 목적에서 1962년 7월 11일 국가재건최고회의의 특별위원회로서 헌법심의위원회를 발족해 4개월간에 걸쳐서 개정사항에 관한 철저한 심의가 이루어졌으며 심의과정에 있어서 우리나라 헌정사상 유례없는 각계각층의 의견을 묻는 공청회를 개최하여 그들의 의견이 반영되었음은 물론, 국민투표로 국민의 참뜻을 묻는 등 주권자인 국민의 의사를 존중하는데 소홀함이 없이 하였다"고 자평했다. 당시의 집권자들은 이 헌법이 예전의 어떤 헌법보다 복잡한 여론 수렴 과정을 거쳐서 마련되었다고 주장했으며 현재 헌법학자들 간에는 이 입장에 동조하는 견해가 주요한 평가 중의 하나이다. 과연 대통령제를 골간으로 하는 국가재건최고회의 헌법이 국민의 뜻에 따라 만들어졌을까? 그렇다면 그것은 한국정치 발전의 중요한 전기를 마련했겠지만 그렇지 않았을 가능성도 없지 않았던 것으로 보인다. 제3공화국 헌법이 집권자의 편의에 따라 만들어졌는지 아닌지에 대한 당시 집권세력과 학계의 엇갈린 주장에 직면해 본 연구에서는 과연 사실은 어떠했는지 자료에 입각해 살펴보고자 한다. 우선 학계의 엇갈린 주장을 살펴보고자 한다.

2. 기존 연구의 현황과 연구의 목적, 방법: '집권자 주도설'과 '심의위원회 주도설'

본 주제에 대한 정치학계의 논쟁은 행태주의적 방법론이 완전히 뿌리내리기 전인 1960년대에 주로 미국 학술지를 통해 발표되어 그렇게 주목을 받지는 않았다. 제3공화국 헌법이 군사정부의 지도자들의 광범위하고도

입하고 있는 대통령제보다는 내각책임제에 다소 경도된 헌법이었다.

操作的인 역할을 통해 마련되었다는 평가(Pak 1968 ; C. I. Eugene Kim 1964) 와 "민간인 주도의 헌법심의위원회는 새 헌법을 마련함에 있어 거의 완전한 권한을 가졌으며 군부 지도자들의 역할은 실무-행정적인 것에 그쳤다"는 평가(C. I. Eugene Kim 1976, 23)가 엇갈려 있는 상황이다. 후자는 전술한 헌법학계의 주요한 견해와 일치하는 것이다. 이 두 견해가 한국학계에 소개되었지만(김학준 1990, 446) 발표된 지 20여 년이 지난 현재 후자의 견해가 반박을 받았다던가 토론의 장이 마련되지는 않았다. 전자는 3공화국 헌법 마련에 있어 '집권자 주도설'로 명명할 수 있으며 후자는 '심의위원회 주도설'로 파악할 수 있다. 김종익(C. I. Eugene Kim 1976, 19~25) 교수는 전자에서 후자로 견해를 바꾸었는데 이것은 1967년에 간행된 『헌법개정심의록』을 상세히 분석한 결과로서 심의록 간행 의도에 영향을 받은 케이스이다. 그런데 김종익 교수의 해석에 문제점이 없는 것은 아니다. 심의위원회는 군부 인사가 위원장이었으므로 민간인이 주도한 것은 아니었으며 민간인 전문위원들의 다양한 논의도 그 구조적 한계 때문에 '할말을 다하는' 분위기는 아니었던 '관제화된 논의'였다는 것을 간과한 평가라고 잠정적으로 판단할 수 있다. 심의위원회의 회의록만을 지나치게 신봉한 견해는 아닌가 하는 의구심을 가질 수 있다.[3]

이 주제에 대한 모노그래프적 연구는 전술한 미국에서의 연구뿐이며 한국 정치학계에서 하나의 모노그래프로 탐구된 것은 없었고 헌법학계에서는 구병삭(1991) 교수 등이 제3공화국 헌법 마련 과정을 비교적 심층적으로 연구했다. 헌법 마련 작업에 직·간접적으로 참여했던 인사들을 중심으로 한 다양한 회고담·단평(한태연 1987 ; 유진오 1962 ; 김철수 1986)과 저널리스틱한 단행본(송우 1980 ; 서병조 1986) 등은 헌법학계를 중심으로

---

3) 김종익 교수의 주장에 유보적인 단서가 전혀 없는 것은 아니다. 일단 예비회담에서 합의하면 전문위원들의 세부적인 헌법 마련에 대해 군부가 압력을 가해 조작하지 않았다고 주장해 포괄적 합의가 전제조건임을 인정했으며 결과적으로는 신헌법이 혁명정부의 집권에 적합했다는 사실은 인정했다(C. I. Eugene Kim 1976, 23). 그러나 이러한 단서를 그렇게 중요한 것으로 해석하지는 않았으므로 '심의위원회주도설'로 명명하는데 큰 무리는 없다.

출간되었다. 그런데 당시 헌법마련을 전후로 한 시기의 사실을 연대기적·세부적으로 재구성하면서 종합한 학문적이면서도 구체적인 연구가 없었으므로 사실 인식을 공유한 정설은 확립되지 않았다. 따라서『헌법개정심의록』등의 1차자료와 엇갈리는 증언과 해석에 대한 치밀한 검증작업을 통한 엄밀하면서도 실증적인 사실 확인이 기초작업으로서 요구될 것이며 본 연구는 이를 지향하고 있다. 사실 확인 후에 연구자의 다양한 입장에 따른 이론적 해석을 기할 수 있을 것이며 이는 본 기초연구의 후속 연구일 수 있다.

그렇다면 왜 헌법 개정 등 헌법에 관련된 문제에 대해 한국정치학계는 별로 관심을 기울이지 않았을까? 이는 법·제도적 문제를 주된 탐구 대상에서 제외하는 행태주의적 방법론과 관련이 있다. 정치학계에서는 주로 1980년대 이후 박정희 군정기(1961~1963)에 대한 학문적 연구가 이루어지기 시작했고 역사적 평가기 가능한 時差라고 할 수 있는 한 세대(25~30년)가 지난 1990년대 들어서 본격적으로 연구물들이 나왔다. 그런데 이들 연구는 '공화당 사전조직' 등의 정당활동이나 그 조직·체계(Yong Ho Kim 1989), 선거 등의 실제 정치과정과 민정이양 과정4) 등 정치적 이슈에 주목했으며 헌법과 같은 제도적이며 비행태적인 이슈에 대해서는 별다른 주목을 하지 않았고5) 헌법 개정에 대해서는 주변적이고 보완적 이슈로 간단히 언급하는 정도였다. 정치학자에 의해 한국의 헌법구조가 한국 학술지를 통해 논의되는 예는 드물었다(김학준 1990, 445). 그런데 비교적 최근에는 제도를 강조하는 신제도주의적 접근법이 새로운 방법론으로 등장하여 정치제도도 천착되고 있다. 신제도주의는 정치제도(political institution)를 정치학적 설명에 있어 적실성이 없거나 부수적인 것이 아니라 오히려 정치행위자들의 행동을 제약하는 중요한 요소로 간주한다. 이러한 정치제도

---

4) 당시 헌법마련은 민정이양과 정치적으로 연결되어 있었다(이완범 2000, 135~138). 그런데 민정이양문제에 대한 모노그래프는 없다. 이는 상당한 분량의 별도 연구가 필요한 부분이므로 연구 대상에서 제외하고자 한다.
5) 이정복(1996b)이 예외적인데 제3공화국 정치제도를 개론적인 수준에서 개괄했지만 헌법이나 헌법개정에 주목했던 모노그래프는 아니다.

중에서 가장 중요한 것의 하나가 헌법이라고 할 수 있다.[6] 따라서 헌법은 정치학적으로 고찰할 만한 중요한 것들 중의 하나이며 특히 권력구조의 탐구라는 차원에서는 그렇다. 한국에 적합한 제도가 대통령제냐 내각제냐 는 논쟁(김호진 1991, 550~551)이 현재까지도 현실정치에 영향을 미치고 있으므로 권력구조는 정치학에서 가장 중요한 문제 중의 하나이다. 그럼 에도 불구하고 행태주의적 정치학의 관심결여 때문에 과거에는 헌법학자 들이 이 논쟁을 주도했다.[7]

그런데 본 연구자는 신제도주의의 제도 중시 관점에서 주제선택에 있어 시사점을 받았을 뿐 그 방법에 입각해 논의를 전개하려는 것은 아니며 그럴 수도 없다. 신제도주의자들의 기본 가정인 '행위자의 제도피구속성'이 라는 관점은 도입하지 않을 것인데 왜냐하면 당시 헌법 마련은 행위자가 제도에 구속된 사례는 아니며 오히려 제도를 인위적으로 만들어 가는 사례이기 때문이다. 따라서 신제도주의가 1990년대 학계에 등장해서 유행처럼 번졌음에도 불구하고(이정복 1996a, 21~22) 헌법개정문제에는 주목하지 않는 것이 아닌가 한다. 본 연구에서는 우선 사실규명을 위주로 하는 역사적 방법(historical approach)을 주된 방법으로 채용하고자 한다. 그렇다고 해석이나 평가를 전혀 내리지 않으려는 것은 아니며 객관적인 사실확인을 기한 후 정치적 평가를 내릴 예정이다. 본 연구의 주안점은 평가가 아니고 사실확인이다. 따라서 본 연구는 정치학 분야 중 엄밀한 검증을 요구하는 비교정치 연구는 아니고 사실을 재구성하여 기초자료로 삼고자 하는 정치사 연구이다.

본 연구에서는 정치적으로 유의미한 논쟁을 제공하고 있는 권력구조 문

---

[6] 근대 최초의 성문헌법인 1776년 버지니아, 메릴랜드, 펜실베이니아 헌법은 주로 정부의 구성에 관련된 조항으로 이루어졌으며(Sartori 1994, 197) 현재 존재하는 거의 모든 헌법에 정부의 구성은 가장 중요한 요소이다.

[7] 동일한 주제에 대한 정치학자와 헌법학자의 접근, 연구내용이 상이할 수 있다. 그 상이성은 조문자체를 중시하는 방법과 정치적 해석을 강조하는 입장의 차이점에서 기인하는 것일 수도 있는데 연구결과가 너무 상이하다면 보편적 학문체계라는 관점에서 문제가 아닐 수 없다. 따라서 헌법학자의 기초연구와 축조적 방법론을 배제하지 않고 필요에 따라 활용하여 학제 간 연구를 지향할 수도 있다.

제를 중심으로 '5차헌법개정' 과정을 볼 것이다. 제2공화국 내각책임제가 실시된 지 1년도 안 되어 중단되었으며 군정을 거친 후 제3공화국 정부에서 대통령제에 의해 대체되었다. 그렇다면 왜 이렇게 되었을까? 비정치적 행위였던 헌법 마련이 5·16 후 쿠데타 주도 세력이 행한 다른 정치행위와 마찬가지로 자신들의 집권을 위한 목적에서 행해졌던 것은 아닐까? 기존의 정치학적 분석 중 군정기간에 대한 평가는 대체로 박정희를 중심으로 한 군부세력이 집권을 위해 노력했다는 데에 일치한다. 그런데 쿠데타 세력들은 정당체제 뿐만 아니라 헌법까지도 자신들의 집권이라는 목표를 위해 바꾸었을 가능성도 있으므로(두 가설 중 '집권자 주도설'에 입각한 견해) 박정희 시대의 전체상을 규명하기 위해서라도 헌법에 대한 연구가 필요하다. 박정희가 집권한 후 대통령제가 채택되는 과정을 자료에 입각해 구체적으로 조망하는 연구는 아직 없다. 따라서 본 연구에서는 헌법 마련 과정 중 주로 대통령제가 채택되는 과정의 정치적 역동성을 조망하여 헌법 개정이라는 법적 행위의 정치적 성격을 규명하고자 한다.

연구에 의존할 자료로는 전술한 『헌법개정심의록』 등 회의자료와 미 하버드 대학 아카이브 소장의 "에머슨 문서," 그리고 『박정희장군담화문집』, 『박정희대통령선집』 등 연설문집을 들 수 있다. 당시 헌법 마련의 자문역으로 활동했던 에머슨의 문서철은 공개된 지 비교적 시간이 흘렀지만 학계에서 본격적으로 활용하지는 못하고 있다. 이러한 1차자료에다가 법률서적 등의 2차자료를 참조할 것이다. 문헌자료 외에 회고록·증언 등의 구술사 자료도 참고할 예정인데, 회고록의 경우는 사후에 작성된 것이므로 1차자료와 2차자료의 성격이 혼용되어 있는 것으로 판단되어 자화자찬이나 책임회피의 여지가 있는 부분은 사료비판을 한 후 인용하고자 한다. 또한 미국의 자료나 공문서, 회고담의 경우 미국의 역할을 사실 이상으로 과장하는 경우도 있으며 사실 이하로 책임회피하는 경우도 있으므로 역시 사료비판을 한 후 인용하고자 한다. 에머슨 문서의 경우는 과장이 덜하지만 MacDonald(1992)의 국무부 문서에 입각한 자료집은 '반김종필적'인 성향에다가 막후교섭·공작적 과장이 다소 개재된 것으로 판단된다. 국무부에서 간행한 외교문서 FRUS 시리즈도 관계되는 한에서 활용될 것이다. 그런데 미국 국립문서보관소(National Archives)와 케네디 기념도서관(John F. Kennedy Library) 등의 비밀자료에는 헌법 마련에 관한 분석 자료나 이 문제에 대한 미국의 대응에 대한 자료가 거의 없다. 미국이 제도보다는 민정이양 등 실제 정치과정에 주로 주목했기 때문이다. 이는 우리 학계의 연구 경향과도 일치한다.

이상의 다양하고 엇갈리는 자료를 교차 비교하여 역사적 사실을 재구성한다면 본 연구자가 선험적으로 지지하는 '집권자 주도설'과 김종익 교수의 '심의위원회주도설' 중 어느 하나의 가설을 취할 수 있을 것이다.

2장에서 헌법 마련 과정의 역동성을 규명해 헌법 마련이 국민의 기본권을 신장하기 위한 목적이었는지 아니면 집권자의 집권을 위한 것이었는지를 밝힐 것이며, 3장에서 헌법의 성격을 규정해 권력구조 면에서 국민의 기본권이 보장되었는지 아니면 집권의 수월성을 위해 조직을 개편했는지를 탐구할 것이다. 본 연구의 핵심 부분인 2장은 역사적 재구성이며 이에 토대하여 3장에서는 제3공화국 헌법의 권력구조에 대한 분석을 시도하고자 한다.

II. 헌법 마련 과정의 정치적 역동성 탐구: 연대기적 사실 재구성

1. 최고회의의 비상조치법 공포

1961년 5·16이 발생한 지 2일이 지난 5월 18일 오후 2시 장면은 은신처에서 나와 이미 윤보선이 군부 궐기를 추인했었다는 것을 알고 있었던 상황에서 스스로 내각 총사퇴를 결의하게 되어 군사혁명위원회는 정권을 정식으로 이양 받은 것이나 다름없었다. 5월 19일 군사혁명위원회는 국가재건최고회의(약칭 최고회의)로 명칭을 바꾸었으며 20일에는 혁명내각을 조직했다. 최고회의는 23일을 기해 모든 정당과 사회단체를 해체할 것을 선언했다. 또한 국회와 지방의회를 해산했다.

　혁명완수를 위해 기본법의 제정에 착수한 최고회의는 6월 6일에 국가재건비상조치법을 공포했다(비상조치법은 헌법과 같은 효력을 가진 기본법 ; 1963년 11월 7일의 大法院裁定 63 초 8 ; 한태연 1961). 이 법은 한태연 교수가 최고회의의 부름을 받고 호텔방에 앉아 꼬박 1주일 동안에 걸쳐 급하게 마련되었다고 하며 한 교수는 주로 나찌독일시대의 수권법을 많이 참조했다고 한다(이상우 1984, 207). 그 중요한 내용은 첫째 최고통치기관으로서 국가재건최고회의를 설치하여 입법·행정·사법 3권을 통합시키며, 둘째 국민의 기본권은 혁명과업 수행에 저촉되지 않는 범위 안에서 보장한다는 것이었다. 셋째 최고회의는 국회의 권한을 행사하며 최고회의에 의해 구성된 내각은 최고회의에 대하여 연대책임을 진다. 넷째 사법부의 장인 대법원장과 대법원 판사(대법관제 폐지)는 최고회의의 제청에 의하여 대통령이 임명한다. 다섯째 헌법재판소에 관한 규정은 그 효력이 정지되며, 여섯째 구헌법은 비상조치법에 저촉되지 않는 범위 안에서만 효력이 있다는 것이었다. 비상조치법과 최고회의는 입헌민주국가의 정상시에는 그 예가 없는 강력한 권력집중주의를 채택했으며 헌정을 파괴했다.

2. 민정이양의사표명과 헌법 제정 구상 시작: 대통령제 구상의 조기 발표와 8·15계획서

　혁명정부의 수장 박정희는 1961년 8월 12일 성명에서 1963년 초에 정당활동을 허용하고 1963년 3월 이전에 신헌법을 제정·공포하며 1963년 여름으로 정권이양시기가 예정되어 있다는 계획을 발표했다. 5·16 직후 발표된 혁명공약 제6항에 명시된 "우리의 과업이 완수되면 참신하고도 양심적인 정치인들에게 언제든지 정권을 이양하고 우리들 본연의 임무에 복귀할 준비를 갖추겠"다는 의지를 구체화한 것이었다(군사혁명위원회 의장 육군중장 장도영의 5월 16일자 혁명제1성 ; 한국군사혁명사편찬위원회 1964, 152~153). 박정희는 정권이양에 앞서 진정한 민주질서를 창건하고 구악의 재발을 방지하기 위해 최소한의 기초작업을 완수한 후 물러서겠다는 뜻을 명백히 했다. 또한 정부형태는 대통령책임제로 하고 국회는 100~120명의 단원제로 하며 선거는 철저한 공영제로 한다는 구상을 부기했다.[8] 대통령책임제라는 표현은 대통령중심제를 내각책임제와 혼동한 것이다.[9] 박정희는 이미 이때부터 제2공화국 내각책임제에 대한 반작용으로서의 대통령제를 확고하게 구상했다. 또한 '소규모의 단원제 국회안'은 '대규모의 양원제 국회'에 대한 반작용이고 기성정치인의 기반인 국회에 대한 견제 심리와 의회주의에 대한 懷疑가 표출된 안이다. 지식인 사이에 조성된 군부 거사에 대한 호의적 분위기를 대변했던 장준하는 혁명정부가 2개월간 가동되어 제1단계인 단기적 계획의 실천과 장기적 목표의 수립은 달성되었으며 제2단계인 경제건설과 민심수습의 궤도에 진입했다고 평가했다. 그는 "8・15해방기념일을 계기로 총선거일자가 공표된다면 군사혁명지도자들의 순결한 애국적 의도가 다시 한번 높이 천명될 것이요 항간의 구구한 억측을 불식하고 민심을 보다 효과적으로 수습할 수 있는 새로운 전기가 마련될 것"이라고 말했다(장준하 1961, 35). 8・12성명은 민정이양의 확고한 계획이 나오기를 바라는 여론을 반영하여 발표된 것이라고 할 수 있다.

1961년 8월 12일의 권력구조 구상은 이후 확고하게 실천되었고 유사하게 최종 결정되었으므로 이 성명은 헌법 마련의 차원에서 매우 중요했음에도 불구하고 헌법학계에서 조차 이 성명에 대해 그다지 주목하지 않았다. 박정희는 당시 정국의 가장 중요한 이슈였던 민정이양에 관련된 성명을 발표하면서 중심적인 문제의 하나로 헌법을 언급했으므로 이 문제를 비교적 중시했음을 알 수 있다. 또한 이렇게 이른 시기에 지침이 확정되었

---

[8] 박정희, 「정권이양 시기에 관한 성명」, 1961년 8월 12일, 박정희, 1965, 『박정희장군 담화문집』, 대통령비서실, 37쪽.

[9] 헌법학의 태두 유진오 고려대 총장도 1962년 7월 16일 헌법심의위원회 전문위원회 제1차 회의에서 대통령책임제라는 표현을 썼고 신상초 강사도 이러한 표현을 썼으므로 이는 당시 상용되었던 표현이다(신상초 1962, 14). 유진오 총장은 7월 26일 제3차 회의에서는 대통령중심제라는 용어를 구사했다(대한민국 국회 1967, 제1집, 25・208).

다는 것은 이미 집권세력 내부에서 차기 정권에 대한 대체적인 구상이 이루어지기 시작했음을 뜻한다. 이러한 구상들은 당연히 쿠데타 핵심세력인 박정희와 김종필에 의해 주로 작성되었다(김운태 2000).

미국은 8·12성명에 대해 즉각적으로 대응하지는 않았다. 다만 1961년 8월 17일 대책회의(Task Force Meeting)를 통해 대통령제와 소규모의 단원제 국회를 기조로 하는 신헌법을 1963년 3월 이전에 만든다는 구상에 주목했다. 1963년 5월에 총선을 거치는 민정이양 구상이 미국이 선호하는 것보다 다소 느리기는 하지만 바람직한 방향이라고 자체적으로 평가했다.10)

박정희와 그의 측근이며 혁명의 계획을 작성했던 김종필 중령은 부패하고 사리사욕에 급급한 '구정치인'들에게 권력을 이양할 수 없다는 입장을 以心傳心으로 공유했다. 따라서 8·12성명 발표를 전후해 박정희는 김종필 중령에게 어떤 방법으로 군정을 종식시키기고 민정으로 이양할 것인지 구체적인 계획을 세우도록 지시했다. 이에 김종필은 이른바 '김종필계획'(혹은 '8·15계획서' ; 1963년 8월 15일 민정을 출범시킬 것을 계획하고 있기 때문에 이렇게 부름 ; 김형욱 1987, 240)을 작성해 민정이양계획을 수립했다. 이 계획의 핵심은 다음과 같다. ① 군인들이 혁명과업을 계속하기 위해서는 예편한 뒤 대통령과 국회의원 선거에 출마하여 승리한 후 군정 이후에도 정권을 장악해야 한다. ② 선거에 국민의 지지를 얻어 승리하기 위해서 군인들이 참여할 정당을 만들어야 한다. ③ 정당의 창당을 위해 때묻지 않은 민간인들의 협조가 필요하다. ④ 구정치인들의 도전을 물리칠 방법을 강구해야 한다. ⑤ 이러한 목표를 달성하기 위해 새 헌법과 선거제도를 고안해야 한다(Yong Ho Kim 1989, chapter 1 ; 김용호 1990, 175). 이 비밀 구상의 마지막 부분을 통해 신헌법 마련은 오로지 자신들의 집권을 위한 수단에 불과하다는 해석이 가능한데 이는 본 주제와 관련해 매우 의미 있는 발견이다. 김형욱의 회고록 등에 나오는 8·15계획서는 김용호 교수 등의 연구에서도 인용되지만 헌법과 관련된 기존 연구에서는 주목되지

---

10) "Revised Progress Report on Follow up Actions Responsive to Recommendations on Korea Task Force Report", August 24, FRUS, 1961~1963, Vol. XXII, pp. 516~517.

않았다.

8·15계획서 중 새로운 정당창당작업은 관제여당의 사전조직(김영수 1964, 173~183)인 재건동지회(민주공화당으로 전환)[11]로 구체화되었다.[12] 재건동지회의 인선은 혁명 세력 중 강경파 김종필을 중심으로 한 육사 8기 일부(육사 출신 쿠데타 주도세력 내부에서도 육사 5기 김재춘 등 반김종필 세력이 있었다; 김형욱 1987, 231~242·254)[13]가 주도하여 정치에 때묻지 않은 젊은 대학교수, 변호사, 언론인, 사회사업가, 관료, 사업가 등 중에서 선택되었다. 이 작업은 비밀리에 추진되었으며 헌법은 최고회의에 의해 공개적으로 마련되었다. 그렇지만 재건동지회는 김종필 플랜에 따라 헌법 마련에도 은밀하게 간여했다. 맥도날드는 헌법초안이 중앙정보부내의 한 위원회에 의해 기초되었다고 평가했는데(MacDonald 1992, 171·220) 김종필이 주도한 것을 이렇게 평가했거나 최고회의 내 헌법심의위원회(후술함)와 혼동한 것으로 사료된다. 당시 군사쿠데타 세력의 브레인으로 참여했던 김운태 교수에 의하면 민정이양계획은 박정희의 승인 아래 김종필의 지휘로 마련되었다는 것이다(김운태 1996, 160). 1961년 8월 12일 박정희 성명에 따라 헌법 중 권력구조에 관한 구상이 비밀리에 준비된 것은 1년 정도였다.

한편 당시 김종필의 참모였던 강성원 소령의 인터뷰에 의하면 중앙정보부와는 별도 조직인 정책연구실(실장 최영두 소장)에서 정당법, 선거법, 정

---

[11] 한편 이 작업에 참여했던 황성모 교수는 "아직 공화당이라는 명칭은 없었으며 재건동지회라는 조직을 만들어 전국 지부를 만드는 형식으로 창당 작업을 했다"고 회고했다. 노재현, 1993,『청와대비서실』2, 중앙일보사, 144쪽.

[12] 미국은 김종필이 1963년 1월 7일 중앙정보부장을 물러난 이후 정당을 창당하려 한다고 분석했다. "AmEmbassy SEOUL to Department of State: Changes in Top Governmental Posts", 9 Jan 1963, 795b.13/1-963, RG 59, CDF 1960-63, Box 2187, US National Archives.

[13] "Short-term Prospects in South Korea", Special National Intelligence Estimate 42-2-61, May 31, 1961, FRUS, 1961~1963, Vol. XXII, p. 468. 한편 5월 24일 존슨은 보고서에서 박정희를 과격파로 보지 않고 김종필 등 영관급 중심의 급진파를 견제할 수 있는 온건파의 한 사람으로 파악했다. Robert H. Johnson, "New SNIE on Korea: Memorandum for Mr. Rostow", May 24, 1961, Country File: Korea, Box 128, NSE, John F. Kennedy Library.

치정화법, 헌법 등의 초안을 만들었다는 것이다. 강성원 자신은 연구실 행정관이었는데 자신이 거의 운영했다고 회고했다. 그 구성원은 최규하, 홍승면(당시 동아일보 편집국장), 이종극, 정범모, 김학렬, 김정렴, 김운태 등 최고수준의 학자·전문가 23명이었다.14)

3. 최고회의의 여론수렴 노력: 민간의 내각책임제 집착 분위기 표출

이러한 1년에 가까운 비밀 준비 과정을 거치면서 정부는 여론을 참작하기 위해 여론조사에 착수했고 최고회의내의 논의과정도 거치는 등 여론을 의식해 의견을 수렴하려는 노력을 보였다. 8·12성명 이후 민정의 기초가 될 정치체제를 어떻게 마련해야 하는지 전국민의 관심사로 등장했기 때문에 집권세력으로서도 이를 무시할 수 없었다(유광렬 1962, 19).

1962년 3월 16일에 발행된 국가재건최고회의 기관 월간지 『최고회의보』 제6호의 특집 "헌법개정의 방향과 이에 따르는 제문제"에 수렴된 논의는 비교적 자유스러운 지식인의 의견을 수렴하려는 군정 초기의 분위기를 반영하고 있다. 필진은 유진오, 한태연, 신상초, 유광렬이었다.

유진오 총장은 8·12성명에 나타난 대통령제 채택 선언을 납득할 수 있다고 하면서도 대통령의 전제화를 방지해야 한다는 처방을 내어놓아 대통령제에 비판적인 심경의 일단을 피력했다(유진오 1962, 7). 그의 주장은 명시되어 있지는 않았지만 내각제에 찬동하는 입장이었다.

한태연 내무부 장관 고문은 순수한 대통령제와 중남미 헌법과 같은 내각책임제적 요소의 배합에 의한 변형된 대통령제냐의 선택을 언급했다(한태연 1962, 12).

신상초 중앙공무원교육원 강사는 내각제와 대통령제의 절충보다는 미국식 '대통령책임제'를 채택하자고 주장하면서 헌법을 완전히 새로 제정할

---

14) "강성원 인터뷰", 한국정신문화연구원 편, 2001, 『격변기 지식인의 삶과 의식』, 선인.

수 있는 절호의 찬스가 왔다고 주장했다(신상초 1962, 15~18). 5 · 16 직후의 분위기는 새로운 정치질서를 창조할 가능성이 보였던 '희망의 시대'였다.

또한 유광렬 한국일보 논설위원은 내각책임제에 찬동하는 입장을 명백하게 표출했다(유광렬 1962, 20).

비록 군부에 의해 조직된 민간논의였지만 대통령제 선호의견과 내각책임제 선호의견이 2대 2의 비율로 개진되었는데 매체의 특성, 당시의 분위기와 군부의 입김 등을 감안할 때 만약 더 자유로웠다면 민간학자들은 내각책임제에 더 집착했을 것이다. 제2공화국 출범기의 자유로운 분위기에서 내각제가 채택되었고 지식인들이 적어도 출범 당시에는 이 실험을 대체적으로 지지했으므로 내각제 선호 여론은 쉽게 변하지 않았을 것이다. 이러한 분위기를 대통령 중심제로 돌리는 힘은 박정희의 1961년 8 · 12성명 이래로 가해지는 외부적인 데에서 왔다고 할 수 있다. 여론의 원초적 일면을 알 수 있는 『최고회의보』의 논의는 이후 권력구조 논의가 여론과 달리 왜곡되었다는 사실을 검증할 수 있는 좋은 자료이다.

4. 헌법심의위원회의 심의: 관제화된 논의 구조와 대통령제의 관철

본격적인 심의가 시작된 것은 1962년 7월 11일 국가재건최고회의 산하 특별위원회로서 헌법심의위원회가 발족한 때부터이다. 이 위원회는 민정 이양 후의 집권을 위해 마련된 것이라고 할 수 있다. 이 헌법심의위원회는 최고회의내 심의위원 9인과 헌법학자·정치학자·경제학자 등 21인의 전문위원[15]으로 구성되었다. 7월 11일 재건회의의 제54차 상임위원회의 의결

---

15) 유진오(헌법학, 고대 총장)/ 한태연(헌법학, 내무부 장관 고문)/ 이종극(헌법학, 연세대 교수)/ 문홍주(헌법학, 서울대 행정대학원 교수)/ 강병두(헌법학, 국민대 총장)/ 박일경(헌법학, 법제처장)/ 최호진(경제학, 연세대 교수)/ 이경호(헌법학, 법무부 법무국장)/ 윤천주(정치학, 고려대 교수)/ 김도창(행정법, 서울대 교수)/ 민병태(정치학, 서울대 교수)/ 김성희(정치학, 서울대 교수)/ 신태환(경제학, 서울대 교수)/ 김운태(정치학, 동국대 교수)/ 이영섭(대법원 판사)/ 신직수(법학, 최고회의 의장고문)/

로 특별위원회가 구성되었다(공보부 1962, 69 ; 송우 1980, 199). 위원장은 최고회의 부의장 이주일이었고 부위원장은 이석제최고회의 법제사법위원 장과 김재호 최고회의 법사위원이 맡았고 위원으로는 각 분과 위원장16)이 맡아 모두 최고회의 일색이었다. 전문위원은 주로 학자들이었으며 자문만을 했을 뿐 실제 정책결정에는 관여하지는 못했다. 기술적인 입법과 정책 차원에서 군인들의 하청을 담당했을 뿐이라는 혹평도 있다(이상우 1984, 208).

헌법심의위원회는 심의위원회와 전문위원회로 구분되었으며 1962년 7월 16일부터 합동회의와 전문위원회의 개최로 업무를 시작하여 헌법학자 중심의 9인 소위(유진외위원장], 한태연, 박일경, 이경호, 강병두, 김도창, 신직수, 문홍주, 이종극)를 구성, 의제 사항을 검토했다. 그 결과 7월 19일 전문위원 전체회의에서 12개항의 문제점17)을 토의하기 시작했던 것이다.

구체적인 심의 과정에서는 5가지 문제(① 대통령제와 내각책임제, ② 양원제와 단원제, ③ 기본권의 내용과 보장 방식, ④ 헌법재판소 설치 여부, ⑤ 개정이냐 제정이냐)가 주요 쟁점이 되었으며 각 위원의 의견제시가 있었다. 이 중 가장 중요한 것은 역시 대통령제와 내각책임제였으므로 첫 번째 쟁점이 되었던 것이다.

헌법심의특별위원회는 8월 4일까지 7차에 걸쳐 토론을 하고 그 결과 결정권을 최고회의에 위임했다. 8월 8일에는 분과위원회별로 공청회에 내어놓을 문제를 24개항으로 확정했다(대한민국 국회 1967, 제1집 중 헌법심의

이한기(국제법, 최고회의 의장 고문, 서울대 교수)/ 성창환(경제학, 최고회의 의장 고문, 고려대 교수)/ 유민상(최고회의 법사위 자문위원)/ 박천식(법사위 전문위원)/ 조병완(법사위 전문위원).

16) 김동하(외무국방위원장)/ 조시형(내무위원장)/ 유양수(재경위원장)/ 김용순(문교사회위원장)/ 김윤근(교통체신위원장)/ 오치성(운영기획위원장).

17) ① 헌법을 제정할 것인가 개정할 것인가/ ② 헌법 전문/ ③ 기본권의 내용과 보장 방식/ ④ 정당조항 규정 여부/ ⑤ 국회의 단원제 양원제 문제/ ⑥ 정부: 대통령중심제로 할 것인가 내각책임제로 할 것인가(대한민국 국회 1967, 제1집, 79~80)/ ⑦ 법원의 구성과 위원법령심사 여부/ ⑧ 지방자치단체의 종류와 그 장의 선임문제/ ⑨ 경제조항과 경제심의기관 설치문제/ ⑩ 헌법재판소와 중앙선관위원회 설치문제/ ⑪ 헌법개정 절차/ ⑫ 경과규정의 내용.

위원회 9인소위원회회의록 〈제1차〉, 헌법심의위원회 전문위원회의록 〈제7차〉). 국민의 여론을 들어보자는 의미에서 공청회를 열자는 것이었다. 결국 8월 23일(서울, 공청회)부터 30일(마산, 목포, 이상 좌담회)까지 각 도청소재지와 주요도시 12개소에서 헌법 공청회 및 좌담회를 거쳐 국민의 여론을 수집했다(대한민국 국회 1967, 제2집·제3집). 그런데 이 공청회라는 것은 주최측에 의해 준비된 연사가 한정된 시간 내에 연설을 하는 형식으로 각계각층의 여론을 수렴한다는 차원에서 여러 연사가 등장했지만 연사 외의 인사가 발언할 기회는 없었으므로 '동원된 잔치'인 듯한 인상을 지울 수가 없었다.

1962년 8월 23일 서울 시민회관에서 열린 헌법심의 공청회에 연사로 참석했던 정치학회 대표 이극찬 연세대 교수는 15분의 시간제한 하에서 연설했다(대한민국 국회 1967, 제2집, 174). 그도 역시 "대통령책임제 혹은 중심제"라는 용어를 사용했다(대한민국 국회 1967, 제2집, 180). 이극찬 교수는 "이번에 한해서는 역시 대통령제를 주장하는 바"이지만 "부득이 앞으로는 내각책임제가 실시될 것을 바"란다고 말했다(대한민국 국회 1967, 제2집, 182). 이 회의의 연사(심의위원회 제외)는 27명이었다.[18] 발언 후 13분이 경과되면 예비종을 울리며 그 후 2분이 지나면 본종을 울렸다. 방청객은 연사의 발언에 대해 박수를 하는 것은 좋으나 연사의 발언에 방해가 되는 행동은 삼가 할 것이 당부되었다. 29명의 연사 중 명시적으로 내각제를 지지했던 연사는 정치학계 대표 2인(이극찬, 이방석 ; 대한민국 국회 1967, 제2집, 154)이었으며 정치인 안용대는 대통령제와 내각제를 절충하자고 주장했다. 미리 준비된 공청회에서는 역시 대통령제가 우세했다(대한민국 국회 1967, 제2집). 또한 법조계 대표 이태진의 보고에 의하면 "공청사항에 대해서 변호사 40명이 공청사항을 배부해 가지고 다 연구해서 한 자리에

---

18) 갈봉근, 고재욱, 김규민, 김기범, 김동리, 김천경, 길영희, 문인구, 박동규, 백남억, 안용대, 양병호, 이경호, 이구종, 이규철, 이방석, 이병용, 이극찬, 이항녕, 정문기, 정인흥, 정충량, 조효원, 한웅길, 한환진, 황신덕, 황호현(이상 가나다순). 추가 김기석, 김두종(대한민국 국회 1967, 제2집, 10).

모여서 답을 얻었"다고 하는데 이와 같이 시나리오대로 미리 준비가 이루어졌기 때문에 대통령제가 우세했던 것이다(대한민국 국회 1967, 제3집, 420).

그런데 1962년 7월 16일 헌법심의위원회 합동회의 석상에서 박정희 의장은 두서너 가지 의견을 제시했을 뿐 처음부터 끝까지 무엇을 지시하거나 간섭하지는 않았으므로 정치인의 참여를 배제한 상태에서 순수한 학자들의 의견이 어느 때보다 많이 반영되었다는 정반대의 평가가 있다(서병조 1986, 236; 이는 김종익 교수의 견해처럼 심의록에 몰입된 평가임). 7월 16일의 제1차 전문위원회 회의에서 사회를 맡은 이석제 간사위원은 1961년 8월 12일 성명에서 대통령제 등을 규정했지만 이것을 그대로 조문화할 것이 아니고 근본적으로 재검토를 해야 할 문제라고 했으나 한태연 전문위원이 대통령중심제로 문제가 [국한: 인용자 첨가]되어 있다고 지적했으며 이에 대한 논란이 일자 이경호 전문위원은 박의장의 성명서를 전제로 하지 말고 백지로 돌리자고 제안했다(대한민국 국회 1967, 제1집, 15, 19~20). 그러나 전문위원들은 이미 대통령중심제로 결정하는 것이 대세임을 인지했다(대한민국 국회 1967, 제1집). 정당 제도가 확립되어 있지 않고 정당이 해산되었으며 정당의 질서가 확립되지 않았으므로 역시 대통령제를 해야 한다는 의견이 전문위원들이 주로 했던 발언이었다. 공식적으로는 박의장에 구애받지 말고 결정해라고 했지만 가장 중요한 지침은 박정희·김종필 등 쿠데타 핵심세력의 숙의 끝에 이미 내려온 상태였다(김운태 2000 ; 김운태 1996, 160). 전문위원들은 대체로 권력구조를 대통령중심제로 한다는 데에 의견이 모았으나 내각책임제 지지론자 유진오 총장의 경우는 대통령중심제로 된다고 하더라도 내각책임제적 요소를 반영해 정부가 국회의 견제를 받아야 한다고 외롭게 주장했다. 유진오는 강력한 대통령제의 채택에 반대했으나 소수의견에 그쳤던 것이다.

전문위원들의 상당수는 양원제를 찬성했으나(서병조 1986, 239) 이 경우도 박정희의 방침으로 단원제로 결정되었다. 전문의원들은 비교적 자율적인 상태에서 중요한 결정을 했다고 회고했지만 권력구조 등 중요한 문제의 골간은 최고 결정권자인 박정희·김종필 라인의 승인을 받지 않고는 결정되지 않았다. 헌법이 논의되기 시작했던 1962년 상반기의 경우는 비교적 자유로운 분위기에서 토론이 이루어졌으나 심의위원회가 최고회의의 공식기구로 만들어지면서 논의의 분위기가 관제화되면서 경직되기 시작했던 것이다. 정치적으로 가장 중요한 요소인 권력구조 면에서 최종적으로 결정된 안이 1961년 8·12성명(대통령제, 단원제)의 틀에서 전혀 벗어나지 않았으므로 '집권자주도설'이 정당화될 수 있다. 실제로 박정희는 새 헌법에 깊은 관심을 갖고 조항 하나하나를 놓고 교수들과 직접 검토했다고 한다. 이 당시 박정희는 군복을 벗고 민정에 참여할 계획이었기 때문에 민정이양 이후 제3공화국의 기틀이 될 새헌법 내용에 대해 특히 관심을 가졌다고 한다(이상우 1984, 207). 교수들과 군인 사이에 법이념을 둘러싸고 격렬한 의견 충돌도 있었으나 최고회의는 '하라는 일은 안하고 탁상공론만 한다'고 비난했다고 한다(이상우 1984, 207~208).

심의위원회는 1962년 7월부터 11월까지 관제화된 논의를 계속해 결국 대통령중심제를 골격으로 하는 헌법안을 산출할 수밖에 없었으며 최고회의에 의해 통과되었다.

5. 대통령제 도입 명분: 제2공화국 내각책임제에 대한 반발과 강력한 리더십 필요

그렇다면 쿠데타 주도세력들은 왜 전문위원의 내각제 선호 분위기 등 여론과는 달리 미국식의 강력한 대통령제를 도입하려 했을까? 당시 혁명정부는 강력하고 안정된 정국을 유지하고 신속한 행정복지국가를 이룩하기 위해 대통령제 정부형태를 취한다고 했다. 군사정부는 제2공화국의 순수 의원내각제가 장점을 발휘하기보다는 비효율적인 파쟁을 유발해 정국의 불안과 사회질서의 문란을 야기시켰다고 비판하면서 확고한 리더십의 보장을 위해 미국식 대통령제가 더 우리 현실에 맞는다고 주장했다(공보부 1962, 74). 그런데 이는 명분일 뿐 보다 본질적으로는 자신들의 집권에 유리하다고 판단해 도입했다는 사실이 비밀문서인 8·15계획서에 의해 증명된다.

박정희는 영국식 의원내각제에 입각한 의회민주주의를 주창하는 민주당 등의 구정치인들을 강력히 비난했으며[19] 이 과정에서 자신이 1961년 8월 12일의 성명에서 구상했던 미국식 대통령중심제를 대안으로 확정했다(김운태 2000).

그런데 쿠데타 주도세력들은 어떻게 하든 군정을 연장해 궁극적으로는 자신들이 주도가 되어 혁명을 완수하려고 했다(김형욱 1987, 260). 따라서 미국에 비판적이었지만 자신들의 정권을 확고히 할 수 있는 기반은 국회의 통제를 벗어날 수 없는 영국식 의원내각제보다는 새로운 권력 기반 창출이 용이한 대통령 중심제라고 판단했다(김운태 2000). 이러한 현실인식에 따라 미국의 정치학자들을 다음과 같이 그 자문역으로 이용해 대통령중심제에 대한 미국 측의 호의적 반응을 유도하는데 도움을 얻으려 했다.

6. 미국식 '강력한 대통령제' 도입 정당화를 위한 미국학자의 자문

쿠데타세력은 거사 직후부터 미국을 대단히 의식했는데 헌법마련도 예외가 아니었다. 그런데 헌법 마련 과정에서 표출된 미국과의 관계는 기존의 연구에서는 다루지 않은 부분인데, 당시 한국정치가 미국의 직·간접적인 영향력 아래 있었으므로 헌법 마련의 차원에서도 미국의 영향은 꼭 다루어야 할 연구 주제이다.

1962년 9월 17일부터 개최된 헌법요강에 관한 전문위원 전체회의에서

---

[19] 그는 1961년 8월 15일 광복절 제16주년 기념사에서 "서구민주주의제도를 이식해서 그 형태만을 모방해" 왔는데 이것이 우리의 풍토와 생리에 맞지 않는다는 식으로 그간의 역사를 비판적으로 인식했다. 박정희, "광복절 제16주년 기념사"(1961년 8월 15일), 1965, 『박정희장군담화문집』, 대통령비서실, 40쪽 ; 박정희, "빈곤과 혼란과 위협에서의 탈출: 광복절 제16주년 기념사"(1961년 8월 15일), 1969, 『박정희 대통령 선집3』, 119쪽. 여기서 서구민주주의는 제2공화국에서 채용한 영국식 의원내각제적 민주주의를 주로 지칭하며 미국식 대통령중심제는 포괄하지 않는다.

군부 지도자들은 국제적 상황을 고려해야 할 필요를 느껴 세계적 석학의 자문이 요구된다고 판단했다. 헌법심의위원회 위원장 이주일은 주미공사 김동환에게 적합한 인사의 모색을 의뢰했다. 이에 김동환은 미군정청에서 근무한 경험이 있는 당시 미 국무부 한국부서 책임자 맥도널드(Donald S. MacDonald)에게 이 문제를 의뢰했고 맥도널드는 미국 하버드대학 정치학과(Department of Government) 루퍼트 에머슨(Rupert Emerson; 비교정부론 전공; 민족주의에 관한『제국에서 민족국가』저서 출간) 교수를 추천했다. 김동환은 에머슨과 접촉했고 에머슨은 자문요청에 응했다. 당시 주한미대사였던 버거의 회고에 의하면 한국 정부는 헌법 초안을 점검하도록 우리가 제공한 명단으로부터 2명의 미국 헌법학자를 선택했다는 것이다. 또한 미국 헌법학자는 헌법을 만드는데 매우 사소한 비판을 가했을 뿐이라고 평가했다.[20]

일련의 회의에 에머슨 교수와 중진국에 대한 비교헌법학에 조예가 깊은 미 뉴욕대학의 길버트 플란즈(Gilbert Flanz) 교수(재미유학생 노재봉의 지도교수)[21]가 고문격으로 참여했다(MacDonald 1992, 220). 이러한 외국학자들의 자문에 대해 전문위원들 중에는 반발을 하는 경우도 있었다(서병조 1986, 238).

자문에 적극적이었던 에머슨 교수는 1962년 10월 3일 보스턴을 출발해 10월 6일 서울에 도착했으며[22] 부위원장 이석제와 위원장 이주일 등과 주로 상대했고 고려대 총장 유진오 박사와 장기간 대담을 나누었다.[23] 에머

---

20) Samuel D. Berger, "The Transformation of Korea, 1961~1965", Secret, January 7, 1966 RG 59, *Subject Files of the Assistant Secretary of State for East Asian and Pacific Affairs 1961~1974*, Box 305, US National Archives.
21) "Jay Hee Oh to Emerson", September 29, 1962, *Emerson Papers*, Harvard University Archives.
22) "Jay Hee Oh to Emerson", September 29, 1962, *Emerson Papers*, Harvard University Archives.
23) "Emerson to Dong Hwan Kim", 25 October 1962, *Emerson Papers*, Harvard University Archives ; "Emerson to Yu Chin-o", 31 October 1962, *Emerson Papers*, Harvard University Archives. 유진오의 안내로 에머슨은 고려대학교를 방문했다.

슨은 10월 12일 자문단이 마련한 헌법초안에 대한 의견서를 제출했다. 그는 이 의견서에서 헌법이 민주적으로 작동하기 위해 갖추어야 할 요소들에 대해 언급했다. 군정은 민정이양과정에 참여해야 하며, 강력한 행정부가 요구된다. 이양기는 적어도 1968년까지는 종결되어야 한다. 무제한적인 자유란 현실적으로 불가능하며 공적 질서가 유지되어야 한다. 새로이 선출될 국회는 단원제를 채택하는 것이 좋다는 등의 조언이었다.[24] 에머슨은 자문단과 2~3차례 회의를 했다고 한다.[25] 그런데 이미 대통령중심제 골격이 완성되어 있었으므로 그들의 자문은 형식에 불과했다.

미 하버드대 아카이브에 보존되어 있는 에머슨의 자문에 대한 일련의 문서를 통해 군사정부가 미국의 의견을 참조하려 했음을 알 수 있다. 그런데 최고회의가 에머슨과 플란즈 등 미국 교수들의 의견을 경청하는 자세를 견지했음에도 불구하고 그들은 이미 결정된 대통령중심제안에 동의하러온 자문역에 불과했다. 1961년 8월 12일부터 박정희가 흉중에 품고 있었던 대통령제를 관철하고 미국의 지지를 얻기 위해서 이들의 자문이 전략적으로 필요했다. 에머슨의 조언은 대개 군사정부의 입장에 부합되는 것들이었는데 이는 군사정부가 유도한 측면도 없지 않았을 것이며 군사정부와 에머슨 상호간의 입장이 서로 영향을 미친 결과였을 것이다. 다만 그는 민정이양을 강력하게 주장했는데[26] 이는 미국정부의 입장(MacDonald 1992, 217 ; U.S. Department of State 1996 ; U.S. House of Representatives 1978, 24 ; 김정원 1985, 295)과 일치하는 것이었다. 또한 그는 미국식 민주주의의 틀에서 벗어나지 않을 것을 주로 현실정치의 차원에서 요구했으며 형식적으로나마 대부분 수용되었다. 예를 들면 10월 25일 에머슨은 헌법이 제대로 작동하기 위해서는 계엄령의 해제와 구정치인들의 정치활동 허

---

24) "Emerson to Lee, Souk-jae", October 12, 1962, *Emerson Papers*, Harvard University Archives.

25) "Emerson to Dong Hwan Kim", 25 October 1962, *Emerson Papers*, Harvard University Archives.

26) "Emerson to Lee, Souk-jae", October 12, 1962, *Emerson Papers*, Harvard University Archives.

가, 정당 재건 등이 필요하다고 지적했다. 만약 이것이 전제되지 않으면 현재 지식인들과 전문인, 언론인들 사이에 팽배해 있는 불신을 극복하기 어렵다고 부기했다.27)

에머슨은 10월 31일 유진오 총장에게 헌법초안이 대체로 잘 마련되고 있다고 평가했으며 미 국무부 동아시아 담당관 노레드(Christopher A. Norred, Jr.)에게는 대만족이라고 하면서도28) 국회의 내각불신임안(10월 30일 미국 내 한국인 학생에게 청취) 등에 대해 우려를 표명했다. 그는 이 안이 플란즈가 선호하는 것으로 알고 있다고 전제한 후 내각제와 대통령제의 헌법을 섞은 이 안은 대통령의 행정권(executive responsibility)을 약화시킬 것이라고 지적했다. 그에 따르면 수상과 각 부 장관은 대통령이 직접 임명하고 (both the Prime Minister and the Cabinet members appointed by and directly responsible to the President) 국회는 수상과 각 부 장관 임명에 대해 단지 의견을 표명하되 이 의견은 구속력이 없는 것으로 하는 것이 좋다고 조언했다.29) 이에 대해 최고회의는 11월 27일 국회의 내각 불신임 결정은 대통령제를 채택하려는 한국에서는 불가능한 것으로 미국 내 한국 학생을 통한 루머가 사실무근임을 설명했으며 에머슨의 조언이 헌법개정에 큰 도움이 되었다고 치하했다. 최고회의측은 수상과 각 부 장관을 대통령이 직접 임명하는 안을 설명했는데 이는 에머슨이 10월 31일 이석제에게 한 의견 제시와 거의 똑같은 표현이었다('Cabinet members'라는 어구의 'm'자가 소문자인 것도 동일). 또한 국회는 수상과 각료의 해임을 요구할 수는 있지만 대통령은 특별한 이유가 있을 때 이를 거부할 수 있도록 한 안을 설명하면서 책임정치의 구현을 위해 필요한 것이라고 설명했다.30)

---

27) "Emerson to Dong Hwan Kim", 25 October 1962, *Emerson Papers*, Harvard University Archives.

28) "Emerson to Yu Chin-o", 31 October 1962, *Emerson Papers*, Harvard University Archives; "Emerson to Norred", 31 October 1962, *Emerson Papers*, Harvard University Archives.

29) "Emerson to Yu Chin-o", 31 October 1962, *Emerson Papers*, Harvard University Archives ; "Emerson to Lee, Souk-jae", 31 October 1962, *Emerson Papers*, Harvard University Archives.

30) "Constitution Deliberation Committee, Supreme Council for National Reconstruction to

에머슨의 미국식 '강력한 대통령제' 선호 의견[31]은 최고회의에 의해 전폭적으로 받아들여졌다. 노레드의 평가에 의하면 최고회의에서 11월 5일 확정된 안은 내각이 국회로부터 자유로운 강력한 대통령제로 에머슨의 의견이 반영된 것이라는 것이다.[32] 한편 최고회의 부의장 이주일은 국민투표의 회부 결정에 대해 상세하게 보고했으며[33] 에머슨의 논평에 귀를 기울였다. 이는 물론 마지막 헌법이 결정되었을 때 이를 보고 싶다는 에머슨의 부탁에 따른 것이기도 했다.[34] 에머슨은 이후의 일정 중에서도 민정이양 등에 대한 오병헌 고려대 교수, 스투라우스 미 대사관 직원, 김동환 주미 공사 등의 의견을 계속 청취하면서[35] 대통령선거 이후 민정의 공고화를 위한 조건에 대해 뉴욕타임스 편집자에게 의견을 피력해[36] 민정이양을 요구하는 미국정부의 입장을 비교적 충실히 대변했다.

에머슨과 플란츠 교수는 새 헌법안이 생각한 것보다 훨씬 자유주의적이고 또 민주적이 되었다고 평가했다. 이 대목에서도 이들 미국 교수가 적극적으로 개입했다기보다는 국외자적 입장에서 자문에 임했음을 느낄 수 있다. 이들은 강력한 행정권의 규정이 한국의 실정으로 보아 불가피한 것이고 꼭 있어야 할 견제와 형평의 원리가 갖추어졌다고 보았다고 한다(서병조 1986, 251).

쿠데타 주도세력은 헌법의 기초과정에서 미국에 계속 통보했다. 미국

Emerson", Nov. 27, 1962, *Emerson Papers*, Harvard University Archives.
31) "Emerson to Norred", 31 October 1962, *Emerson Papers*, Harvard University Archives.
32) "Norred to Emerson", November 6, 1962, *Emerson Papers*, Harvard University Archives.
33) "Lee Joo Il to Emerson", 6 November, 1962, *Emerson Papers*, Harvard University Archives.
34) "Emerson to Lee, Souk-jae", 31 October 1962, *Emerson Papers*, Harvard University Archives.
35) "Byung Hun Oh to Emerson", March 6, 1963, *Emerson Papers*, Harvard University Archives; "William L. Strauss to Emerson", March 8, 1963, *Emerson Papers*, Harvard University Archives ; "Dong Hwan Kim to Emerson", April 26, 1963, *Emerson Papers*, Harvard University Archives.
36) "Emerson to the Editor of the New York Times", 21 October 1963, *Emerson Papers*, Harvard University Archives.

대사관은 헌법 마련이 장래의 정부를 위해 바람직한 것으로 판단했으며 구정치인들에게 참고 기다리도록 설득했다. 이 대목에서 미국은 쿠데타 세력은 물론 야당 정치인들도 물론 하나의 대안으로서 계속 접촉했음을 알 수 있다(MacDonald 1992, 220).

그런데 1979년 10월 28일 글라이스틴 주한미대사는 10·26에 대해 언급하면서 1960년대 미국이 초기 박정권에 대해 헌법 개정을 강요했다고 지적하면서 1960년대 상황과 현재 한국은 상황이 다르다고 평가했다.[37] 1960년대 헌법 개정은 5차(1962)와 6차(1969) 두 번 있었는데 두 번째 3선개헌은 박정희 정부 초기라고 할 수 없으므로 글라이스틴의 헌법 개정은 5차를 지칭하는 것으로 판단된다. 따라서 이 시기 미국은 헌법 개정 문제에서 매우 강력한 영향력을 동원해 강권했다고 할 수 있다.

7. 헌법안의 확정과정

혁명정부는 헌법을 개정함에 있어 그 주체기관인 국회가 없으므로 1962년 10월 8일 국가재건비상조치법을 다시 개정하여 10월 12일 국민투표법을 제정·공포하고 헌법을 개정하는 절차를 밟게 했다. 비상조치법 제6조 제1항 단서 제2항 제3항에 의해 국민투표법을 제정·공포했던 것이다(공보부 1962, 3). 원래 자문위원회 내부에는 개헌의회를 구성해서 확정시키자는 주장과 국민투표에 회부하자는 주장이 팽팽하게 맞섰으나 1962년 7월 28일 새헌법은 국민투표를 거쳐 확정시킨다는 최고회의의 방침이 밝혀져 논란은 그쳤고 국민투표안의 단일안이 만들어졌다(서병조 1986, 239). 중요한 문제에 관한 한 최고회의가 모든 것을 결정하며 전문위원들의 논란은 한계가 있다는 것을 보여주는 사건이었다.

---

[37] "글라이스틴이 국무장관급에게", 1979년 10월 28일, in 윌리엄 H. 글라이스틴(William H. Gleysteen, Jr.), 황정일 역, 1999, 『알려지지 않은 역사: 전 주한미국대사 글라이스틴 회고록』(Massive Entanglement, Marginal Influence: Carter and Korea in Crisis), 중앙 M&B, 290쪽.

1962년 10월 23일에는 신헌법요강(제8차)이 발표되었으며 11월 3일에 헌법개정안이 마련되었다. 11월 5일 헌법개정안은 최고회의에 상정되었고 재적 25인 중 출석최고위원 23인의 찬성으로 발의되고 즉일로 정부는 공고했다. 정치활동정화법에 불만을 품은 윤보선 대통령이 1962년 3월 22일 하야 성명을 발표하자 24일 최고회의는 대통령의 사임서를 수리하여 제2공화국체제와 마지막으로 결별하였다. 그 즉시 박정희 의장이 대통령권한 대행이 되었으므로 헌법개정안 공고는 박정희의 이름으로 이루어졌다(국가재건최고회의 한국군사혁명사 편찬위원회 1963, 296). 제안하면서 밝힌 개정안의 특징과 내용(송우 1980, 216~218 ; 구병삭 1991, 126) 중 정치적으로 중요한 것은 다음과 같이 4가지로 정리될 수 있다.

① 진정한 대의정치제도를 확립하기 위해 건전하고 민주적인 복수정당제도의 보장을 헌법에 명시하고 있다. 따라서 정당은 헌법에서 필수적인 정치기구로서의 성격을 띠게 되었다.

② 능률적인 국회운영을 위해 단원제 국회로 환원했다. 국회의원의 임기는 4년이며, 당적 이탈, 변경, 소속 정당의 해산시에는 의원직을 상실한다.

③ 강력한 대통령중심제를 채택했다. 이에 대한 이유는 제2공화국 시대의 의원내각책임제가 제대로 기능을 발휘하지 못하고 약체였기 때문이라 했다. 따라서 대통령중심제가 정국이 안정되고 소신껏 일할 수 있는 민주적인 정부형태라고 했다(공보부 1962, 74). 대통령은 국민이 직접 선거하고, 임기 4년이며, 1차에 한하여 중임할 수 있다.[38]

④ 과거 대통령의 영구집권을 위해 임기만료 때마다 국회에서 쉽게 헌

---

38) 4년 중임제안을 박정희-김종필 합의의 산물로 보기도 한다. 박정희가 최고 8년까지 대통령을 하고 김종필이 다음을 책임진다는 김종필의 복안에 대해 박정희가 합의했다는 것이다. 당시 박정희는 혁명의 총사령관이었으며 일선사령관 김종필에 의해 세부적인 면에서는 끌려 다니는 처지였고 대통령직에 그렇게 집착하지 않았다는 증언이 있다(오효진 1987, 283). 한편 이상우(1984, 207)에 의하면 교수들이 4년 중임제안을 들고 의장 공관을 찾아가자 박정희는 이승만 대통령의 장기 집권을 교훈 삼아 6년 단임제로 하자 주장한데 대해 교수들은 중임제도 중간에 선거를 거치므로 괜찮다고 주장해 4년 연임제안이 관철되었다고 한다.

법을 개정한 폐습을 없애기 위해 주권자인 국민의 찬성여부에 따라 헌법을 개정할 수 있는 국민투표제로 전환한다고 했다.

이들 중 명분의 나열에 불과한 것들도 있었다. 특히 마지막 국민투표를 통한 헌법개정은 '국회의결 후 국민투표'이므로 그 개정절차의 한 과정을 첨가해 형식적으로나마 이를 복잡화시키고 어렵게 만든 것이었지만 최고집권자의 결단이 중요했지 실제적으로는 그렇게 어려운 것도 아닌 측면이 있었다. 실제로 박정희 자신도 임기만료 때마다 헌법을 개정했기 때문에 이러한 명분은 설득력이 약했다(송우 1980).

이렇게 마련된 개헌안은 국민투표에 회부되었다(이에 대해 군사정부는 책재공보부 1962]를 배포해 국민투표의 정당성에 대한 홍보에 임했다). 11월 5일부터 30일간의 공고기간이 지나고 최고회의에서 헌법개정안의 확정 표결을 앞둔 시점인 12월 6일 새벽 0시를 기해 경비계엄을 해제했다. 계엄령 해제는 미국정부가 줄기차게 요구했던 바이었다. 12월 6일 최고회의 27차 본회의에서는 재적위원 25명 중 22인이 출석(3명 결석)하여 일괄표결의 방식으로 표결을 한 결과 전원 찬성으로 통과시키고 개정된 비상조치법에 따라 10일 후인 12월 17일 국회해산하의 국민투표에서 확정시켰다. 투표율은 85.28%였으며 78.78%의 찬성률을 기록했다(합동통신사 1961, 147). 투표자의 80%를 밑도는 찬성률을 보였다. 군사정부에 대한 신임투표의 성격을 가지고 있었던 국민투표가 계엄해제하의 비교적 자유로운 분위기에서 군사정부의 강력한 홍보에 힘입어 진행되었다(서병조 1986, 256). 혁명정부의 쿠데타 주도세력들은 그 투표율과 찬성률이 압도적이었다고(민주공화당 1967, 29) 평가하면서 이를 군사정부 19개월간에 대한 신임으로 간주했다. 한편 군정의 반대자들은 국민투표 결과를 조속한 민정복귀열망이라고 다르게 해석했다.

1962년 12월 22일 최고회의 본회의에서 박정희 의장에 의해 그 가결이 선포되었고 12월 26일에는 공포식이 있었다. 12월 27일 박정희는 대통령선거가 1963년 4월에 실시되고 국회의원 총선거는 5월에 있을 것이라고 발표했다. 한편 12월 26일 기자회견에서 해리먼 미 국무차관은 민정이양계획을 지지하는 등 미국은 협조적이었다(MacDonald 1992). 그런데 이 헌법은 그 부칙에 의거해 이 헌법에 의한 국회가 처음으로 집회한 날로부터 시행하게 되어 있었기 때문에 거의 1년 뒤인 1963년 12월 17일부터 효력을 발생했다. 그때까지는 국가재건비상조치법이 계속해서 효력을 가졌다.

III. 강력한 대통령제와 그 성격: 수월한 집권과 정권유지를 위한 권력구조

1. 대통령의 강한 권한과 입법부에 대한 우위: 행정국가적 경향[39]

권력구조의 대강은 대통령중심제, 비례대표제, 국회단원제 4년으로 요약될 수 있다. 대통령제-단원제는 의원내각제-양원제를 주축으로 하고 있는 제2공화국 헌법에 대한 반동을 의미하며 안정된 정부를 지향한다는 명분을 당시 집권세력들은 내세웠으나 이는 박정희 체제의 수월한 구축과 영구집권을 위한 도구였을 뿐이다. 본 연구에서는 권력구조 면에서 대통령중심제와 행정국가적 경향 등에 주목하고자 한다.

대통령제는 이미 2장 5절에서 논한 바와 같이 집권을 위한 방안 외에 다름 아니었다. 그런데 대통령제는 영국을 중심으로 한 유럽적 정치체제인 의원내각제(권력의 연성적 분립, 의회 우위)와 미국적 정치체제인 대통령중심제(고전적 대통령제, 권력의 경성적 분립, 행정권 우위)의 전통적 분류 외에 두 제도의 혼혈인 라틴아메리카식의 대통령주의제(le présidentielisme)를 들 수 있다. 대통령주의제는 그 형식 면에서 대통령의 권력을 제한하고 그 독재적 경향을 방지하기 위한 안전판으로서 내각제적 요소가 도입된 제도인데 실제로 라틴아메리카의 경우와 같이 오히려 대통령의 국회 지배를 위한 유용한 도구로 변질되어 집권기반을 안정되게 구축하는 쪽으로 실행

---

[39] 윤근식 교수는 '파시즘적인 행정국가적 경향'이라는 용어로 제3공화국을 비판적으로 인식했다(윤근식 1994, 381~382).

되었다(한태연 1987, 23~24). 형식 면에만 국한하면 최고 통치권자(대통령 혹은 수상)의 힘의 크기가 미국식 대통령중심제→ 대통령주의제→ 의원내각제의 순이다(실제 운용은 일반적으로 대통령중심제와 대통령주의제의 힘의 크기가 역전됨). 그런데 한국의 제1공화국과 제3공화국 헌법은 모두 대통령중심제와 내각제 요소가 혼재된 헌법이다.

한국의 제헌헌법은 의원내각제의 헌법초안에 대통령제적 요소를 삽입해 무원칙하게 만들어졌다가 1952년 7월 4일의 발췌개헌에 의해 비로소 대통령직선제가 도입됨으로써 대통령주의제를 처음 도입했다.[40] 제3공화국 최초 헌법은 제1공화국(특히 제헌헌법-발췌개헌 헌법)보다 형식 면에서도 대통령중심제에 접근했으므로 대통령의 권한이 강화되는 방향으로 개정되었다고 할 수 있다. 권력구조에 있어 가장 중요한 요소들이라고 할 수 있는 국무회의제나 국무총리제는 제1공화국 헌법에 있어서와 같이 대통령의 권한행사를 제한하기 위한 내각제적 요소가 아니라, 오로지 행정 합리화의 입장에서 대통령의 권한행사를 보좌하는 행정국가적 입장에서 고려되었던 제도였다. 국무회의는 의결기구로 하지 않고 다만 정책결정에 있어서 심의권만을 가진 심의기관(83조)으로 격하되었던 것은 대통령의 권한을 강화시켜 주는 규정이다. 또한 제1공화국 헌법의 국무총리제에 의하면 그 임명에 국회의 동의가 필요했으나 3공화국 헌법에서는 국회의 임명동의권을 폐지했다. 원래 내각제적 요소이며 대통령을 견제하는 제도인 국무총리제도를 대통령이 독자적으로 임명하는 제도로 변화시킴으로써 오히려 대통령의 권한을 강화시켜주는 방향으로 개악되었다. 이는 행정부의 수장인 대통령이 입법권에 대해서 명실상부한 우위를 확보하여 정권의 안정을 도모하기 위한 의도에서 편의적으로 도입된 제도였다. 제1공화국 내내 존재했던 부통령제가 폐지된 것도 대통령 1인으로의 권력집중이 기

---

[40] 1954년 11월 27일 표결과 29일 수정발표가 이루어진 사사오입개헌으로 국무총리제를 폐지하고 국무위원의 연대책임제를 없앰으로써 내각책임제적 요소를 비교적 없앴지만 그 요소도 일부 잔존해 있었다(유진오 1962, 7). 국무총리제는 3공화국헌법에서 부활했다.

도된 것이라고 할 수 있다. 부통령도 없어진 상태에서 2인자를 국회의 동의절차 없이 대통령이 임명할 수 있게 됨으로써 총리제를 통한 국회의 대통령에 대한 견제 기능은 없어졌으며 대통령의 권한만 확대된 제도로 변질되었다.

제3공화국 대통령제의 내각제적 제약은 제1공화국의 그것보다 그 규정상으로도 미약했으므로 미국식 대통령중심제에 보다 더 가까워졌다고 할 수 있다. 또한 실제로는 내각제적 제약이 오히려 대통령의 국회지배 도구로 전락하였다. 형식과 실제를 종합하면 미국식 대통령중심제보다 더 강력한 대통령제로 운용되었다고 할 수 있다.

제3공화국 헌법은 국가권력을 규정상으로만 분산하고 있다. 미국식의 완전한 권력 분립적 대통령제가 아니고, 대통령에게 행정권뿐만 아니라 국가긴급권, 입법거부권(49조) 등을 보장했기 때문에 새로운 행정권 우월적인 경향을 띠게 되었으며 이 점은 실제 운용 면에서는 물론이고 형식 면에서도 미국보다 더 강한 대통령제를 구현하고 있는 요소이다. 입법권을 압도한 상태에서 막강한 행정권까지 구비되었으므로 대통령의 강력한 권한은 더욱 증폭될 수밖에 없었다.

대통령 자문기구로 국가안전보장회의와 함께 경제과학심의회를 대통령 직속기관으로 설치했는데 이도 행정국가적 경향의 강화라고 할 수 있으며 경제와 국방을 중시하는 박정희가 특별히 지시해 첨가한 것이었다. 헌법 마련과정에서 중요한 문제를 박정희가 직접 발의했다는 사실을 확인할 수 있는 조항이다.

군부세력은 행정국가적 특성을 상당부분 내포한 헌법을 도입하면서 제2공화국 정부의 무능을 극복하고 효율적 통치를 하기 위한 방안이라는 명분을 내세웠지만 이는 명분에 불과했으며 본질적으로는 안정적 체제유지를 위한 도구에 불과한 것이었다.

2. 정당조항을 통한 국회 지배

헌법에 정당조항이 신설된 것은 형식 면에서나마 민주주의의 진전을 위해서는 전향적인 조항이었다고 할 수도 있다. 공청회 과정에서 1948년 5-10선거 이후 헌정이 실시되면서 무소속이 많았던 것을 지적하면서 정당에 의한 책임 정치로서의 정당정치를 주장하는 경우가 있었는데(서병조 1986, 248) 이러한 분위기가 어느 정도 반영되어 헌법에 정당조항이 들어간 측면도 있다.

그러나 헌법학자 대다수와 일부 정치학자는 정당조항에 대해 긍정적인 평가를 내리기보다는 '극단적인 정당국가를 지향하는 것'이라는 비판적 평가를 내리고 있다(권영성 1990, 91). 즉 대통령(36조 3항)과 국회의원(64조 3항)의 입후보에 소속정당의 추천(정당공천제)을 요하게 하였으며 국회의원이 당적을 이탈하거나 변경할 때 또는 정당이 해산될 때에는 국회의원의 자격을 상실(38조)하도록 했으므로 정당은 헌법상 필수적 정치기구로서의 성격을 가지게 되었지만 이러한 조항들은 무소속의 존립을 부정하고 자유로운 정당선택과 탈당 등의 정치적 자유 등 기본권을 제약하는 결과로 전화될 가능성이 있다는 평가이다.

대통령제하에서 행정부와 입법부가 대립하여 정국의 마비상태가 올 수 있다고 판단한 혁명정부는 이 단점을 보완할 수 있는 제도로서 '정당제도에 입각한 대통령제 정부형태'를 마련해 행정부와 입법부의 관계를 열어두었다(의원내각제적 요소의 하나)고 했으나 이는 명분이었을 뿐이다. 실제로 정당조항은 행정부가 입법부를 지배하려고 하는데 이용되어 행정국가적 경향을 강화시켜주는 도구로 전락했다. 정당국가적 조항들은 정당의 자유로운 활동과 발전을 위한 규정이라기보다는 오히려 정부가 정당을 통제함으로써 정당을 기반으로 하는 국회를 통제할 수 있는 정치적 수단을 확보하려 한다는 비난을 받았던 것이다.

정당은 대법원에 의해서만 위헌여부를 결정할 수 있다고 해(7조 3항과 103조) 정당이 정치적으로 보호받을 수 있는 것처럼 보였으나, 실제로는 사법부를 지배하고 있던 행정부가 새로운 정당의 성립을 막고 정당의 활동을 제한하려 했을 때 동원했던 법적 근거가 되었던 것이다. 이러한 행정부 우위와 정당제도를 촉진하기 위해 고안된 헌법에 대해 과거 민주당원이었던 사람들은 매우 불쾌하게 생각했다(김정원 1985, 290). 제2공화국의 의회와 정당을 해산하면서 구정치인들을 정치활동정화법의 틀에서 묶었던 쿠데타 주도세력들이 '의회주의에 대한 懷疑'를 정신적 기초로 하여 만든 조항이 바로 정당조항이었다(윤근식 1994, 382~383). 따라서 정당조항은 민간 정치인과 의회에 대한 효율적인 통제를 통하여 군부의 수월한 집권과 유지를 기할 수 있게 하려는 의도에서 마련된 것이라는 비판을 받았다.

Ⅳ. 결론

1961년 8월 12일 성명에서부터 군부의 집권을 위해 대통령제를 구상했던 박정희는 8월 12일 전후로 김종필에게 8·15계획서를 만들 것을 지시해 집권구상을 구체화했으며 이후 확고히 추진했다. 1962년 10월 헌법이 거의 완성된 단계에서 미국의 동의를 이끌어내는데 도움을 얻기 위해 미국인 교수이며 '강력한 대통령중심제' 지지론자 에머슨 등의 자문을 이용했다. 쿠데타세력은 헌법제정에 관해 미국에 계속 통보하는 등 의식했지만 미국은 헌법제정을 민정이양을 위한 필요한 조치로 간주해 별로 제어하지 않았으므로 미국의 헌법제정에 관련된 역할은 비교적 제한적이었으며 쿠데타세력의 자율성은 상대적으로 강한 편이었다고 할 수 있다(민정이양과정에서 미국의 견제는 헌법제정에 비해 강했다).

헌법 논의 초기인 1962년 3월경에는 『최고회의보』 등을 통해 비교적 자유로운 분위기 속에서 내각제 선호 의견 등이 개진되었으나 7월 이후 관제화된 헌법심의위원회 틀 안에서 본격적으로 논의되면서 본 연구의 2장에서 본 바와 같이 위원회는 최고위층의 복안인 대통령중심제·단원제 등을 수동적으로 추인하는 역할을 수행했다. 위원회 내에서의 토론은 『최고회의보』의 논의와는 달리 대통령중심제의 틀을 크게 벗어나지 못했다. 군인이 위원장인 심의위원회에서 대통령중심제 등 이미 결정된 안을 가지고 회의를 열었으며, 8·12성명에 너무 구애받지 말라는 주문은 결과적으로 수사에 불과했다. 공청회도 미리 준비된 연사가 준비된 토의안을 가지고 국민을 동원-홍보하는 성격이 짙었다. 8·12성명을 통해 최고결정권자의 강력한 사전 의지가 표출되었기 때문에 제2공화국 출범 때 여론의 지지를 얻어 도입되었던 내각책임제가 여론의 방향과는 상관없이 폐기될 수밖에 없었다. 한편 직접 민주주의제도인 국민투표도 참다운 레퍼런덤이 되지 못하고 안정을 희구하는 국민을 피동적으로 동원했던 일종의 통과의례에 불과했다. 심의위원회의 논의, 공청회와 국민투표 등을 거치면서 민의를 수렴한다고 표방했지만 이는 한계가 있었으며 국민을 정치에 이용한 것에 지나지 않았다.

　제3공화국 헌법안은 심의위원회를 거쳤기 때문에 제헌헌법과 제2공화국의 내각제 헌법에 비해 문체나 세련도, 완성도 등 대체로 형식적·지엽적인 차원에서 진보했으나, 정치적인 면에서는 진보하기보다 오히려 집권을 위한 편의적인 개악이 이루어졌다. 서론에서 언급한 '집권자 주도설'과 '심의위원회 주도설' 중 전자가 더 설득력이 있는 것으로 판단된다. 김종익 교수의 '심의위원회 주도설'은 『헌법개정심의록』의 다양한 논의들에 지나치게 집착했으며 이전의 상황을 심각하게 고려하지 않은 견해이다. 권력구조 등 중요한 사항은 심의위원회가 결정하지 못했던 사실과 이미 1년 정도 전에 박정희에 의해 대통령제가 확정된 사실의 중요성을 주목하지 않았으므로 '심의위원회 주도설'의 한계는 명확하다.

　박정희 군사정부가 민정이양의 과정에서 자신들의 권력을 지속적으로 확보하기 위해 헌법안을 마련했다는 것은 본 연구의 전체적인 사실재구성과 비밀문건 8·15계획서의 내용 등에서 확인된 바이다. 군부세력은 집권의 수월성을 도모하고 권력을 집중하여 체제유지와 효율적 통치를 하기 위한 목적에서 '강력한 대통령제'를 헌법에 편의적으로 도입했다. 반대세력인 구정치인들에 비해 정당·의회적 기반이 취약했던 군부세력은 정당

기반이 전제되고 의회로 권력이 분산된 의원내각제보다는 대통령 일인에게 권력이 집중된 대통령 중심제가 자신들의 집권을 보다 쉽게 보장할 것이라고 판단했다. 구정치인들을 견제하기 위해 정당을 해산하고 사전조직을 통해 공화당을 만들고 있었지만 제1당이 될 수 있을지는 아직 자신할 수 없었던 상황이었다. 이 시기 헌법 마련은 현실정치의 반영이었고 단순한 제도 개혁의 차원을 넘어선 정치적 행위였으며 정치에 목적을 위한 제정이었다. 본 연구의 제3장에서 살펴본 '강력한 대통령제'와 '행정국가적 경향', '정당정치 확립'이라는 제3공화국 헌법의 권력구조 조항에 나타난 성격은 모두 대통령의 기성정치인과 입법부에 대한 우위 확보를 통해 박정희의 수월한 집권과 그 체제의 안정적 유지를 도모하려는 목적에서 나온 것이었다. 기본적으로 약한 입법부(양원제가 아닌 일원제)에 기반한 대통령제였으므로 상대적으로 강한 대통령제가 보장되었다고 할 수 있다.

따라서 박정희 군사정권의 '5차헌법개정'은 국민의 기본권을 신장하기 위한 것이 아니라 군부지배를 연장하기 위한 것이었다. 국민의 권리 신장을 위해 헌법에 대통령제를 채택하고 민주적으로 마련한 것은 아니었는데 이는 쿠데타로 집권했던 군부세력이 가질 수밖에 없는 태생적 한계라고 할 수도 있다. 집권을 위한 자의적 '개악'이라는 정치적 성격 면에서는 헌정사의 다른 개정(이승만 정권의 1차-2차 개정, 박정희 정권의 5차·6차·7차 개정, 전두환 정권의 8차 개정)과 유사한 성격을 가진 것이다. 민주화가 달성되기 이전의 역사적 상황이 반영되었던 헌법 마련이었다. 쿠데타 주도 세력들은 정당조직 등의 정치적 영역뿐만 아니라 신성한 헌법과 법률까지도 집권이라는 정치적 목표를 위해 편의적으로 바꾸었으므로 '5차헌법개정'은 헌정질서에 대한 도전이었다. 기존에 행해지던 내각제 실험을 헌정파괴적 쿠데타를 통해 중단시킨 후 채택된 대통령중심제는 수 차례의 개헌에도 불구하고 골간은 유지되었으므로 현재로서는 우리 현실에 어느 정도 뿌리를 내렸다고 할 수 있다. 그러나 1961년부터 1962년 사이에 이루어진 내각제에서 대통령제로의 전환은 국민의 뜻에 의거한 바는 아니었으며 집권세력이 정치적 목적에 따라 수많은 지식인들을 동원하고 인위적으로 여론을 조작하여 만든 결과였다.

　헌법과 정치관계법 마련 등을 통해 박정희-김종필 계열이 구상했던 군정 이후의 정치질서는 강력한 대통령제하에서 군인들이 참여하는 신당이 선거와 국회에서 주도적인 역할을 하는 것이었다. 1차적으로 새 헌법을 통해 대통령제는 보장되었다. 또한 헌법의 정당조항을 통해 정당을 규제했고 정당법(全 국회의원 선거구 중 지구당 1/3 이상)을 통해 신당등록을 엄격히 규제하여 정당의 이합집산을 막아 군정이후의 정치를 효과적으로 규제할 수 있게 했다. 당시 정국을 주도했던 박정희·김종필 계열은 정당의 수가 적을수록 정치적 혼란을 막기가 쉽고(김운태 2000 ; 김운태 1996, 161), 관제여당이 정치적 패권을 확보하기가 용이하다고 나름대로 판단했다. 선거법에 따라 비례대표제를 마련했으나 이는 직능대표가 아니었고 득표순에 따라 정당에게 보너스 의석을 주는 非비례대표제였다. 제1당은 득표율이 50%가 되지 않더라도 무조건 전국구의 반을 가지도록 해 안정을 명분으로 국회를 장악하려 했으며 이러한 파행적인 제도를 통해 지역기반이 약한 군인들도 국회의원직을 가질 수 있었다. 새 국회는 여당의 압도적 다수로 인해 행정부의 시녀로 전락했으며, 사법부도 위헌법률심사권을 적절히 행사하지 아니하여 국민의 기본권은 위축되었고 역시 행정부의 시녀가 될 위험성을 내포하고 말았다. 정권이 군정에서 민정으로 이양되고 신헌법이 시행되었지만 형식적인 민정이양이었을 뿐 실제적으로는 박정희·김종필 계열의 노력에 따라 군인들이 대거 민정에 참여하는 '군사정권의 연장'으로 귀결되었다.

❖ 참고문헌

공보부, 1962, 『헌법개정과 국민투표』, 공보부, 1962년 11월.
권영성, 1990, 『헌법학원론』, 신정판 15쇄, 법문사.
구병삭, 1991, 「제3공화국 헌법사」, 한국정신문화연구원 편, 『한국헌법사』 하, 고려원.

국가재건최고회의 한국군사혁명사 편찬위원회, 1963, 『한국군사혁명사』 제1집 하, 국가재건최고회의 한국군사혁명사 편찬위원회.

김영수, 1964, 「민주공화당 사전조직」, 『신동아』 1964년 11월.

김용호, 1990, 「제3~4공화국시대」, 한국정치외교사학회 편, 『한국현대사의 재조명: 1945~1980년대의 정치-외교분석』, 대왕사.

김운태, 1996, 「권력구조와 정부」, 이우진·김성주 공편, 『현대한국정치론』, 나남.

김운태, 2000, 「김운태 증언」, 2000년 2월 12일.

김정원, 1985, 『분단한국사』, 동녘.

김철수, 1986, 『헌법개정, 회고와 전망』, 대학출판사.

김학준, 1990, 『한국정치론사전』, 한길사.

김형욱, 1987, 『김형욱회고록』 1 증보판, 문화광장.

김호진, 1991, 「한국정치의 제도화와 권력구조: 대통령중심제-내각책임제-이원집정부제」, 『한국정치체제론』 전정판, 박영사.

대한민국 국회, 1967, 『헌법개정심의록』 전3집, 대한민국 국회.

민주공화당, 1967, 『민주공화당4년사』, 민주공화당기획조사부.

박일경, 1986, 『신헌법학원론』, 법경출판사.

박정희, 1963, 『국가와 혁명과 나』, 향문사.

―――, 1965, 『국가재건최고회의의장 대통령권한대행 박정희장군담화문집, 自 1961년 7월 至 1963년 12월』, 대통령비서실.

―――, 1969, 『박정희 대통령 선집』 3, 지문각.

서병조, 1986, 『개헌시비』, 현대문예사.

송 우, 1980, 『한국헌법개정사』, 집문당.

신상초, 1962, 「헌법개정의 방향과 이에 따르는 제문제」, 『최고회의보』 제6호 (1962년 3월 16일).

오효진, 1987, 『정상을 가는 사람들: 오효진의 인간탐방 2』, 조선일보사.

유광렬, 1962, 「헌법개정의 방향과 이에 따르는 제문제」, 『최고회의보』 제6호 (1962년 3월 16일).

유진오, 1962, 「헌법개정의 방향과 이에 따르는 제문제」, 『최고회의보』 제6호 (1962년 3월 16일).

―――, 1980, 『헌법기초회고록』, 일조각.

윤근식, 1994, 「제3공화정」, 김운태 편, 『한국정치론』 제3전정판, 박영사.
이상우, 1984, 『비록 박정희 시대』 1, 중원.
이완범, 1999, 「제1차 경제개발5개년계획의 입안과 미국의 역할」, 한국정신문화연구원 편, 『1960년대의 정치사회변동』, 백산서당.
_____, 2000, 「제3공화국헌법의 제정과정과 그 성격: '민정이양'과 '강력한 대통령제」, 한국정치외교사학회 주최 한국헌정사 심포지엄 발표원고.
이정복, 1996a, 「정치제도적 분석방법」, 민준기·신명순·양성철·이정복·장달중, 『한국의 정치』, 나남.
_____, 1996b, 「제3공화국 시대의 정치제도」, 민준기·신명순·양성철·이정복·장달중, 『한국의 정치』, 나남.
장준하, 1961, 「긴급을 요하는 혁명과업의 완수와 민주정치에로의 복귀」, 『사상계』 1961년 7월.
한국군사혁명사편찬위원회, 1964, 『5·16군사혁명의 전모』, 문광사.
한태연, 1961, 『국가재건비상조치법』, 법문사.
_____, 1962, 「헌법개정의 방향과 이에 따르는 제문제」, 『최고회의보』 제6호 (1962년 3월 16일).
_____, 1987, 『헌법과 정치체제』, 법문사.
합동통신사, 1961, 『합동연감』 1961년판, 합동통신사.

Emerson Papers, 1962, Harvard University Archives.
Kim, C. I. Eugene, 1964, "South Korean Constitutional Development: The Meaning of the Third Republic Constitution", *Papers of the Michigan Academy of Science, Art, and Letters*, Vol. XLIX.
Kim, C. I. Eugene, 1976, "The Third Republic and the DRP", C. I. Eugene Kim & Young Whan Kihl, eds., *Party Politics and Elections in Korea*, Silver Spring, MD: Research Institute on Korean Affairs.
Kim, Yong Ho, 1989, "Authoritarian Leadership and Party Dynamics: The Rise and Fall of the Democratic Republican Party in South Korea, 1962~1980", ph. D. dissertation, the University of Pennsylvania.
MacDonald, Donald S, 1992, *U.S.-Korean Relations from Liberation to Self-Reliance, The Twenty-Year Record: An Interpretive Summary of the Archives of the US Department of State for the Period 1945 to 1965*, Boulder, CO:

Westview.

Pak, Chiyoung, 1968, "The Third Republic Constitution of Korea: An Analysis", *Western Political Quarterly* Vol. XXI No. 1 (March 1968).

Sartori, Giovanni, 1994, *Comparative Constitutional Engineering: An Inquiry into Structures, Incentives and Outcomes*, New York: New York University Press.

U.S. Department of State, 1996, *Foreign Relations of the United States, 1961-63*, Vol. XXII, Washington, D. C.: USGPO.

U.S. House of Representatives, 1978, *Investigation of Korean-American Relations*, The Subcommittee on International Organizations of the Committee on International Relations, 95th Congress, 2nd Session, Washington, D. C.: USGPO, Oct. 31, 1978.

제2부

근대화노선의 이념과 정책

박정희의 민족중흥의 논리의 사상적 기원

신 복 룡(건국대학교)

> 한 민족 지도자의 역할이
> 그 민족의 흥망성쇠에
> 결정적인 영향을 미칠 수 있는
> 역사 상황의 예는 무수히 많다.1)
> — 후크(Sydney Hook)

> 역사가들이 균형을 잡았을 때,
> 그들은 박정희를 현대 한국에서
> 가장 중요한 지도자로
> 추대하리라고 나는 생각한다.2)
> — 글라이스틴(William H. Gleysteen, Jr.)

> 나는 무능한 사회주의자보다는
> 유능한 파시스트를 유산으로 갖고 있음이
> 자랑스럽다.3)
> — 다케우치 요시미(竹內好)

---

1) Sydney Hook, 1978, *Hero in History: Myth, Power or Moral Ideal?*, Stanford: Hoover Institute at Stanford University, pp. 9~10.
2) Kim Hyung-A, 2004, *Korea's Development under Park Chung Hee: Rapid Industrialization*, London: Routledge Curzon, p. 205.
3) 竹內好, 1993, 「北一輝」, 『日本とアジア』, 東京: 筑摩書房, 417쪽. 이 말은 일본의 우익이었던 기타 잇키(北一輝: 1883~1937)가 1936년의 '2·26사건'에 연루되어 처형되자 일본의 중국사상학자인 다케우치 요시미(竹內好: 1910~1977)가 그를 추모하면서 남긴 말이다.

Ⅰ. 서론

어느 역사적 인물을 평가하는 데에는 두 가지의 잣대가 있다. 하나는 업적이고 다른 하나는 그의 생각(思想)인데, 그 두 가지가 모두 중요하다. "철학은 학설(theory)이 아니라 활동(activity)"[4]이라고 비트겐슈타인(Ludwig Wittgenstein)은 주장하고 있지만, 사상사의 대상은 사상가(theorist)인가 아니면 행위자(activist)인가의 문제는 사상사 연구에서 끝까지 안고 가야 할 화두이다. 원론적으로 말한다면, "사상사"의 경우에 정치지도자의 업적이나 행적은 중요하게 취급되어야 할 가치가 아니다. 그럼에도 불구하고 역사가가 사상사적 평가를 하면서 업적을 찬양하고 싶은 유혹으로부터 벗어난다는 것은 참으로 어려운 일이다. 설령 역사가가 그러한 유혹의 위험성을 감지하고 있다 하더라도 가치중립을 지키는 것이 어려운데, 하물며 기필(起筆)의 순간부터 그 어느 한쪽에 서기로 작심하고 글을 쓰는 경우라면 그 글의 가치는 그만큼 취약할 수밖에 없다.

문제의 범위를 좁혀서, 이 글의 주제가 되고 있는 박정희(朴正熙: 1917~1979)를 평가하는 경우, 위에서 말한 업적이냐 아니면 생각이냐의 문제 이외에 또 다른 함정이 있는데, 그것은 다름이 아니라 그가 당대와 후대의 사람들에게 은원(恩怨)과 애증(愛憎)이 많았고, 그래서 그는 극단적으로 대립되는 평가를 받고 있다는 점이다. 박정희에 대한 기존의 논의는 정죄(定罪)와 찬양의 이분법적 논리에 얽매어 있었다. 전근대적 극빈의 삶이 그의 산업화 정책과 함께 극복되었음을 체험한 세대들에게 그는 영걸(英傑)일 수 있고, 그 산업화 과정에서 겪어야 했던 열악한 노동과 음습한 감옥의 체험자들에게 그는 독재의 화신으로 묘사될 수 있다.

이와 같은 여러 가지 정황을 고려할 때, 사상가로서의 박정희에 대한 평가는 그의 사상에 국한해야 함에도 불구하고 현실은 그렇지 못하다. 근대화의 기수로서의 그의 '역할'은 그의 사상을 평가하는 데 영향을 미쳐서는

---

4) Ludwig Wittgenstein, "Tractatus Logico-Philosophicus" in Anthony Kenny (ed.), 1994, *The Wittgenstein Reader*, Oxford: Blackwell, p. 14, § 4.112.

안 되며, 마찬가지로 그의 반민주주의적 '처사'도 그의 사상사 기술에서 사상(捨象)되어야 할 부분이라는 점이 당위이며, 따라서 우리가 이 글에서 주목하고자 하는 것은 그의 생각 그 자체뿐이어야 한다. 그러나 이것은 그저 당위일 뿐 아직도 논란은 당위와 존재의 간극(間隙)을 메우지 못하고 있다.

그렇다면, '역사적' 평가로서는 다소 이를 수도 있는, 그리고 극단적 논쟁의 중심에 서 있는 박정희를 거론해야 할 이유는 어디에 있는가? 좋은 의미든 나쁜 의미든, 박정희 시대는 한국 현대사의 거대한 호수였다. 이전의 모든 물의 흐름이 일단 그의 시대로 모여들었다가 그로부터 다시 갈라지고 있다. 그의 시대에 생겨난 산업화 세력과 민주화 세력 사이의 경쟁과 갈등이 지금까지도 여전히 정치의 중심을 차지하고 있다는 사실이 이를 반증하고 있다. 계승하려는 자도, 극복하려는 자도 모두 박정희를 중심에 놓고 생각하지 않을 수 없는 것이 우리의 현실이다.[5]

이런 점에서 아직 한국 사회는 박정희가 남긴 역사의 그늘에서 벗어나지 못하고 있다. 그가 우리에게 남긴 자산이 크지만, 그가 남긴 부채 또한 적지 않다. 그런 점에서 박정희 시대에 대한 정확한 평가 없이는 한국의 현대사의 좌표를 찾을 수 없다. 이는 학문적인 과제이자 실천적인 과제이다.[6] 오늘날 한국에서 책임 있는 지위에 있는 거의 모든 인사들이 어떤 면에서는 박정희 정책의 산물이며, 따라서 긍정적으로든 부정적으로든 그의 정책에 깊은 영향을 받았다. 1979년 이후 한국에서 일어난 중요한 정치적 발전 거의 모두가 박정희 시대에 일어났던 사건의 지속이거나 아니면 반작용이었다. 박정희의 유산이란 좋든 나쁘든 간에 오늘날 한국인들과 한국 사회의 특성 대부분이 그 시대에 조성된 정치·경제적 시스템과 불가피하게 얽혀 있다.[7]

---

5) 김일영, 2005, 「박정희 시대 연구의 쟁점과 과제」, 정성화 편, 『박정희 시대 연구의 쟁점과 과제』, 선인, 12~13쪽.
6) 류상영, 1998, 「박정희와 그 시대를 넘기 위하여」, 『박정희를 넘어서』, 푸른숲, 18~19쪽.
7) Kim Hyung-A, *Korea's Development under Park Chung Hee*, p. 205.

이와 같이 박정희라는 관문을 통과하지 않고서는, 정치·경제·사회·문화 어느 분야에서이든 한국 현대사를 설명할 수 없다는 데 우리의 고민이 있다. 그의 적과 동지들은 가까운 시기 안에 화해할 기미도 보이지 않으며, 따라서 그에 대한 평가도 긴 시간 동안 평행선을 치달을 것이다. 이럴 경우에 현대사를 정리하는 한 방법으로서 그의 생각을 우선 정리해 보는 작업의 선행이 필요할 수도 있다. 실적과 결과를 유보한다면 합의된 '사상사적' 평가가 불가능할 것도 없다. 그의 생각이 어떻게 현실에 투영되었고, 어떻게 굴절되었는가 하는 작업은 그 후의 일이 될 수도 있을 것이다.

II. 수출주도형과 중화학 공업

박정희가 집권 기간 중에 가장 고심했고 또 그의 집권의 정당화 수단으로 가장 빈번히 인용된 것은 조국근대화와 민족중흥의 논리였을 것이다. 이것은 그의 진심이었고 또 동시에 그의 정치적 선전의 핵심을 이루고 있는 것이었다. 그는 민족중흥이 자신의 역사적 소명이라고 생각했고, 그러한 인식의 배경에는 메이지(明治) 공신들에 대한 연상 심리가 어른거리고 있었다. 집권 말년이 되면 그는 자신이 조국근대화의 화신이라는 생각에 사로잡히게 된다. 이를 위한 그의 일련의 작업은 다음과 같이 나누어 볼 수 있다.

박정희가 조국근대화 작업의 일환으로 먼저 주목한 것은 빈곤의 문제였다. 이는 그의 성장기 체험과 무관하지 않다. 유년기의 가난은 그에게 두 가지의 정신적 외상(外傷, trauma)을 남겼다. 하나는 가난 그 자체로 인한 배고픔과 같은 경험에서 생긴 외상이요, 다른 하나는 가난으로 인해 생긴 수치심의 외상이다. 전자가 경제적·물질적 측면의 외상이었다면, 후자는 정신적·정치적 의미를 갖는 외상이었다.[8] 그는 자신이 적빈한 농촌 출신이라는 점을 빈번히 회상했다.[9] 그는 자기 유년 시절을 이렇게 회상하고 있다.

경상북도 선산군, 이곳이 본인이 태어난 곳이다. 20여 년간의 군대 생활, 그리고 소년 시절에도 본인은 자립에 가까운 생활을 배워 왔다. 그만큼 가난하였기 때문이다 …… 이 같은 '가난'은 본인의 스승이자 은인이다. 그렇기 때문에 본인은 24시간 이 스승, 이 은인과 관련 있는 일에서 떠날 수가 없는 것이다.[10]

그러므로 박정희가 구상한 한국 근대화의 과제는, 가난으로부터 겨레를 해방시켜 경제적으로 자립을 이룩하는 길이었다.[11] 그가 꿈꾼 사회는 '굶주리는 사람이 없는 나라'[12]였다. 그는 "우리는 우리 후손들에게 다시는 가난이라는 유산을 절대 물려주어서는 안 되겠다"[13]고 다짐했다. 그는 1966년 현재 1인당 국민소득이 68달러인 현실 앞에 망연자실했고,[14] 이를 극복하는 것이 자신의 소명이라고 생각했다. 그는 "창고가 넉넉해야 예절을 알고 의식(衣食)이 풍족해야 영욕을 안다"[15]는 관자(管子)로 돌아가고 싶어 했다.[16] 그는 스스로 쌀을 아끼기 위해 국수를 먹었고, 물을 절약하기 위해 수세식변기통에 벽돌을 넣었다.[17]

적어도 박정희 자신과 그 시대를 살았던 사람들에게는 빈곤 퇴치만으로도 그가 존재해야 할 이유(raison d'être)가 되었다. 이러한 소망은 식민지 시대와 한국전쟁의 폐허를 체험한 세대에게 공유된 것이었고, 그의 허물

---

8) 전인권, 2006, 『박정희 평전』, 이학사, 14쪽.
9) 박정희, 2005, 『한국 국민에게 고함』, 동서문화사, 38쪽.
10) 박정희, 1963, 『국가와 혁명과 나』, 향문사, 422쪽.
11) 박정희, 2005, 「우리 민족의 나아갈 길」, 『하면 된다! 떨쳐 일어나자』, 동서문화사, 100~102쪽.
12) 박정희, 「우리 민족의 나아갈 길」, 11쪽.
13) 박정희, 『한국 국민에게 고함』, 301쪽.
14) 박정희, 『한국 국민에게 고함』, 172쪽.
15) 『管子』(23) 牧民: 「倉廩實知禮節 衣食足則知榮辱」
16) 박정희, 1978, 『民族中興의 길』, 광명출판사, 83쪽.
17) Don Oberdorfer, 2001, The Two Koreas, Jackson: Basic Books, p. 36.

을 덮기에 충분했다. 그리고 '업적이 사상을 평가하는 잣대가 될 수 없다'는 이 글 모두(冒頭)의 다짐에도 불구하고, 그의 빈곤 퇴치 의지와 성과는 그를 평가하는 중요한 준거로 남아 있다. 역사에는 업적으로 평가 받는 일이 허다하다.

빈곤 퇴치 의지의 연속선상에서 등장한 그의 구상이 곧 수출과 중화학공업의 육성을 위한 그의 노력이었다. 그에게 조국근대화는 신앙이었다. 그러기에 사학계가 김옥균(金玉均)을 중심으로 한 갑신정변(甲申政變)을 친일적이라고 매도하는 분위기 속에서도 그는 그것을 우리나라 근대화 운동에서 기초적인 진일보를 내디딘 '근대화 운동'이라고 칭송했다.[18] 그는 산업화가 살길이라고 믿었다. 집권 초기의 현실이 얼마나 암담했던가 하는 사실은 당시 한국의 발전소 최대 출력(26만 5,000kw)이 포드자동차회사(Ford Motor Co.)의 발전량(34만kw)보다도 훨씬 밑도는 사실에 대한 그의 개탄에서도 잘 나타나고 있다.[19]

집권 초기의 국가 재정 상태도 열악했다. 예컨대, 정권이 교체되던 1961년도 민주당 정권의 추가경정예산안을 보면 미국으로부터 들어오는 대충자금의 합계가 3,169억 환으로, 이는 국내 자원 2,919억 환의 52%에 해당하는 비율이었다. 독립된 국가이면서도 통계상으로 보는 한국의 실제 가치는 48%에 불과했다. 이러한 상황에서 박정희는 자주 경제 이외에 잡을 그물이 없다고 생각했다.[20] 그리고 그 자주 경제를 위한 답안이 곧 수출주도형 경제 건설이었다. 훗날 그는 당시의 정황을 이렇게 회상했다.

> 우리가 택한 수출 중심의 공업화의 길은, 당시 우리 형편으로서는 무척 대담하면서도 또한 가장 합리적인 근대화의 전략이었다. 우리의 농촌이나 도시가 모두 가난했기 때문에 국내 시장을 중심으로 하는 공업화로서는 빈곤의 악순환에서 벗어나기 어려웠다. 결국 천연자원이 빈약하고 국내 시장이 협소한 우리나라의 경우, 유일한 성장잠재력인 풍부한 인적 자원을 최대한 활용

---

18) 박정희, 1971, 『민족의 저력』, 광명출판사, 37, 101쪽.
19) 박정희, 『국가와 혁명과 나』, 237~238쪽.
20) 박정희, 『국가와 혁명과 나』, 219~221쪽.

하기 위해서는 수출에 역점을 둔 외향적인 개발 전략이 유일한 활로였다.[21]

이러한 구상의 결과로 나온 것이 1차 3개년 경제개발계획안(1962~1963)이었다. 그러나 그것은 초기에 소기의 성과를 내지 못했다. 경제 사정은 날로 나빠졌고 박정희 정부는 곤경에 빠졌다. 평소부터 1차 계획안이 지닌 내포적 성격에 불만을 품었던 미국도 계획의 수정을 강력하게 요구했다. 이에 박정희는 수정안을 만들게 되는데, 조국근대화론으로 통칭되는 박정희 모델은 이때부터 만들어지며, 그것은 곧 모태(母胎)였던 내포적 공업화론과 어느 정도 거리를 두는 것을 의미했다.[22]

역사를 기술하는 과정에서 가끔 부딪히는 자문(自問)이 있다. '역사에 국운이라는 것이 존재하는가?'라는 질문이다. 박정희의 생애와 1960년대의 한국 경제 성장을 읽노라면 그러한 의문은 더욱 짙어진다. 그것은 월남전쟁(Vietnam War)의 문제이다. 박정희의 수출 전략에 탄력을 불어넣어준 것은 바로 월남전쟁이었다. 그것은 남의 불행이었지만 우리에게는 축복이었던, 어쩌면 국운이었는지도 모른다.

월남전쟁이 한국 경제에 어떤 영향을 끼쳤는가를 보여주는 가장 적절한 자료는 1966년 3월 4일자 브라운(Winthrop G. Brown) 주한 미국 대사가 한국군의 추가 파병을 요청하면서 제시한 세칭 『브라운각서』(Brown Memorandum)이다. 그 내용은 다음과 같다.

* 군사 분야
(1) 한국군 현대화를 위한 장비 제공
(2) 월남에 파견되는 병력의 장비와 비용의 제공
(3) 월남에 파병된 병력의 대치 병력의 장비, 훈련, 소요 경비의 부담
(4) 한국의 대간첩 활동의 개선을 위한 지원
(5) 한국의 탄약 생산을 늘리는 데 필요한 병기창의 제공

---

21) 박정희, 1978, 『民族中興의 길』, 90쪽.
22) 김일영, 2005, 「조국근대화론 대 대중경제론」, 『박정희 시대와 한국 현대사』, 명지대학교 국제한국학연구소 제5회 국제학술대회, 110쪽.

(6) 한국과 사이공의 통신 시설의 제공
(7) 수송기 C-54 4대를 지원
(8) 한국군의 막사·취사·위생·오락 시설의 개선
(9) 주월 한국군 전원에게 근로 수당 지급
(10) 월남전 사상자에 대하여 종전 액수의 2배를 보상함

* 경제 분야
(1) 1개 예비 사단, 1개 예비 여단 및 지원부대의 소요 비용을 지불
(2) 최소한 2개 사단을 파병할 경우에 군원 이관을 중지하고, 1966년도 회계연도에서 중단된 품목을 회복함
(3) 주월 부대의 소요 물자를 한국에서 구매하며, 월남의 농촌 건설·선무(宣撫)·구호·보급에 필요한 물자를 최대한 한국에서 구매하며, 한국의 청부업자들이 월남의 건설에 참여함
(4) 수출 진흥을 위한 지원
(5) 1965년도분 AID의 1억 5천만 불 이외에 같은 정신과 고려하에 추가 지원함
(6) 월남에 대한 수출을 지원하고 개발 목적으로 1천5백만 불을 제공함[23]

위의 각서에 따라서 1965년 2월에 한국이 월남전쟁에 참전한 이후로 1966년까지 총 23,865명의 한국군이 베트남에 파병되었다. 1969~1972년 사이에는 최대 47,872명의 한국군이 베트남에 상시 주둔했고, 1971년 7월 한국이 베트남에서 철군할 때까지 연인원 30만 명 이상의 한국군이 베트남에서 복무했다. 베트남 군대를 파병한 대가로 한국이 미국으로부터 1965~1970년 동안 받은 금액은, 미국 상원조사위원회에 따르면, 9억 2,700달러에 이르렀다.[24] 이는 한국의 총 외화 수입의 40%에 이르는 수치였다.[25]

월남전의 참전은 한국의 수출 동력을 제공해 주었다. 그 동력은 수출 기

---

23) "Brown(US Ambassador to Korea) to Lee Tong Won"(Minister of Foreign Affairs, Korea, March 4, 1966), 양승함·박명림·박용수 편, 2010, 『한국대통령통치사료집』(VI): 박정희(3): 베트남 파병』, 연세대학교 국가관리연구원, 135~141쪽.
24) Kim Hyung-A, *Korea's Development under Park Chung Hee*, pp. 101~102.
25) Don Oberdorfer, *The Two Koreas*, p. 64.

반의 조성을 위한 마중물(誘水, pump priming water)의 역할을 충실히 했다는 점을 의미한다. 이러한 제반 요인을 기반으로 하여 1960년대에는 구체적으로 다음과 같은 발전을 이룰 수가 있었다.

(1) 한국 경제는 지난 10년 사이에 연평균 8.6%에 달하는 실질 소득 성장률을 기록하였다.
(2) 농업 부문으로부터 공업으로의 구조 전환과 이를 바탕으로 한 기술 혁신, 해외 시장 진출 등을 개발 전략의 핵심으로 삼지 않으면 안 되었기 때문에 정부는 공업화와 공산품의 수출에 가장 큰 역점을 두는 정책 방향을 추진하였다.
(3) 수출이 신장(伸長)되었다.
(4) 만성적(慢性的) 인플레 경향을 크게 완화시켰다.
(5) 수송 혁명의 서막을 올린 경부간 고속도로가 완공되었다.(1970. 7. 7)[26]

박정희가 정권을 잡은 1961년에 3,600만 달러였던 한국의 수출은 그가 몰락한 해에 150억 달러를 돌파했다.[27] 그 과정에 고통과 마찰이 없었던 것은 아니었다. 인구의 80%를 차지하면서도 피폐에 빠진 농촌부터 현대화하려는 목표가 정책의 최우선이어야 한다는 경제학자들의 목소리도 있었지만, 군정의 브레인들은 시급한 산업화에는 중공업 우선 정책이 더 효과적이라는 판단에서 흔들리지 않았다. 춘궁기를 추방하기 위한 비료공장, 공장에 동력을 공급할 발전소와 정유공장, 모든 산업의 기간이 되는 제철공장, 건설에 필수적인 시멘트공장, 물류를 보장할 고속도로·철도·항만 건설 등이 핵심 사업으로 선정되었다.[28]

월남전 파병의 효과와 박정희의 근대화의 꿈이 잘 어우러져 나타난 결과 중의 하나로 손꼽을 수 있는 것이 곧 한국과학기술연구원(KIST)의 설립이다. 미국은 한국의 월남전 파병에 대한 부채가 있었고, 한국은 과학 입

---

26) 박정희, 1971, 『民族의 底力』, 광명출판사, 146~151쪽.
27) 이대환, 2004, 『세계 최고의 철강인 박태준』, 현암사, 442쪽.
28) 이대환, 『세계 최고의 철강인 박태준』, 172쪽.

국의 꿈을 가지고 있던 차에 박정희는 한국과학기술연구(KIST)의 설립에 몰두하면서 심한 자금 압박을 받고 있었다. 그러던 중 1965년 5월에 박정희는 미국을 방문하여 경제 협력을 논의하는 과정에서 KIST의 설립 계획과 자금 지원을 요청했고, 미국 측의 동의로 그 설립이 급진전되었다. 서울시 성북구 홍릉(洪陵)임업시험장에 육군 공병대를 투입하여 1969년 10월에 준공한 KIST의 건설에는 한화 3,460,000,000원과 미국의 무상 원조 7,188,000 달러, AID차관 1,856,000달러, 바텔연구소(BMI: Battelle Memorial Institute) 용역비 3,176,000달러, 합계 12,220,000달러가 투입되었다.29) KIST의 설립이 가지는 의미가 중요한 것은 이곳이 이후 박정희의 공업 입국의 두뇌 집단으로서의 활동했기 때문이다.

박정희가 미국이나 국제통화기금(IMF)의 반대를 무릅쓰고 1970년대에 중화학 공업화를 추진한 것은 두 가지 목적을 실현하자는 것이었다. 하나는 방어 목적, 즉 군수 산업의 육성을 통한 국방력 증진 때문이었고, 다른 하나는 수출 산업 구조의 고도화, 즉 경공업 제품만 수출해서는 장래가 없으니 중공업 제품을 만들어 수출해야 우리나라가 앞으로 계속 살 수가 있다는 것이었다. 이렇게 경제적 목적과 군사적 목적 두 가지 때문에 박정희는 중화학공업화에 대한 집념을 버리지 않았고, 결국 1973년 때 이른 중화학공업화를 시작했다.30) 박정희의 중화학 공업은 그가 군수기지사령관으로서의 경험을 유념한 것이다.

박정희는 산업화 과정에서 미완의 중화학공업의 육성을 위해서는 좀 더 시간과 강력한 권력 운용(drive)이 필요하다고 확신했고 그 결과는 유신(維新)으로 귀결되었다. 그는 공업화를 통한 국가 권력의 효율성에 집착했고, 그 답안으로 나온 것이 국가주도성이다. 그의 조국근대화론에 따르면, 경제 발전을 위해 국가가 시장에 장기적·전략적으로 개입해야 한다. 박정

---

29) 『KIST 40년사』, 2006, 한국과학기술연구원, 125~133쪽 ; 금동화, 「박정희는 한국 과학기술의 상징, KIST의 아버지」, 김기형 외, 2010, 『과학대통령 박정희와 리더십(MSD 미디어, 191쪽. 당시 한화 1원 : 1달러의 환율은 275 : 1이었다.
30) 김일영, 「조국근대화론 대 대중경제론」, 113쪽.

희의 조국근대화를 구현하는 이런 국가를 발전국가(developmental state)라고 부를 수 있다.31) 김일영(金一榮)은 발전국가를 다음과 같이 정의하고 있다.

> 발전국가란 '사유 재산과 시장 경제를 기본 원칙으로 하면서도 방어적 근대화라는 목표를 위해 장기적이면서 전략적으로 시장에 개입하는 국가'이다. 이러한 발전국가적인 시장 개입의 과정에서 관치 금융이 발생했고, 정경유착이 싹텄으며, 비효율이 발생한 것은 사실이다. 그러나 산업화 초기 단계에서는 이렇게 한정된 자원을 특정 분야에 몰아주는 방식이 상당한 효과를 발휘한 것도 사실이다. 이때 정부가 추구하는 것은 단기적인 효율성보다는 중장기적인 효과성이었다. 이러한 발전국가는 대개 후발 내지는 후후발산업화에 성공한 나라들에서 많이 나타났다. 발전국가는 민주적 의사 결집 과정보다는 리더의 정치적 결단과 행정적 효율성을 앞세우며 자원 배분에서 선택과 집중을 강조한다. 이러한 발전국가가 민주적이기는 쉽지 않다. 실제로 그것은 권위주의 체제와 결합하는 수가 많았다. 그러나 둘 사이의 관계는 필연적이라기보다는 친화성이 높다고 보아야 한다.32)

그런데 이런 식의 경제 발전의 성패가 국민의 노력 여부만으로 설명될 수 있는 것이 아니며 또 다른 요인이 있었다. 박정희가 이러한 통제 체제로서의 발전국가 모델을 성공할 수 있었던 주요 원인은 한국의 개발 엘리트들이 박정희를 지지한 것이었다. 개발 엘리트들은 급속한 공업화를 통해 국력을 키우려면 '강력한 지도력'이 필수적이라고 보았다.33) 박정희를 따르던 엘리트 테크노크라트들은 '근대화주의자'인 동시에 '개혁주의자'였고, 무엇보다도 스스로를 헌신적인 민족주의자로 인식하고 있었다.34)

근대화, 바꿔 말해서 복잡한 인과 관계를 존중하는 산업화는 우선적으

---

31) 김일영, 「조국근대화론 대 대중경제론」, 113~114쪽.
32) 김일영, 2004, 『건국과 부국: 현대한국정치사 강의』, 생각의 나무, 319~320쪽 ; 김일영, 「박정희 시대 연구의 쟁점과 과제」, 31쪽.
33) Kim Hyung-A, *Korea's Development under Park Chung Hee*, p. 208.
34) Kim Hyung-A, *Korea's Development under Park Chung Hee*, p. 8.

로 최소한의 민주적 또는 자유주의적 정치 틀에서 보다는 애당초부터 좀 더 권위주의적인 정치적 틀 속에서 일어난다는 점에서 예외가 없다. 예컨대 지금까지 영국·미국·벨지움·호주를 제외하고 근대화의 원천으로서의 산업화는 그 초기 단계에서 대부분 다소 권위주의적인 정부의 비호 아래 체계적으로 시작되었다.35)

이와 같은 산업화과정에서 박정희 정권이 민중을 억압하거나 배제한 정책을 사용한 것은 사실이다. 그러나 그것 때문에만 경제 발전이 일어난 것은 아니다. 만약 억압이 성장을 가져왔다면 모든 권위주의 체제는 경제 발전을 가져왔어야 하는데 현실은 그렇지 않다. 그는 생산성이 억압에 우선한다고 생각했다. 생산성의 증진은 정치지도자의 중요한 덕목 중의 하나이다. 그러므로 항산(恒産)은 동양의 정치지도자들이 끊임없이 추구하는 지향점이었다.36) 민주화론자들은 박정희의 정치적 일탈을 지탄하면서 그의 경제적 기여를 굳이 평가절하하려 한다. 그러나 역사에서 정치적 평가가 경제적 평가를 압도한 사례가 드물다. 삶의 문제는 일차적으로 경제이지 정치적 가치가 아니다. 이런 점에서 정치는 경제 앞에 겸손해야 한다.

박정희의 산업화 전략에는 많은 국민적 동의가 따랐다. 박정희는 1967년도의 대통령선거에서 이례적으로 도시선거구에서 58%의 지지를 얻는 성공을 거둔다. 이는 수출주도형 산업화의 순항에 따른 경제적 성장에 대한 도시민들의 안심을 말하는 것이었다. 박정희 정부는 한일국교 정상화와 월남전 파병을 통하여 미국 정부와의 관계를 강화한 다음 수출주도형 산업화의 순항에 따라 선거에서 압도적 승리를 거둘 만큼 국내적 지지 기반도 확보하여 안정기에 접어든다.37) 당시 박정희는 자신의 산업화 정책

---

35) Guy Hermet, 2005, "Authoritarianism and Modernization", *Park Chung Hee in Korean Modern History: The 5th International Conference of Academia Coreana*, Seoul: Myongji University, pp. 27~28.
36) 『孟子』「梁惠王章句」(上): 「曰 無恒産而有恒心者 惟士爲能 若民則無恒産 因無恒心 苟無恒心 放辟邪侈 無不爲已」
37) 임수환, 1997, 「박정희 시대 소농체제에 대한 정치경제학적 고찰: 평등주의, 자본주의, 그리고 권위주의」, 한국정치학회 월례발표회 발표 논문, 외교안보연구원, 13~15쪽.

을 이렇게 술회했다.

> 우리는 이미 이 [제4차 경제 개발 5개년] 계획의 첫 연도인 1977년에 당초의 계획보다 훨씬 빨리 백억 달러 수출의 목표를 달성하고 쌀의 자급자족을 이룩하는 한편, 건국 후 처음으로 국제수지에서 흑자를 보는 등 연이은 경제발전의 이정표를 세워가고 있다. .... 오늘의 세계에서 이른바 경제대국의 하나로 불리고 있는 서독이 수출 10억 달러에서 1백억 달러에 이르는 데 11년이 걸렸고, 일본도 같은 목표를 달성하는 데 16년이 걸린 데 비해 우리는 불과 7년이 걸렸을 뿐이다. .... 우리나라의 수출 총액은 제1차 경제개발 5개년 계획이 시작되던 1962년만 해도 세계에서 겨우 72위였던 것이 1966년에는 57위로 올라섰고 1970년에는 44위 그리고 1976년에는 28위로 계속 뛰어올랐으며....[38]

박정희의 경제 개발은 대일청구권자금 8억 달러와 월남 특수(特需)의 효과에 힘입은 바가 크다. 그렇게 마련된 산업 자금은 포항제철(POSCO), 고속도로의 건설, 농어촌 개발로 전환됨으로써 산업화를 가능하게 했다. 이런 점에서 그의 성공의 뒤 안에는 마키아벨리(N. Machiavelli)가 말한 운명(fortune)[39]의 요소도 많이 작용했다. 그러나 박정희의 권위주의를 바라보면서 생길 수 있는 가장 위험한 논리는, "그러므로 성장에는 독재가 필요했다"는 주장이다.

III. 국민정신의 함양

민족중흥의 논리를 전개하면서 박정희가 구상한 두 번째 과업은 국민정신을 함양하는 것이었다. 그는 국가의 피폐가 단순히 물질의 문제가 아니라 정신의 문제라고 생각하였으며, 이러한 그의 구상은 그의 역사주의와

---

38) 박정희,『民族中興의 길』, 121쪽.
39) 마키아벨리, 신복룡(역주), 2007,『군주론』, 을유문화사, 183ff쪽, Chapter 25, § 1~2.

접목되어 정신 개혁 운동으로 나타났다. '하면 된다'(can-do-ism spirit)는 그의 소신은 망국, 식민지, 분단, 전쟁, 빈곤으로 인해 오랫동안 패배주의에 젖어 잠들어 있고 느릿하던 국민성과 정신 구조를 우리 스스로 한번 이룩해 보자는 역동적인 도전 정신과 자신감을 갖는 구조로 바꾸어 놓는 데 크게 기여하였다.[40]

국민정신 함양의 첫 번째 작업은 그의 교육 혁신으로 나타났다. 이는 지난날의 그의 교사 생활의 경험과 무관하지 않을 것이다. 그의 생각에 따르면, 우리의 과거의 교육에서는 어떠한 국민을 키워야 하는가에 대한 이념이 막연하거나 잘못되어, 막대한 투자와 희생을 지불하고도 소기의 성과를 거두지 못하고, 발전을 위해 물려받은 자랑스러운 전통을 우리는 이용하지 못하고 낭비한 것이 많았다. 이러한 일은 정권 담당자들만의 문제가 아니며, 장기적이고도 범국민적인 것이라고 그는 생각했다.[41] 이러한 고민이 결과로 나온 것이 1968년에 공포된 '국민교육헌장'(國民敎育憲章)이다.

국민교육헌장의 작업의 뒤에는 박종홍(朴鍾鴻)이 있었다. 서울대학교 교수의 몸으로서 1972~1973년에 교육·문화 담당 대통령 특별보좌관을 역임한 바 있는 그는 박정희의 조국근대화 작업에 일조하는 것이 자신의 소명이라고 생각했다. 그리고 그는 이선근(李瑄根)과 이은상(李殷相)에 이어 자연스럽게 박정희의 세 번째 국사(國師)가 되었다. 그가 생각하기에 주체성이 깃들여 있는 근대화가 오늘날 요구되고 있는 근대화요, 이것이 우리 한국의 과제였다.[42] 그리고 그 작업의 적임자가 박정희라고 그는 생각했다. 그에 의하면, 지도자의 일거수일투족은 고립한 개성의 표현이라기보다 겨레의 전체적 의욕을 상징하는 것이다.[43] 박종홍은 철학자의 현실 참여가 당연한 소명이라고 믿었다. 그는 이렇게 말한다.

---

40) 박명림, 2005, 「한국현대사와 박정희: 통치철학, 리더십, 국가전략」, 명지대학교 국제한국학연구소 제5회 국제학술대회, 10쪽.
41) 박정희, 『民族의 底力』, 171~172쪽.
42) 박종홍, 1998, 「새 역사의 창조」, 『박종홍전집』(6), 민음사, 568쪽.
43) 박종홍, 「先驅와 指導」, 『박종홍전집』(6), 74쪽.

우리의 '철학하는 것'의 출발점은 '이 시대의, 이 사회의, 이 땅의, 이 현실적 존재 자체에 있지나 않은가?' 하는 것이다. 이 현실적 지반을 떠나 그의 출발점을 찾는 철학은 결국 그 시대의 그 사회에 대하여 하등의 현실적 의미를 가질 수 없을 뿐만 아니라 철학 자체에서도 새로운 경지를 개척하기가 곤란하지나 않을까?[44]

박종홍의 현실 참여 의지는 10월유신을 정당화할 정도로 확고한 것이었다.[45] 그의 이론은 전통적인 독일의 국가유기체설에 기초하고 있었다. 그는 이렇게 말한다.

어떠한 개인도 그가 속하여 있는 공동 사회로부터 완전히 떠나 버릴 수는 절대로 없다. 나를 다른 개인들과 구별할 수 있고 때에 따라서는 나의 특이한 점조차 발견할 수 있을는지 모르나 나를 나의 겨레로부터 떼어낼 수는 없다. 제아무리 뛰고 나는 재간을 가진 자라도 대지의 인력을 배반할 수 없듯이, 각 개인은 끝끝내 민족의 아들이요 딸이다. 비범하게도 출중한 선구자가 있다손 치더라도 그의 포부가 참된 빛을 발할 수 있는 것은 그가 오로지 이 겨레의 정신을 그 근원성에서 전개하는 때, 살리는 때에 한한다.[46]

박종홍의 사상의 밑바닥에는 프러시아적 우국심과 헤겔(Georg W. Hegel)의 국가주의가 깔려 있고 박정희는 그 점을 선호했다. 박종홍은 이러한 이념을 투영할 수 있는 기회를 갖게 되는데 그것이 곧 국민교육헌장의 제정이었다. 그의 기초로 이뤄진 국민교육헌장은 국회문공위에서 수정 없이 통과한 후 국민 교육의 항구적인 지표로 확정되어 1968년 12월 5일에 공포되었다. 339자로 된 국민교육헌장의 내용은 국민 교육의 지표로서 개인 윤리로서의 창조와 개척 정신 그리고 사회 윤리를 강조하고 국민 윤리로서 국가 건설에 스스로 참여하고 봉사하는 국민정신을 부각시켜 새 역사 창조를 이룩하자는 것이었다. 이 헌장을 통해 박정희가 피력하고 싶었던 의

---

44) 박종홍, 「'철학하는 것'의 출발점에 관한 一疑問」, 『박종홍전집』(1), 331쪽.
45) 박종홍, 「새 역사의 창조」, 『박종홍전집』(6), 561쪽.
46) 박종홍, 「先驅와 指導」, 『박종홍전집』(6), 73쪽.

지는 창조적 인간, 협동적 인간, 애국적 인간의 형성에 있었다.[47] 그 전문은 다음과 같다.

> 우리는 민족중흥의 역사적 사명을 띠고 이 땅에 태어났다. 조상의 빛난 얼을 오늘에 되살려, 안으로 자주 독립의 자세를 확립하고, 밖으로 인류 공영에 이바지할 때다. 이에, 우리의 나아갈 바를 밝혀 교육의 지표로 삼는다. 성실한 마음과 튼튼한 몸으로, 학문과 기술을 배우고 익히며, 타고난 저마다의 소질을 계발하고, 우리의 처지를 약진의 발판으로 삼아, 창조의 힘과 개척의 정신을 기른다. 공익과 질서를 앞세우며 능률과 실질을 숭상하고, 경애와 신의에 뿌리박은 상부상조의 전통을 이어받아, 명랑하고 따뜻한 협동 정신을 북돋운다. 우리의 창의와 협력을 바탕으로 나라가 발전하며, 나라의 융성이 나의 발전의 근본임을 깨달아, 자유와 권리에 따르는 책임과 의무를 다하며, 스스로 국가 건설에 참여하고 봉사하는 국민정신을 드높인다. 반공 민주 정신에 투철한 애국 애족이 우리의 삶의 길이며, 자유세계의 이상을 실현하는 기반이다. 길이 후손에 물려줄 영광된 통일 조국의 앞날을 내다보며, 신념과 긍지를 지닌 근면한 국민으로서, 민족의 슬기를 모아 줄기찬 노력으로, 새 역사를 창조하자.

국민교육헌장은 단순히 국가 행사에서 낭독되는 차원을 넘어 국민의 정신을 개조하고자 하는 목적을 담고 있었기 때문에, 일선 교육 현장에서도 구체화된 교육의 형태로 전개되어야 했다. 이 과정에서 일선 학교에 '국민윤리교육'이 강화되었으며, 대학에서도 '국민윤리학과'가 설립되고 '국민윤리' 과목이 필수가 되었다. 국민교육헌장에 대한 가장 격렬한 비판자인 김석수(金碩洙)의 주장을 들어보면, 다음과 같다.

> 국민교육헌장은 일본의 '황국신민의 서사(誓詞)'와 같은 인상을 주는 것이었다. …… 국가를 빼앗기고 수난을 당하던 식민지 시대와 강대국들의 이익 논리 아래서 민족 분단을 경험했던 당시 한국의 상황으로서는, 강한 국가와 강한 민족이 절실하게 요구되었다. 그러므로 이러한 상황에서는 민족이 최상

---

[47] 박정희, 『民族의 底力』, 255쪽.

위 개념으로 자리하는 것은 자연스러운 현상이었을 것이다. 더구나 초토화된 빈곤과 무력함의 시대를 서둘러 벗어나야 했던 당시 상황에 비추어볼 때, 점진적 발전보다는 비약적 발전이 훨씬 더 절실했다. 또한 이런 상황에서는 아래로부터의 합의를 통한 개혁보다는 위로부터의 명령을 통한 변혁이 더 매력적이었다. 따라서 당시의 부당한 권력자들과 관변 지식인들에게는 이런 시대적 상황이 자신들의 목적을 관철하는 데 매우 유리했다. 이들은 '민족중흥과 새 역사의 창조'라는 이름 아래서 엘리트주의에 입각하여 다수의 우매한 민중을 개조하는 프로그램에 착수했다.[48]

김석수의 주장에 따르면 국민교육헌장은 외부와의 갈등을 해결한다는 이름 아래, 조국과 민족의 이름으로 개인을 억압하는 논리가 내적 모순으로서 작동하고 있었다. 이렇게 정신을 속박하고 길들이는 사유의 현장이 이 국민교육헌장과 '국민윤리교육'에 담겨 있다는 것이다. 1994년에 폐지될 때까지 25년간 우리 국민의 의식 속에 똬리를 틀고 있었던 국민교육헌장은 '나'보다는 '나라'와 '민족'을 단위로 하는 '우리'를 강조하고 있다. 그럼으로써 이 헌장은 우리에게 거대 담론의 테러로 다가왔다.[49]

정신문화를 창달하려는 박정희의 또 다른 의지는 한국정신문화연구원(韓國精神文化研究院)의 설립으로 나타났다. 이 작업은 박종홍의 건의와 이선근에 의해 이뤄졌다. 이는 국민정신의 개발이라는 박정희의 이상과 국사(國師)로서의 위상을 가지고 있던 이선근의 꿈이 이뤄낸 작품이었다. 이 교육 기관의 설립 목적은 "한국 문화의 정수를 깊이 연구하여 새로운 창조의 기반으로 삼아 주체적 역사관과 건전한 가치관을 정립하고 미래 한국의 좌표와 그 기본 원리를 탐구하기 위하여 설립된 [것으로서] 민족중흥을 위한 국민정신을 드높이고, 민족 문화 창달에 기여하게 함"이었다.[50] 1978년 6월 30일의 개원식에 직접 참석한 박정희는 다음과 같이 치사(致

---

48) 김석수, 2005, 「국민교육헌장의 사상적 배경과 철학자들의 역할: 국민윤리교육과 연계하여」, 『역사문제연구』(15), 역사문제연구소, 99~100쪽.
49) 김석수, 「국민교육헌장의 사상적 배경과 철학자들의 역할」, 125~126쪽.
50) 한국정신문화연구원, 1998, 『한국정신문화연구원 20년사』, 부록」, 475쪽; 한국정신문화연구원육성법 제1조.

辭)했다.

 우리가 이 연구원을 설립하게 된 취지와 목적은, 한 마디로 우리 전통 문화를 보다 깊이 연구하고 올바르게 이해하여 주체적 민족사관을 정립하고 조상의 빛난 얼과 자주 정신을 오늘에 되살려서 새로운 문화 창조와 민족중흥에 적극 기여하자는 데 있습니다. 새삼 강조할 것도 없이, 자주 정신은 문화 창조력의 원천이며, 전통은 바로 문화의 바탕이자 맥락입니다. 우리 스스로가 이 나라의 주인이며 역사의 주체라는 자각이 투철해야 훌륭한 문화를 창조할 수 있고 또한 참다운 자주 정신은 전통 문화에 대한 애착과 긍지에서 우러나는 것입니다. … 그렇기 때문에 우리가 진정한 근대 문화와 민족중흥을 이룩하기 위해서는 오늘의 경제 발전에 발맞추어 전통에 바탕을 둔 새로운 민족 문화의 창조와 계발에 부단한 노력을 기울여야 하겠습니다.[51]

 사고(思考)의 결과가 빚은 선악을 떠나서, 민족문화추진회와 한국정신문화연구원의 창설을 통해 국민정신을 함양하고 민족 문화를 창달하려 했던 박정희의 꿈은 진실하고 순수한 것이었다. 국민교육헌장은 부정적인 역사적 평가를 받을 수도 있다. 그럼에도 불구하고 한국 현대사의 지도자들 중에서 그만큼 민족 문화를 고뇌한 사람도 없다. 적어도 이 문제에서만큼은 그의 '정치적 고려'가 없었다. 이들은 어떤 형태로든 한국 현대사의 한 유산으로 우리에게 남아 있다.

IV. 대중 동원

 박정희가 조국근대화 작업을 수행하는 데에 필요한 또 다른 동력은 거대한 대중 동원이었다. 그가 처음 시도한 대중 동원은 '재건 국민 운동'이었다. 이 운동은 5·16의 이념을 국민 혁명으로 결실·구현시키는 동시에 인간 개조와 국민정신을 북돋우기 위한 것이었다. 박정희는 '복지 국가를

---

51) 한국정신문화연구원, 『한국정신문화연구원 20년사』, 7~8쪽.

이룩하기 위하여 전 국민이 민주주의 이념 아래 협동 단결하고 자립 자조 정신으로 향토를 개발하며 새로운 생활 체제를 확립하는 운동'으로 이를 규정하고 있다. 각계각층을 대표하는 50만 명의 요원이 확보되었고, 여기에 가입된 회원 수는 청년회, 부녀회 등 합하여 360만 명을 돌파하였으며, 그 조직은 16만 6,877개의 재건단과 1만 2,982개의 집단촉진회, 그리고 1만 4,368개의 재건학생회를 가지고 있었다. 이 운동은 1962년 말까지 문맹을 퇴치하고, 국민정신의 함양과 국가 존엄 사상의 앙양, 반공 방첩 운동, 국민 개창 운동, 허례허식 일소 운동, 국민 체위 향상 운동, 사회 개조 운동, 농촌 개발 운동 등에 이르기까지 각계에 설치되어 있었다.[52]

재건국민운동을 추진하면서 박정희는 이와 농촌 부흥을 연계시키는 방안에 착안했다. 그러한 구상의 일환으로 1970년 4월 22일 한해(旱害) 대책을 위한 전국지방장관회의가 개최된 석상에서 박 대통령은 농민의 자조 노력을 강하게 호소하고 청도읍(淸道邑) 신도리 마을을 예로 들면서 새마을운동의 구상을 피력했다.[53] 박정희는 처음부터 이를 조직화하지는 않았다. 그는 우선 1970년 10월부터 1971년 6월까지 시멘트를 무료 공급해서 마을 공공사업에만 쓰도록 했다. 정부 재원으로 당시 남아돌던 시멘트를 공급하는 이 캠페인은 농촌 마을의 군청이나 읍사무소 등의 지역 당국 차원에서 높은 관심과 호응을 얻었다. 지방으로부터 예기치 않은 호응에 고무된 정부, 특히 내무부는 신속하게 비교적 간단한 감독 방식으로 농촌 지역에서의 정부 주도 활동을 강화했다.[54] 1972년 5월의 광주(光州) 지역 소득 증대 촉진대회에서 그는 치사를 통해 "새마을운동은 조국 근대화의 행동 철학"[55]임을 천명했다. 이 일련의 사업이 구체화되어 제1회 전국새마을지도자대회가 1973년 11월 23일에 개최되었다.

박정희는 집권 초기의 중화학공업과 수출 주도형 정책을 추진하는 과정

---

52) 박정희,『국가와 혁명과 나』, 295~296쪽.
53) 김정렴, 2006,『최빈국에서 선진국문턱까지: 한국경제정책30년사』, 랜덤하우스코리아, 223쪽.
54) Kim Hyung-A, *Korea's Development under Park Chung Hee*, p. 134.
55) 김정렴,『최빈국에서선진국문턱까지: 한국경제정책30년사』, 243~244쪽.

에서 농촌 문제가 소외되는 데에서 오는 딜레마를 느끼기 시작했다. 당시 산업화가 도시 근로자들에게는 복음이 되었던 것과는 달리 농촌의 피폐화는 박정희 체제의 정치적 불안정을 가져오는 요인이 되었다. 이미 박정희 체제는 1971년 4월의 제7대 대통령선거에서 고전하였으며 그해 국회의원 선거에서도 야당이 크게 신장하였다. 따라서 조국근대화 운동의 후기가 되면 박정희 체제는 경제적인 이유뿐 아니라 지지 세력의 확보라는 정치적 이유에 의해서도 농촌 경제를 회복시켜야 할 필요에 직면하였다. 이를 해결하기 위해 박정희는 농촌 부흥의 방안으로 다음과 같은 일련의 조치를 강구했다.

> (1) 박정희는 1971~1972년의 실험 기간을 거쳐 새마을운동으로 이름을 바꿔 1973년부터 이를 본격적으로 추진하였다. 박정희 체제는 10월유신 선포 이후인 1973년 1월 16일 대통령령 6458호로 내무부에 새마을담당관실을 설치하고, 3월 7일에는 새마을운동중앙협의회를, 3월 15일에는 대통령비서실에 새마을담당관실을 설치하였다.
> (2) 박정희는 1973년 5월 31일 '새마을지도자연수원'을 수원에 새로 건립하여 종전까지 농협대학에 개설한 독농가연수원에서 실시되던 새마을운동을 위한 농촌지도자 교육을 담당하게 하였다.
> (3) 1973년 이후부터 새마을사업에 대한 정부 지원을 대폭 늘렸다.
> (4) 1973년부터 박정희 체제는 새마을운동을 대대적으로 홍보하여 전국민적 운동으로 발전시켰다. 박정희가 작사·작곡한 '새마을노래'가 방송 매체를 통해 아침, 저녁으로 전국에 울려 퍼졌고, 성공 사례는 주요 일간 신문에 소개되었다.[56]

박정희는 새마을운동에 혼신의 노력을 기울였다. 새마을운동은 빈곤 퇴치와 국민 동원의 이중적 효과를 누릴 수 있는 좋은 메커니즘이었다. 그는 "근면, 자조, 협동이 곧 새마을 정신"[57]이라고 정의했다. 이미 1970년대가

---

56) 전재호, 「박정희 체제의 민족주의 연구: 담론과 정책을 중심으로」, 155~156쪽.
57) 박정희, 『民族中興의 길』, 92쪽.

되면 민권과 자유 등 민주주의적 개념이 암묵적으로 감지되던 시기에 더 이상의 강제를 통한 대중 동원이 불가능하다는 것을 그는 잘 알고 있었고, 민주적 절차에 의한 경제 발전이란 수월하지 않음을 그는 절감하고 있었고 이 점이 그로 하여금 대중 동원을 구상하게 만들었다.

박정희는 당시 풍미하던 지역 사회 개발(community development) 사조와 경제 발전에 대한 욕구, 그리고 1972년 10월유신 이후의 정치적 균열과 저항에 대한 대항 논리와 동원 체제의 필요성으로서 새마을운동을 적극 활용하고자 했다. 새마을운동 기간 동안에 각종 합숙 교육을 받은 사람이 67만 7,900명에 이르고, 비합숙 교육을 받은 연인원은 6,953만 3,000명에 이른다. 뿐만 아니라 영농지도자교육(농촌진흥청), 겨울철의 새마을영농기술교육(농촌진흥청), 기타 각종 교육을 포함한다면 한국 국민은 1인당 평균 2회 정도의 비합숙 훈련을 받은 셈이 된다.[58]

이 시대를 산 한 소녀의 다음과 같은 회고는 당시의 정황을 극명하게 그려내고 있다.

> 1973년에 중학교에 들어가서 1979년 고등학교를 졸업한 나는 6년 동안 오직 유신헌법만 배웠고, 체력장의 던지기 종목을 공이 아니라 모조 수류탄으로 사용했으며, 여학생에게도 사격을 권장한다는 정책에 따라 칼빈 소총으로 사격을 배웠던 세대였다. 이 시대를 대표하는 노래는 '나의 조국', '새마을노래', '학도호국단가', '좋아졌네' 같은 것들이다. 그중 앞의 두 곡은 박정희가 직접 작사·작곡한 노래로 거의 "애국가"에 버금가는 대우를 받았다. 텔레비전 방송이 시작되면 먼저 '애국가'가 나오고 '나의 조국'과 '새마을노래'가 뒤이어 나오고 나서야 프로그램을 시작했다.[59]

이 무렵인 1972년 8월 3일, 박정희는 헌법상의 대통령 비상긴급조치권에 의거하여 '경제의 안정과 성장에 관한 긴급명령'을 선포해 자유 기업 경제

---

58) 전인권, 『박정희 평전』, 299쪽.
59) 이영미, 「박정희의 노래들, 〈나의 조국〉과 〈새마을노래〉」, 민주화운동기념사업회, 『희망세상』(13호/ 2003년 10월호), 52쪽.

하에서는 상상하기도 어렵고 국내외를 통해 전무후무한 농어촌 고리채 동결 조치를 단행했다. 즉, 기업과 사채권자의 모든 채권·채무관계를 1972년 8월 3일 현재로 무효화되고 새로운 계약으로 대체된다는 것이었다. 채무자는 신고한 사채를 3년 거치, 5년 분할상환 조건으로 상환하되 이자율은 월 1.35%로 하는 한편 사채권자가 원하면 출자로 전환할 수 있게 했다. 실제로 신고된 기업의 사채는 당시 통화량의 약 80%에 해당하는 3,456억 원에 달했다.[60]

그렇다면 박정희가 생각한 새마을 정신과 사채 동결 조치의 본질적 성격은 무엇일까? 새마을 운동과 부의 재분배를 위한 농어촌 고리채 정리와 같은 집산주의적 사회 운동은 그가 우익의 그늘에 가려진 사회주의적 사고의 인물이었음을 보여주는 단면이다. 반공을 기치로 내세운 혁명 공약은 미국과 당시 남한의 우익적 분위기에 대한 제스처였다. 그는 본질적으로 빈공주의자도 아니었고, 친미주의지도 아니었다. 그는 사회주의적 이상 사회에 대한 향수 속에 살았다. 그리고 그것이 새마을운동의 이상이 되었다. 새마을 운동은 박정희의 젊은 날의 사회주의적 구상이었던 집산주의의 표현이었다. 그는 젊은 날에 맑시스트로서의 고뇌를 체험했다. 그의 정책의 밑바닥에는 사회주의의 그림자가 깔려 있다. 그러한 사고는 어디에서 온 것일까?

박정희의 생각을 탐구하면서 겪게 되는 가장 난감한 문제는 바로 박정희의 이와 같은 좌파적 사고이다. 인간은 기본적으로 가족사로부터 자유로울 수가 없다. 레닌(V. I. Lenin)의 경우에서 보는 바와 같이, 한 인간에게 사상적으로 가장 큰 영향을 끼치는 가족은 부모가 아니라 형이다. 박정희에 대한 형 박상희(朴相熙)의 의미가 바로 그런 존재이다. 해방 정국에서 남로당 선산(善山) 책임자였던 박상희는 박정희에게 우상이었다.[61] 박정희 자신도 남로당 군사조직책으로 활약했다.[62] 그러한 전력(前歷)에도 불

---

60) 김정렴, 『최빈국에서선진국문턱까지: 한국경제정책30년사』, 324쪽.
61) 박상희(朴相熙)의 행적에 관한 논의는, 신복룡, 2007, 『한국분단사연구: 1943~1953)』, 한울, 531~532·567쪽 참조.

구하고 그가 무사할 수 있었던 것은 그의 학연과 관동군(關東軍) 인맥 덕분이었다.[63]

박정희뿐만 아니라 당시 군사 정변의 지도부(Junta)들이 군부 출신으로 우익적 사고를 가졌던 것은 사실이지만 그들이 동원한 고위 관료들은 좌파적 사고를 가졌거나 지난날 좌파 운동을 경험한 무리들이었다. 이를테면 전 인민위원회 경북도당 재정부장 김성곤(金成坤, 국회재정위원장),[64] 남로당원으로서 한국전쟁 당시 북한 치하 서울 대학생조직책 엄민영(嚴敏永, 내무부 장관),[65] 전 전평(全評) 부산철도노조 운수과장 백남억(白南億, 공화당 당의장),[66] 그리고 박상희의 사위 김종필(金鍾泌, 중앙정보부장)[67]이 그러한 인물들이었다. 북한 무역부 부상(副相)으로서 남파된 간첩의 몸으로 공화당 조직에 관여한 것으로 알려진 황태성(黃泰成)은 박정희와 매우 가까웠다.[68] 박정희는 "젊은 날에 사회주의적 경험을 갖지 않았던 인물들과는 민족을 논의할 수 없다"고 외치는 것 같았다. 이러한 이유로 5·16이 일어났을 당시 이들의 등장은 북한 정권에 기쁨을 주었을 수도 있다.

박정희는, 일부 학자들이 주장하는 것처럼, 해방 직후 공산주의를 "장난삼아 찔러보는 사상적 유희"(flirted with communism)에 빠진 정도[69]가 아니었

---

(62) 이한림, 1994, 『이한림 회상록: 세기의 격랑』, 팔복원, 390쪽 ; 「張都暎回顧錄」, 『신동아』 1984년 7월호, 133쪽 ; 김정열, 1993, 『金貞烈回顧錄』, 을유문화사, 121~122쪽 ; 「실록 박정희」(34), 『중앙일보』 1997년 11월 17일자 ; 『조선일보』 1949년 2월 17일자 ; 白善燁, 1989, 『軍과 나』, 대륙연구소, 347쪽 ; 하우스만(Jim Hauseman)·정일화 공저, 1995, 『한국 대통령을 움직인 미군 대위: 하우스만 증언』, 한국문원, 34~35쪽 ; Allen R. Millett, 1997, "Captain James H. Hausman and the Formation of the Korean Army: 1945~1950", *Armed and Forces Society*, Vol. 23, No. 4, pp. 513~514·527 ; Lee Chi-Op, 2001, *Call Me "Speedy Lee": Memoirs of a Korean War Solider*, Seoul: Won Min Publishing House Co., p. 24.

(63) Kim Hyung-A, *Korea's Development under Park Chung Hee*, p. 24.
(64) 『무궁화』 1945년 12월호, 80쪽에 수록된 광고.
(65) http://www.chammalo.com/sub-read.html?uid=48108&section+section3(2006. 11. 10.).
(66) 박헌영, 1947, 「10월인민항쟁」, 『동학 농민란과 그 교훈』, 해방사, 57~58쪽 참조.
(67) Gregory Henderson, 「박정희의 좌익 전력」(nd, stocked in the U.S. National Archives, Maryland), *Pressian*(Seoul), 2001년 11월 15일자.
(68) 『무궁화』 1945년 12월호, 80쪽에 수록된 광고; Kim Hyung-A, *Korea's Development under Park Chung Hee*, p. 91.

다. 그렇다고 해서 그는 진정한 맑시스트도 아니었다. 그는 맑시스트(Marxist)인 형에 대한 외경(畏敬), 당시 식민지 지식인들이 보편적으로 공유했던 좌파적 사고, 대안 없는 상황에서 해방 투쟁의 한 방편으로서의 공산주의에 대한 선호 등이 혼재되어 "좀 덜한 맑스주의자"(lesser Marxist)로서 젊은 날을 보냈을 뿐이다.

역설적으로 훗날 그는 극우적 반공주의자가 되었다. 그러나 박정희의 반공은 정책이었지 이념은 아니었다. 그에게 반공은 생존의 그늘이었다. 좌익적 청년 시절을 살았던 그가 반공으로 선회할 수밖에 없었던 데에는 두 번의 계기가 있었다. 첫째는 5·16의 전개 과정에서 정치적 선전으로서의 반공이 필요했고, 그것은 결코 외면할 수 없었던 미국의 지원을 위한 불가피한 선택이었다. 둘째는 자신의 목숨을 겨누었던 1968년의 1·21사태(김신조 사건)에 대한 적개심 때문이었다. 박정희가 가지고 있는 공산주의에 대한 적의는 우리가 흔히 말하는 반공주의(anti-communism)가 아니라 북한이 자신에게 보여준 위협에 대한 현실적 적대감과 불안이었다.

박정희의 좌익 전력을 소상히 인지하고 있었던 미국이 박정희를 용납한 것은 기이한 일이다. 미국은 박정희가 비밀 좌익분자일지도 모른다는 가능성을 완전히 배제할 수 없었다.70) 혁명 주체 세력인 김종필에게도 의혹이 쏠리고 있었다.71) 5·16 직후인 1961년 6월 9일, 당시 국가재건최고회의 부의장이었던 박정희는 미국 측의 대리대사이며 쿠데타 전문가인 그린(Marshall Green)을 만난 자리에서 "과거 공산주의의 연루"가 미국에 끼치는 영향에 대한 해명을 주요 안건으로 제기했다. 이에 대해 그린은 스스로의 반공 성향을 입증하기 위해 억압적인 방법을 동원할 필요는 없다고 박정희를 안심시켰다.72) 혁명 주체의 좌익 경력이나 제1차 5개년 경제 계획에 담긴 사회주의적 요소를 보면서 미국 측이 혁명 정부에 대하여 좌경적 인

---

69) Don Oberdorfer, *The Two Koreas*, p. 10.
70) W. 글라이스틴 지음, 황정일 옮김, 1999, 『알려지지 않은 역사』, 중앙M&B, 36쪽.
71) Gregory Henderson, 「박정희의 좌익 전력」, *Pressian*(Seoul), 2001년 11월 15일자.
72) Kim Hyung-A, *Korea's Development under Park Chung Hee*, pp. 71·360.

식을 가졌던 것은 우연하거나 무리한 일이 아니었다.

박정희가 그와 같은 전력이 있었음에도 불구하고 미국으로부터 외면당하지 않은 이유는 미국의 대극동정책 때문이었다. 미국은 냉전 블록의 방파제로서, 즉 소련 변방에서 반공 정부를 유지하는 것에 중점을 두고 박정희의 군부 지배를 실질적으로 신속하게 후원했다. 이런 면에서 케네디(John F. Kennedy)는 박정희의 군사 독재를 묵인함으로써 한국에 민주 정치를 확립하겠다는 미국의 공약을 지키지 않았다. 미국의 냉전 정책이 한국에서 이런 식으로 빈틈을 보인 덕분에 박정희는 자신의 정치 지도력의 적법성을 확립할 수 있었고, 더 나아가 미국과 협상, 특히 한국의 경제 개발 원조에 대한 협상에서 독립성을 주장할 수 있도록 고무되었다.[73]

V. 결론

박정희를 보는 눈은 예각(銳角)의 대치를 이루고 있다. 박정희의 '부분'을 보면 '전체'가 안 보이고, 박정희의 '전체'를 보고자 하면 '부분'이 덮여진다. 그를 평가하기 어려운 이유도 바로 여기에 있다. 찬란한 한강의 기적이 있었는가 하면, 차가운 독방에 서려 있는 양심수의 외침이 있었다. 그에게는 검소하고 애국적이며 지극히 인간적인 개인이 있었는가 하면, 비판과 저항을 허용하지 않는 독재자의 냉혹함과 고독, 그리고 독기가 있었다.[74] 이와 같은 양면성에도 불구하고 역사가들은 끝없이 그에 대한 선택적 평가를 강요받고 있다. 그리고 그 과정에서 한국 사회는 적과 동지로 서서히 분화되기 시작했다. 그와 같은 극단적인 평가를 받고 있는 박정희를 사상사적으로 평가한다면 다음과 같이 정리할 수 있을 것이다.

[1] 박정희는 일본 군국주의를 통하여 전수된 프러시아적 우국심에 사로

---

73) Kim Hyung-A, *Korea's Development under Park Chung Hee*, pp. 92~93.
74) 류상영, 「박정희와 그 시대를 넘기 위하여」, 17~18쪽.

잡혀 있었다. 대부분의 군인이 그렇듯이 그는 자신이 국가 운명에 무관할 수 없다는 소명감에 사로잡혀 있었고, 이 점에서 일단 그는 소기의 목표를 달성한 인물이었다. 그는 건국 초기의 난마와 같은 정치적 소용돌이 속에서 국가 비전과 전략의 국제적 시야를 정확하게 포착하고 있었다. 그는 실제 국가 의제(national agenda)를 설정하는 데 성공하였고, 또 국가 전략으로 수립함은 물론 그러한 방향으로 국가와 사회의 편제를 재구성하는 데 성공한 최초의 지도자였다.[75]

[2] 박정희는 국가 건설 단계에서 국부(國富)를 인지한 최초의 대통령이었다. "경국의 정치"는 자유민주주의적 가치에 못지않게 중요하다.[76] 그의 후대에 박정희를 비난하는 사람들도 경제적인 면에서는 결국 그로부터 수혜(benefit)를 받은 사람들이다. 그 과정에서 음습한 곳이 있었던 것은 사실이지만 비난은 그 자체로 그쳐야 하며, 그 비난에 몰두한 나머지 "그가 아니었더라도 산업화는 이뤄졌을 것"이라는 논리를 펴는 것은 궁색한 느낌을 준다. 박정희는 한국의 백년의 역사를 30년으로 단축시킨 인물이었다.[77]

[3] 박정희의 경제적 민족주의의 배후에는 사회주의적 사고가 깔려 있다. 새마을운동의 집산주의나 농어촌 고리채 청산과 같은 것이 그에 속한다. 그가 우익적 분위기의 무관 출신이었다는 점을 고려한다면 그의 좌파적 사고는 매우 역설적이다. 이러한 사조는 1970~1980년대의 동아시아를 지배한 권위주의형 지배자들, 이를테면 등소평(鄧小平)이나 이광요(李光耀)와 같은 지배자와 인도네시아·말레이시아 등 동남아시아 지도자들에게 공통되게 나타나는 현상이었다. 빈곤을 중요한 개인적 유산으로 공유하고 있는 이들에게 염직(廉直)과 근검은 미덕이었다.[78]

---

75) 박명림, 「한국현대사와 박정희: 통치철학, 리더십, 국가전략」, 9쪽.
76) 朴賢謨, 2005, 「世宗과 經國의 정치: 世宗은 외교적 난관을 어떻게 헤쳐 나갔는가」, 『유교문화연구』(9), 성균관대학교 동아시아학술원, 24쪽.
77) Don Oberdorfer, *The Two Koreas*, p. 37.
78) Lee-Jay Cho, "Park Chung Hee"s Leadership and Korea's Modernization: A Historical and Institutional Perspective", *Park Chung Hee in Korean Modern History*, p. 17 ; Don

[4] 박정희가 절차적 민주주의(process-democracy)를 파괴한 것은 분명한 사실이다. 정치의 생산적 효과와 속도를 중요시했던 그는 생리적으로 의회를 싫어했고, 교도민주주의(guided democracy)의 길을 선호했다. 1970년대에 한국 사회에서는 시민적 의식이 싹트고 있었음에도 불구하고 그와 같은 권위주의 친화력을 가질 수 있었던 것은 기이한 일이다. 5·16에서 10월유신에 이르는 동안의 민중적 정서에는 자발적 동참이 있었다. 그것은 외형적으로 보면 비약적 경제 성장과 이로 인한 빈곤 탈출이 보여준 광경에 대한 황홀감이었고 내면적으로는 마조히즘적 자족감이었다.

[5] 박정희가 분명한 독재자로서 민주주의를 파괴한 부분이 있었음에도 불구하고 후대인들이 그를 숭모하는 것은 그가 적어도 민중에게 아픈 역사적 경험으로 남아 있는 착취나 수탈과는 거리가 먼 인물이었기 때문이었다. 박정희에 대한 민중적 추앙은 지도자에게는 수단의 윤리 못지않게 치적이 중요하다는 것을 가르쳐준다. 업적이 좋으면 수단이 좀 나쁘더라도 역사는 그를 성공한 지도자로 미화한다는 것이 그가 후대에 남긴 교훈이다.[79]

❖ 참고문헌

『管子』.
글라이스틴 지음, 황정일 옮김, 1999, 『알려지지 않은 역사』, 중앙M&B.
금동화, 2010, 「박정희는 한국 과학기술의 상징, KIST의 아버지」, 김기형 외, 『과학대통령 박정희와 리더십(MSD미디어.
김석수, 2005, 「국민교육헌장의 사상적 배경과 철학자들의 역할: 국민윤리교육과 연계하여」, 『역사문제연구』(15), 역사문제연구소.
김일영, 2004, 『건국과 부국: 현대한국정치사 강의』, 생각의 나무.

Oberdorfer, *The Two Koreas*, p. 36.
79) 김호진, 2004, 「박정희를 어떻게 볼 것인가?」, 2004년 한국정치학회 학술회의, 경남대학교, 84쪽.

_____, 2005, 「박정희 시대 연구의 쟁점과 과제」, 정성화 편, 『박정희 시대 연구의 쟁점과 과제』, 선인.
_____, 2005, 「조국근대화론 대 대중경제론」, 『박정희 시대와 한국 현대사』, 명지대학교 국제한국학연구소 제5회 국제학술대회.
김정렴, 2006, 『최빈국에서 선진국문턱까지: 한국경제정책30년사』, 랜덤하우스코리아.
김정열, 1993, 『金貞烈回顧錄』, 을유문화사.
김호진, 2004, 「박정희를 어떻게 볼 것인가?」, 2004년 한국정치학회 학술회의, 경남대학교.
류상영, 1998, 「박정희와 그 시대를 넘기 위하여」, 『박정희를 넘어서』, 푸른숲.
마키아벨리, 신복룡(역주), 2007, 『군주론』, 을유문화사.
『孟子』.
『무궁화』 1945년 12월호.
박명림, 2005, 「한국현대사와 박정희: 통치철학, 리더십, 국가전략」, 명지대학교 국제한국학연구소 제5회 국제학술대회.
박정희, 1963, 『국가와 혁명과 나』, 향문사.
_____, 1971 『민족의 저력』, 광명출판사.
_____, 1971, 『民族의 底力』, 광명출판사.
_____, 1978, 『民族中興의 길』, 광명출판사.
_____, 2005, 「우리 민족의 나아갈 길」, 『하면 된다! 떨쳐 일어나자』, 동서문화사.
_____, 2005, 『한국 국민에게 고함』, 동서문화사.
박종홍, 1998, 『박종홍전집』(1, 6), 민음사.
박헌영, 1947, 「10월인민항쟁」, 『동학 농민란과 그 교훈』, 해방사.
朴賢謨, 2005, 「世宗과 經國의 정치: 世宗은 외교적 난관을 어떻게 헤쳐 나갔는가」, 『유교문화연구』(9), 성균관대학교 동아시아학술원.
白善燁, 1989, 『軍과 나』, 대륙연구소.
신복룡, 2007, 『한국분단사연구: 1943~1953)』, 한울.
「실록 박정희」(34), 『중앙일보』 1997년 11월 17일자.
양승함·박명림·박용수 편, 2010, 『한국대통령통치사료집』(VI): 박정희(3): 베트남 파병』, 연세대학교 국가관리연구원.
이대환, 2004, 『세계 최고의 철강인 박태준』, 현암사.

이영미, 「박정희의 노래들, 〈나의 조국〉과 〈새마을노래〉」, 민주화운동기념사업회, 『희망세상』(13호/ 2003년 10월호)
이한림, 1994, 『이한림 회상록: 세기의 격랑』, 팔복원.
임수환, 1997, 「박정희 시대 소농체제에 대한 정치경제학적 고찰: 평등주의, 자본주의, 그리고 권위주의」, 한국정치학회 월례발표회 발표 논문, 외교안보연구원.
「張都暎回顧錄」, 『신동아』 1984년 7월호.
전인권, 2006, 『박정희 평전』, 이학사.
『조선일보』 1949년 2월 17일자.
竹內好, 1993, 「北一輝」, 『日本とアジア』, 東京: 筑摩書房.
하우스만(Jim Hauseman)·정일화 공저, 1995, 『한국 대통령을 움직인 미군 대위: 하우스만 증언』, 한국문원.
한국정신문화연구원, 1998, 『한국정신문화연구원 20년사』, 한국정신문화연구원.

Cho, Lee-Jay, 2005, "Park Chung Hee"s Leadership and Korea's Modernization: A Historical and Institutional Perspective", *Park Chung Hee in Korean Modern History, Park Chung Hee in Korean Modern History: The 5th International Conference of Academia Coreana*, Seoul: Myoungji University.
Henderson, Gregory, 「박정희의 좌익 전력」(nd, stocked in the U.S. National Archives, Maryland), *Pressian*(Seoul), 2001년 11월 15일자.
Hermet, Guy, 2005, "Authoritarianism and Modernization", *Park Chung Hee in Korean Modern History: The 5th International Conference of Academia Coreana*, Seoul: Myongji University.
Hook, Sydney, 1978, *Hero in History: Myth, Power or Moral Ideal?*, Stanford: Hoover Institute at Stanford University
http://www.chammalo.com/sub-read.html?uid=48108&section+section3(2006. 11. 10.)
Kim, Hyung-A, 2004, *Korea's Development under Park Chung Hee: Rapid Industrialization*, London: Routledge Curzon
『KIST 40년사』, 2006, 한국과학기술연구원.
Lee Chi-Op, 2001, *Call Me "Speedy Lee": Memoirs of a Korean War Solider*, Seoul: Won Min Publishing House Co.
Millett, Allen R., 1997, "Captain James H. Hausman and the Formation of the Korean

Army: 1945~1950", *Armed and Forces Society*, Vol. 23, No. 4.
Oberdorfer, Don, 2001, The Two Koreas, Jackson: Basic Books.
Wittgenstein, Ludwig, "Tractatus Logico-Philosophicus" in Anthony Kenny (ed.), 1994, *The Wittgenstein Reader*, Oxford: Blackwell.

박정희 정권의 산업화전략 선택과 국제 정치경제

류 상 영 (연세대학교)

I. '박정희시대 논쟁'의 총론적 이해

박정희 정권이 성립된 지 35년이 흘렀고, 박정희 정권이 해체된 지 17년째를 맞았다. 역사적 평가를 하기에는 너무 시기상조인 것은 사실이지만, 산업화와 민주주의의 역사가 일천한 한국의 현실을 감안한다면, 이 세월은 박정희 정권의 역사적 의미를 가늠해 보는데 결코 모자라지 않는 기간인 것도 사실이다. 박정희 정권이 주조해 낸 산업화와 경제성장, 그리고 권위주의의 빛과 그림자는 현재 한국사회의 민주화이행과 공고화과정에 반드시 짚고 넘어가지 않으면 안 될 현실적·학문적 과제가 되고 있다.

최근 박정희시대의 정치경제적 성격과 역사적 평가를 둘러싼 일련의 논쟁이 일고 있다. '박정희시대 논쟁'으로 일컬을 수 있는 그간의 논쟁을 총론적으로 정리해 보고, 좀 더 역사적인 사실천착과 미시적인 접근이 필요함을 제기해 두고자 한다.

소위 '박정희시대 논쟁'은 크게 두 가지 논쟁축을 갖는다. 하나는 경제성장과 정치적 민주주의(혹은 권위주의)와의 관계에 관한 논쟁이고, 다른 하나는 세계체제와 국가의 관계에 관한 논쟁이다. 경제성장과 민주주의와의

---

* 이 글은 "박정희정권의 산업화전략선택과 국제 정치경제적 맥락"은 『한국정치학회보』 제30집 1호(1996)에 수록된 논문으로, 2012년 01월 26일 한국정치학회로부터 게재동의를 받았습니다.

관계는, 과연 어떻게 그렇게 단기간에 높은 경제성장을 이룰 수 있었는가의 문제와, 정치적 민주화와 관련하여 한국의 급속한 경제성장을 어떻게 평가해야 할 것인가의 문제로 분류되어진다. 그리고 세계체제와 국가와의 관계는 박정희 정권이 외향적인 수출지향형 산업화전략을 선택하고 성공시킨 국제 정치경제적 맥락에 관한 문제[1]와, 세계체제에 대응하였던 한국의 국가 및 지배연합의 성격에 대한 규명 문제로 좁혀진다.

급속한 경제성장을 가능하게 한 핵심요인으로 국가제도의 우월성을 들기도 하고 정치적 리더십의 위대성을 꼽기도 한다. 신제도주의(new-institutionalism)에 의하면, 한국의 급속한 경제성장은 거래비용을 낮추고 무역과 시장확대를 통해 많은 경제적 이익을 얻을 수 있도록 만든 제도혁신의 결과인 것이다(North 1990). 경제기획원과 같은 선도적인 관료기구가 존재했고 조선공업진흥법 등 국가차원의 특정산업(industry-specific) 지원법률이 존재했기 때문에 똑같은 산업화전략을 선택했어도 그 정책의 집행이 효과적이었으며, 라틴아메리카의 경험과는 대조적으로 높은 경제성과를 거두었다는 것이다. 반면 이 같은 거시적인 국가제도의 역할보다는 미시적인 인간의 행위를 중시하는 견해가 있다. 이 견해에 의하면, 박정희의 정치적 리더십은 국민들의 의지를 조국근대화와 민족중흥의 길로 결집시키는데 성공했고, 한정된 국가의 정치경제적 자산을 전략적인 산업에 집중적으로 투자함으로써 정책효과를 최대화시켰다는 것이다(김정렴 1990).

그러면 이 같은 효과적인 정책집행능력과 경제성장이 한국의 정치적 민주주의와는 어떤 관계를 갖는가, 달리 말하면 경제성장과 민주주의는 과연 양립가능한 가치인가. "경제성장과 정치적 권위주의와의 상호 공존가능성" 내지는 선택적 친화성을 받아들이고 있는 견해가 지배적인 가운데

---

[1] 주로 라틴아메리카의 실패사례와 비교하여, 신속하게 외향적 산업화전략으로 전환할 수 있었던 이유가 지적되고 있다. 라틴아메리카의 경우, 미국이 해외 수출시장과 원료공급지의 역할을 중시하여 자국으로부터 지리적으로 가까운 지역에는 수입대체 산업화를 유지하도록 하는 대외전략을 구사했다는 주장도 제기되고 있다. Stephan Haggard, Chung H. Lee, and Sylvia Maxfield, 1993, *The Poliitics of Finance in Developing Countries*, Ithaca and London: Cornell University Press.

(Johnson 1987 ; 장달중 1994 ; 김세중 1995 ; 구종서 1995), 경제구조의 왜곡과 과다한 정치적 비용 지불을 지적하는 주장(김대환 1993)이 있지만, 적어도 경험적으로는 산업화 초기단계에서 "권위주의와 자본주의적 경제발전 사이에 선택적 친화력이 있다"는 해석(김일영 1996)과 "자유시장경제와 집권적 조절이 상호보완적으로 결합될 수 있다"는 해석(이병천 1995, 94)이 조심스럽게 개진되고 있다. 이 같은 견해와 같은 맥락에서, 박정희 정권 시대의 한국근대화는 역사적으로 전개되는 두 가지 과정, 즉 "근대 국민국가의 형성과 산업화 프로젝트"의 동시진행으로 인식되어야 한다는 주장이 대두되기도 하였다(최장집 1995a, 143).

소위 '개발독재론'에 대하여 " 때문에 가설"을 받아들이는가 아니면 "불구하고 가설"(손호철 1991)을 받아들이는가의 문제가 곧 정치적인 보수주의와 진보주의의 분류로 재단되어 버리는 평가의 양극화가 심화되어 있는 이념적 풍토가 팽배해 있다. 정치적 민주주의를 신장시킨 만큼 경제성장의 속도가 빨라진다고 볼 수 없는 것과 마찬가지로, 좀 더 빠른 경제성장을 위하여 정치체제가 좀 더 권위주의적으로 될 필요가 있다는 견해는 더욱 설득력이 없다(De Hann, J & Siermann, C 1995).[2] 따라서 '개발독재론'을 개발도상국가의 독재를 정당화시키려는 "허위 이데올로기"로 보는 비판적 견해(藤原歸一 1991)도 있다. 이 같은 논리적 대결구도와 상관없이 동아시아를 중심으로 한 개발국가는 약화되고 있고, 그 약화의 가장 직접적인 요인은 역설적이게도 개발국가의 성공 그 자체에서 찾을 수 있다는 점을 부인할 수 없다.[3] 5·16의 성격과 한국현대사에서의 의미부여도 이 같은 지

---

[2] 발전-민주주의-성장율 사이의 상호관계에 대한 다양한 가설이 제시되고 있다. 상호간에 엄격한 인과관계는 찾아지지 않았지만, 의미있는 상호관계는 분명히 존재한다는 것이 잠정결론이다. 권위주의(혹은 민주주의) 정도, 정치적 (불)안정, 사회적 부의 분배 및 형평성, 정부의 재량적 개입정도 및 횟수 등을 독립변수로 한 많은 경험적 연구들이 진행되었다. 하지만 여전히 정치영역 중에서 경제적으로 의미있는 지수를 포착하여 지수화하는 작업과, 민주주의를 어떻게 측정(measure)할 것인가의 문제가 과제로 남아 있다. Abbas Pourgerami, 1998, "The political economy of development: A cross-national causality test of development democracy-growth hypothesis", *Public Choice*, 58.

성적 패러다임의 변화 및 전환과 무관하지 않다.[4]

　5·16을 4·19의 안티테제로 보는 데는 변함이 없으나, 어떤 안티테제(反)이고 어떤 신테시스(合)를 낳을 것인지에 대하여는 쉽게 결론이 나질 않은 것 같다. 5·16을 '혁명'이라는 용어로 부르기는 거부하지만 '정변'이라는 용어를 사용하고자 하는 견해(최장집 1994)가 있고, 나아가 5·16을 "4·19의 요구를 부르조아적으로 현실화하는 계기이면서 그동안 부조응했던 지배연합을 재편하는 과정"(박동철 1993, 61)이라며 매우 적극적으로 의미부여하는 논리도 개진되었다. 또한 산업화의 시간적 범위를 좀 더 넓게 설정하여 보면 당시의 한국의 경제성장이 현재의 민주화의 밑거름이 되었다는 해석도 드물지 않게 제기되고 있다. 예컨대, 영국의 사례와 비교하여 한국의 산업화도 보편적인 발전경험으로서 "보편성과 특수서의 교직"이었다는 주장(김일영 1996)은 많은 의미를 함축하고 있다.

　한편, 박정희 정권은 세계체제 속에서 어떠한 경로의 발전전략을 구사하여 한국의 국가적 위치를 상승시켰는가, 그리고 그것을 가능하게 했던 국내 지배연합과 국가의 성격은 어떠한 것이었는가. 박정희 정권은 경제 우선적이고 외향적인 산업화전략을 선택했고 새롭게 형성된 발전지향적 국내 지배연합을 기반으로 세계체제에서 자기 위치(niche)를 확보하는데 성공했다고 할 수 있다. 반주변부로의 지위상승을 인정하면서도, "초청에 의한 발전"이었다는 해석(Wallerstein 1979)과 군사적 안정을 담보로 한 냉전이익을 수혜한 결과라는 해석(Kang 1995)이 존재한다.[5] 동아시아에 구축된 미국과 일본의 "이중 헤게모니(dual hegemony)" 구조 속에서 상대적으로 한국의 국가가 선택하고 집행할 수 있는 운신의 폭이 넓어졌다는 점

---

3) 개발국가 자체가 악화되는 경향에 있는 것도 사실이지만, 동아시아의 경제성장을 분석하는 한 시각으로서의 '개발국가론'도 그 분석적 유용성에서 많은 한계가 지적되고 있다(Moon Chungin & Rashemi Prasad 1994).
4) 박정희 정권의 경제성장을 '보수적 근대화'로 보는 것도 이러한 패러다임의 점진적 변화를 반영하고 있다고 할 수 있다.
5) 세계체제에 대한 국가의 대응전략에는 이밖에도 기회포착의 전략과 자립전략 등이 있을 수 있다. 임혁백, 1994, 「한국의 자본주의 발전과 정치적 민주화의 상관관계」, 『시장, 국가, 민주주의』, 나남, 304~322쪽.

도 지적되고 있다(Cumings 1987). 세계체제에 대한 한국의 국가가 결합하는 유형에 관해서도, 후발성의 이익을 활요한 자본주의 세계체제로의 통합이라는 해석(Gerschenkron 1962 ; 이병천 1995)이 있는가 하면, 단절과 통합 사이에서 전략적 실용주의 입각하여 선택적 단절에 성공했다는 해석(김일영 1996)도 있다.

구체적으로, 1964년 한국이 제1차 경제개발 5개년계획의 원안을 수정하여 산업화전략이 수입대체형에서 수출지향형으로 본격 전환된 계기에 관한 해석에 있어서 많은 논쟁이 있었다. 국내시장의 객관적 현실에 비추어 내포적인 전략을 지속할 수 없는 상황에서 내포적 전략의 좌절 끝에 취한 잔여적 선택지였다는 해석(木宮正史 1991, 167)이 있는가 하면, 민족주의적인 수입대체전략에 반대하는 미국의 외압에 굴복한 결과라는 소극적 해석(이병천 1995, 79)이 있다. 또한 박정희 정권기에 국내자본에 대한 국가의 상대적 자율성이 본질적으로 한계를 갖고 있었기 때문에 수출지향형 전략으로의 전환은 "예정된 조용화" 과정이었다는 해석(손호철 1991)도 있다. 하지만, 이 같은 전환의 정치과정을 역동적으로 파악하고 전환 이후의 발전경로에 대한 연속적 해석이 가능할 수 있기 위해서는, 미국이라는 외압과 그것에 대응하는 국가의 대응과정을 정치경제학적으로 추적해 보아야 한다는 견해(Haggard 1990)가 많은 시사점을 준다.

이 같은 해석의 문제와는 별도로 세계체제 속에서 한국이 어떻게 경제성장을 이룩할 수 있었는지에 대한 보다 심도 깊은 경제학적인 해석이 주목을 끌고 있다. 루카스(Robert E. Lucas)는 필리핀과 한국을 비교하면서 내생적 성장이론을 들어 한국의 성공요인을 낙관적으로 분석하고 있다. 즉 산업화 생산현장에서 많은 학습(learning by doing)이 있었고 인적자본의 축적이 가능했다는 것이다(Lucas 1993). 반면, 크루그만(Paul Krugman)은 한국경제의 성장요인이 기술혁신이나 생산성 향상에 있는 것이 아니라 계속된 요소투입의 증대에 있었다고 보고, 이 모델이 지속적으로 발전되고 타국의 모범이 될 수 있을지에 대하여는 비관적인 견해를 피력하고 있다(Krugman 1994). 즉 선진국의 경우 경제성장에서 기술발전이 차지하는 비중이 40~50%인 데 반해, 아시아는 20%에도 못 미치기 때문에, 요소투입이 소진되기만 하면 곧 성장률이 둔화될 것이라는 지적이다.[6]

위와 같이 그간의 논쟁구도를 간략히 살펴보았다. 박정희시대 연구가 갓 시작되었음에도 불구하고 그동안 많은 연구가 진전되어 거시적이고 일반론적인 수준의 논쟁은 어느 정도 일단락되었다고 해도 과언이 아니라고 생각한다. 하지만, 아직 밝혀지지 않은 역사적 사실이 이론의 논리적 완성에 밀려 과도하게 단순화되는 측면도 발견할 수 있었고, 분석방법 및 새로운 연구소재가 개발되지 못한 채 논의의 지평을 넓히기 위해 무리한 비교대상을 끌어들이기도 하는 등 고민의 흔적도 발견할 수 있었다. 박정희 정권에 대한 역사적 평가가 시기적으로 너무 이른 점이 있듯이, 박정희 정권에 대한 이론적 분석을 논리적으로 완성하고자 하는 노력도 아직은 성급한 바람이 아닐 수 없을 것이다.

박정희시대는 물론이고 한국현대사의 전 과정에 있어서 하나의 일관된 이론체계로 포착할 수 없는 해명이 불가능한 정치경제적 현상이 너무 많다. 예컨대, 일반적으로 국가강도가 상대적으로 낮다고 분류되는 노태우 정권기의 소위 정치범의 숫자가 국가강도가 최고에 달했던 전두환 정권기의 그것보다 더 많았고, 물리적 억압에 의존하여 국가강도가 매우 높았던 것으로 분석된 전두환 정권의 경우도 물가안정과 국민의료보험 실시로 부의 분배와 경제민주화에는 상당한 진전이 있었던 것으로 분석된다. 또한 민주화로의 이행과정에 있는 김영삼 정권의 경우 정치적인 민주화의 진전과는 반대로 조세정책과 재벌의 소유집중 등에서의 경제적 민주화는 오히려 더 퇴보된 듯한 부조응 현상을 관찰할 수 있다.

---

[6] 양자의 논의는 한국의 경제성장 경험이 하나의 발전모델로 성립되어 향후 동남아시아의 신NICS들이 모범으로 따를 수 있을지와, 한국경제가 21세기 세계경쟁 속에서 얼마나 경쟁우위를 가질 수 있고 생존 가능한지를 판단하는 중요한 분석기준을 제공해 준다. 루카스는 또 다른 기적이 기대된다는 해석을 내리는 반면, 크루그만은 동아시아의 네 마리 호랑이는 종이호랑이일 뿐이라는 비관적 해석을 내리고 있다. 한편, 표학길은 한국의 경우 선진국과의 catch-up과 생산성 수렴이 어느 정도 동시에 가능하였다는 절충적 분석을 하고 있다. 표학길, 1995, 「동아시아 경제전망에 관한 두 가지 가설」, 『정책논단』 Vol. 2, No. 2.

요컨대 박정희시대 연구를 질적으로 한 단계 더 발전시키기 위하여, 그간에 진전된 논쟁구도를 바탕으로 이제는 좀 더 정치경제학적이고 미시적인 접근이 이루어져야 할 것으로 판단된다. 구조와 과정, 그리고 전체와 부분을 연결하는 틈새와 고리를 강화하여, '복합적 국면(conjuncture)에서 연출되는 무수한 크고 작은 정치경제적 현상'을 포착해야 할 것이다. 역사적 설명을 풍부히 하고 분석의 수준을 낮추는 것이 이론의 논리적 완성도를 높이고 역사적 해석의 정확성을 제고시키는 길이 될 것이다. 예를 들면, 박정희 정권기의 민주주의를 논하는데 있어서 절차적 민주주의의 틀의 준수여부라는 기준 이외에 부의 분배라는 변수가 보완될 필요가 있다. 정치경제학에서 성장(productivity)에 대비되는 기본개념은 분배(distribution)이고, 분배는 경제적 형평(equity)과 정치적 평등의 문제로 직결되는 개념이다. 또한 구조가 만들어지고 제도가 형성되는 과정에 대한 동태적 분석이 이루어져야 한다. 행위자는 항상 "구조화된 가능성(structured contingency)" (Karl 1988)의 공간 속에서 가장 합리적인 선택을 하고자 하는 게임을 하기 마련이다. 박정희 정권의 경우도 대부분의 정책결과는 상호작용의 산물이고 게임의 산물이다. 따라서 박정희가 적극적으로 대응하고 연출해내는 역동적인 선택의 정치과정을 구체적이고 생생하게 규명해 보는 것도 매우 의미있는 작업이 될 것이다.

II. 세계체제와 국가: 제약과 기회

후기 후발산업화 국가에 있어서 세계체제는 제약조건임과 동시에 기회조건이라 할 수 있다. 세계체제가 규정하는 제약 속에서도 그 제약을 기회로 전환시킬 수 있었던 국가는 세계체제에 선택적으로 통합될 수 있었고 산업화에도 성공했으며, 결국은 주변부에서 반주변부로 지위상승을 할 수 있었던 것이다. 반면 제약조건에 소극적으로 대응한 국가들은 지위상승의 기회를 갖지 못하고 점점 더 주변화되고 종속되는 구조적 질곡에서 벗어나지 못하고 있다. 이런 맥락에서 세계체제와 국가의 결합 유형과 국가능력, 그리고 국가역할이 주목되는 것이다.

미국 주도의 자본주의 세계체제는 정치, 경제, 군사 등 각 분야에 걸쳐 지배적인 패러다임을 갖게 되는데, 시대와 사안에 따라 정치와 군사가 제1의 정책이념이 되기도 하고 경제가 제1의 정책이념이 되기도 한다. 그리고 이러한 정책이념의 변화는 세계체제의 헤게모니 구조의 변화를 반영하게 된다. 경제에서의 세계체제는 국제분업질서로 구체화된다. 세계체제의 헤게모니구조와 지배적 패러다임은 상당히 안정되어 있고 점진적으로 변화하지만, 수많은 복합국면에서 보면 정태적이지 않고 매우 동태적이라 할 수 있다. 경제이념으로서 케인즈주의가 국내 경제정책의 내용과 정책결정 구조에 영향을 미쳤을 뿐만 아니라, 전세계적으로 확산되면서 정책패러다임과 국제경제레짐을 바꾸기도 하였다(Hall 1989). 국제분업의 핵심 정책이념이 군사로부터 경제로 옮겨가면서 대외 경제정책에 대한 국가역할과 국내정치의 상대적 중요성이 높아진 것도 사실이다(Katzenstein 1978). 탈냉전기 국제정치의 핵심 개념으로 이전의 지정학(geopolitics) 대신에 지경학(geoecnomics)이 등장한 것도 이러한 맥락에서 이해할 수 있을 것이다(안병준 1993). 한국을 중심으로 한 동아시아의 국제분업질서도 1960년대를 지나면서 유일했던 미국의 군사적 헤게모니가 상대적으로 약화되고, 일본을 중심으로 한 헤게모니가 성장하게 된 이중적 헤게모니체제가 형성되었던 것이다. 이 같은 헤게모니 변동기에 있어서 한국의 국가가 누릴 수 있는 상대적 자율성과 정책선택의 폭은 다소 확대되었다고 볼 수 있다.

물론 박정희 정권의 초기 산업화는 미국·일본·한국 사이에 형성된 국제분업의 상품주기(product cycle)에 합치되는 무역과 투자정책으로 나타났다. 자금부족과 국내시장 미성숙이라는 객관적 조건을 무시할 수 없었기 때문이다. 기술이전의 측면에서도 일본의 지배적인 패러다임의 하나인 "나는 기러기 모델(flying geese model)"[7]이 한일 국제분업구조로 현실화된

---

7) 나는 기러기 모델에 대항하는 패러다임으로서 "나르는 참새떼" 모델이 있다. 즉, 나는 기러기 모델에서처럼 아시아의 후진국들이 일본의 선도에 따라 순위대로 정연하

점도 부인할 수 없다(野村總合硏究所 1994). 기업가의 기술혁신에 의해 산업화에 성공한 것으로 슘페터(J. Schumpeter)가 지적한 선발산업화 국가들의 경험과는 달리, 동아시아의 산업화는 후발성의 이익을 충분히 기회구조로 활용했을 때 성공할 수 있었다. 실제로 한국의 경제발전은 혁신적인 기술발전에 의한 것보다는, 외국기계나 부품을 이용해 제품을 생산하는 과정에서 학습된 기능의 증가에 의존한 바가 크다고 할 수 있다.

이처럼 국가가 국제적인 상품주기나 공황, 그리고 전쟁 등과 같은 불가항력적인 흐름을 극복할 수 있을 정도로 전지전능한 것은 아니지만(Porter 1990), 국내적으로 발전지향적 지배연합을 새로이 구축하고 제도를 형성하며 장기적인 산업화전략을 효과적으로 집행함으로써 국제적인(boom)에 능동적으로 대처할 수 있었던 것이다. 예컨대, 직접투자보다는 차관을 선호함으로써 다국적기업의 압력을 효과적으로 통제하고(Mardon 1990) 시장개방의 속도를 적절하게 조정하였으며, 상품주기를 극복하고 수출구조를 고도화할 수 있는 과감하고 시의적절한 투자를 실시했고, 미일간 헤게모니 변동의 틈새를 적극 활용하여 자금조달과 기술이전 등에서 효과적인 협상력을 발휘할 수 있었던 것이다.

게 기술발전을 하는 것이 아니라, 나르는 참새떼 모델은 각국이 각자 기술혁신 전략을 성공시키고 그 기술이 경쟁우위를 확보함으로써 국가간 위계가 기술별로 다양하게 나타날 수 있다고 주장한다. 버논(Raymond Vernon)의 상품주기론이 선진국중심의 모델이라면, 나는 기러기 모델은 후진국중심의 추적(catch-up product cycle) 모델이라 할 수 있다. 山澤逸平, 1983, 『日本の經濟發展と國際分業』, 東京: 東洋經濟新聞社. 삼성전자의 반도체산업 성공사례나 포항제철의 경쟁우위 상승이 좋은 근거사례로 논의될 수 있을 것이다.

III. 박정희 정권의 발전전략과 정책선택

1. 외향적 산업화전략과 제도형성

박정희 정권은 경제우선의 국가발전전략을 채택했고, 잠시 내포적이고 수입대체적인 산업화전략을 시도하다가 곧 외향적인 수출지향적 산업화전략으로 전환하였다. 그리고 재정, 금융, 환율 등 제반 분야에서 국가가 정책개입 수단을 독점하고 경제발전과 수출신장에 유리한 제도를 형성하였다.

당시 한국에서 박정희 정권이 실시하고자 한 수입대체 산업화전략이란 국내시장의 대부분을 차지하고 있던 농업을 활성화시키고 농민들이 늘어난 구매력과 국내자본축적을 통하여 경제를 재건시켜 보자는 목적을 담고 있었다. 따라서 수입대체산업화 전략에서의 수출이란 국제수지 개선과 외화획득이라는 제한적 목표만을 갖는 것이었다. 하지만 워낙 국내 시장이 좁았기 때문에 소비재위주의 수입대체마저도 불가능한 상황이었다. 또한 라틴 아메리카의 경험에서 보여지듯이, 한국에서도 이승만 정권 이래 수입대체전략을 지속시킴으로써 국가재정으로 부처 자신이 취득할 수 있는 경제적 이익을 유지하려는 수입대체 선호의 분배형 지배연합이 군사쿠데타라는 위로부터의 정치권력 변동에 의해 확실히 단절되어 버림으로써 정치경제적 헤게모니를 잃게 되었고, 정부의 재정적자를 담보로 한 이들의 지대추구활동도 불가능하게 되었다. 박정희 정권의 제도형성(institution building)[8]이 갖는 중요한 정치경제적 의미 중의 하나는, 바로 이러한 수입대체적 지배연합을 해체하고 새로운 발전지향적 지배연합을 탄생시키는 법적·제도적·물질적 기초를 구축하였다는 점에 있을 것이다.

박정희는 위로부터의 강한 정치권력과 리더십에 의해 이 과업을 단시일에 효과적으로 마무리 지을 수 있었다. 라틴 아메리카의 경우나 이승만 정

---

[8] 제도는 대체로 형성(building)-공공화(consolidation) 및 적응(adaptation)-변동(change)의 과정을 거친다.

권에서처럼 박정희 정권의 정치권력이 국내 자본에 의해 포획당할 가능성은 희박했다. 특히 한일국교 수립과 월남파병을 계기로 한국에 유입된 대규모 해외자본은, 국내자본에 대한 박정희 정권의 상대적 자율성을 향상시켜 주었다(Johnson 1987). 바로 이 점이 라틴아메리카의 경우와는 대조적으로 박정희 정권이 수입대체산업화에서 수출지향산업화로 신속하게 전환할 수 있었고, 수출지향산업화 전략의 제반 구체적 정책집행이 효과적일 수 있었던 정치경제적 이유라 할 수 있겠다.

박정희 정권기에 있어서는 신제도주의적 해석에서 주장하는 것과는 달리, 국가제도가 경제성장을 설명하는 독립변수가 될 수 있다. 아울러 제도변동이 설명해 줄 수 있는 정치경제적 현상도 그렇게 많지 않았다. 박정희 정권기는 지배연합과 정치세력, 그리고 경제적 기초가 군사쿠데타에 의하여 거의 '혁명적으로' 바뀌고 재편된 시기라 할 수 있다. 따라서 안정적인 제도가 행위자 및 정치경제적 변화를 제약하고 굴절시키기보다는, 특정 행위자 혹은 정치경제적 사건이 새로운 제도를 탄생시키거나 급격한 제도변동을 불러오는 경우가 더 빈번했던 것이다. 정책기획 및 집행능력을 집중시키기 위하여 만든 경제기획원, 수입대체 선호적인 국내 자본의 경제적 기초를 약화시키고 국가의 금융통제력을 강화하며 산업자금의 동원을 용이하도록 하기 위하여 실시한 은행의 국유화 조치 등은 모두 외향적 산업화전략을 성공시키기 위해 박정희 정권이 새롭게 만들어낸 제도라 볼 수 있다.

2. 국가-시장관계와 "배태적 자율성"

박정희시대의 국가는 매우 높은 상대적 자율성을 갖고 있었다는 것이 지배적 해석이다. 하지만 한 가지 분명히 해야 할 것은 국가와 시장은 단절되어 있지 않다는 사실이다. 신고전주의적 해석과 국가주의적 해석은 모두 국가와 시장이 이분되어 있고 단절되어 있다는 '단절명제(insulation thesis)'를 함축하고 있다. 단절명제를 극복하지 않으면 국가와 시장의 동태적 상호작용을 설명할 수 없을 뿐 아니라, 국가와 시장의 경제가 점점 흐려지는 현재의 정치경제적 현상들을 연속적으로 설명해 낼 수 없게 된다.

　신고전주의와 국가주의에서 설정하고 있는 대립적인 국가-시장관계는 정형화되고 일방적인 관계 이상을 설명하지 못한다. 이들에게 있어서 국가와 시장은 대립적이고 이분법적이다. 즉, 국가는 시장의 약화 없이는 강해질 수 없고, 시장도 국가의 약화 없이는 성장할 수 없다. 나아가 국가-시장관계의 변동에 있어서도, 강한 국가와 약한 시장의 결합에서 약한 국가와 강한 시장의 결합으로 이행되든지 아니면 그 역방향으로 이행하는 두 가지 정형화된 이행형태 이외에는 존재하지 않게 된다. 따라서 국가와 시장이 독립변수로 동시에 다루어질 필요가 있다. 양자의 관계는 제로섬(zero-sum)의 대립관계가 아니라 상호작용하는 동태적 관계로 재설정되어야 한다. 국가-시장관계를 '본질적 갈등의 대립관계'가 아니라 '전략적 상호작용의 협력관계'로 설명하기 위한 이론적 보완이 요구된다. 실제로 한국에서는 특정산업과 시기별로 두 시각 중 어느 하나가 편의적으로 취사선택되어 적용되어 온 점을 부인할 수 없다. 즉, 국가와 시장 혹은 시민사회를 구분하는 경계선이 비교적 뚜렷하게 보였던 1960년대의 경우와, 이들 간의 협력적 상호작용이 두드러지게 나타나는 1980년대 이후의 경우를 논리적 연속성 없이 별개의 시각으로 해석하는 것은 설득력이 약할 수밖에 없다.

　박정희시대의 국가-시장관계는 현상적으로 단절된 것처럼 보이지만, 결코 단절된 적이 없고 끊임없이 동태적으로 상호작용하는 과정을 거쳤다. 소위 국가의 상대적 자율성도 결국은 시민사회의 구조와 조직으로부터 "배태된 자율성(embedded autonomy)"으로 보아야 할 것이다(Evans 1992 ; Moon and Prasad 1994 ; Granovetter 1985). 즉, 국가가 시민사회 및 시장과 완전히 분리된 채 자율적인 정책을 구사할 수 없고, 국가가 자율적으로 선택하는 것처럼 보이는 제반 정책도 결국은 시민사회와의 다양한 네트워크와 상호적인 협력 및 갈등관계를 통하여 배태되었다는 것이다.[9] 실제로 박정희가 5·16을 통하여 정치권력을 장악한 후 실시한 부정축재처리과정이나 제1차 경제개발 5개년계획 수립과정을 면밀히 살펴보면 전국경제인연합회를 비롯한 사회조직들과 자본가들과의 긴밀한 정책타협이 있었던 것을 발견할 수 있다(서재진 1991 ; Doner 1992). 이 같은 배태적 자율성이 구체적인 정책선택과 정책집행으로 현실화되는 과정에서 정부와 기업, 그리고 제반 시민사회의 행위자들 사이에 치열한 실질정치(real politics)와 게임이 벌어지기 마련이다. 동아시아 개발국가들에서 경제정책을 분석하는 데 있어 정치분석이 중요한 이유가 바로 여기에 있는 것이다(Leftwich 1995). 이렇게 될 때 개발국가의 배태적 자율성도 결국은 정치적 게임의 산물이며 지배연합의 정치경제적 성격으로 좁혀질 수 있는 문제가 된다.

그럼 다음의 제Ⅳ장에서 박정희 정권이 외향적 산업화전략을 선택해 가는 과정에서 나타난 미국과 일본을 중심으로 한 동태적 국제분업, 국가의 적극적인 정책선택과 역할, 그리고 국내 지배연합 구축과 제도형성을 둘러싼 국가의 배태적 자율성과 실질정치의 전개과정을 살펴보겠다.

Ⅳ. 미국: 동아시아 지역통합전략과 신고전주의

1. 동아시아 지역통합전략과 한국의 경제개발

박정희 정권의 산업화전략은 국내 경제문제로만 환원될 수 없는 국제 정치경제적 배경을 갖는다. 박정희 정권이 외향적 산업화전략을 선택하게 된 가장 핵심적인 변수의 하나로 미국의 동아시아 지역통합전략을 꼽을 수 있다.

미국의 동아시아 지역통합구상은 동아시아에 대한 원조정책 속에 가장 잘 반영되어 있다. 이 지역통합구상의 핵심 내용은 해당 국가의 국제 정치경제적 위상 및 미국 내 관료정책 결정과정[10]을 거치면서 그 무게중심이

---

9) 일본에서 활발히 논의되고 있는 관계중시의 '네트워크국가론' 혹은 '중간조직론' 등이 대표적인 해석이라 할 수 있다.

조금씩 변화되었다. 미국 내에서 동아시아 지역통합전략이 구상되기 시작한 것은 대일정책에서의 '역코스'(reverse course)가 결정된 1947년 무렵이었다. 1947년 3월 트루만 대통령의 지시를 받은 3성조정위원회(SWNCC)는 대외정책의 전반적 개편작업에 착수해 그 결과를 SWNCC/360 시리즈로 제출하였다. 그 속에서 일본을 아시아의 중심으로 위치지우고, 아시아 유일의 공업국가인 일본을 위한 원료공급지와 판매시장을 확보한 것이 매우 중요한 정책적 과제임을 지적한 바 있다(Matray 1985).

1950년 5월16일, 국가안전보장회의의 최종 보고서인 '대극동지역 미국원조계획의 조정'(NSC/ 61-1)이 마무리될 때까지 국무성, 육군성, 경제협력국 등 미국내 관료부서간에 많은 논쟁이 있었다. 당시 지역통합구상에 가장 적극성을 보인 육군성 보고서의 내용을 보면, ① 수직적 국제분업에 의한 '지역적 경제통합'또는 각국의 생산구조의 재편 조정, ② 이러한 지역통합을 촉진시킬 매개체로서 원조의 운용 등이 명시되었고, 대한 원조공여의 조건으로 복구물자의 대일구매를 주장하기도 하였던 것이다. 한국에서의 동아시아 지역통합구상은 한일 경제통합 문제로 직결되었다. 당시 미국의 대한정책도 ① 현상유지의 소극적 경제운영으로부터 미국의 원조공여를 전제로한 장기적 경제계획의 수립, ② 한일 경제관계의 재구축 등으로 좁혀졌다(李種元 1991).

한편, 한국전쟁의 발발은 동아시아 지역통합구상과 대한정책에 중요한 변화를 가져왔다. 원조목표와 규모를 두고 전개되었던 미국 관료부서 간 정책갈등이 완전히 사라지고, 경제협력처(ECA) 원조물자의 대일발주를 제도화하는 조치들이 서둘러졌다. 지역통합구상의 중심이 경제에서 정치와 군사로 변하였고, 공업화의 기반조성보다는 군사력 유지용 경제안정 달성이라는 단기적인 목표가 우선시되었다. 하지만, 한국전쟁이 휴전되고 미소관계가 장기적인 냉전국면으로 들어가자 미국의 대한정책이 다시 바뀌

---

10) 미국의 대한원조를 대일구매로 직결시키려는 안에 대하여, 육군성이 가장 적극적인 입장을 보인 반면, 국무성은 아시아의 반일감정을 들어 반대했고, 경제협력국도 미국의 세계적 통상정책을 들어 일본에게만 특혜를 줄 수는 없다는 입장을 갖고 있었다.

게 되었다. 즉, 아이젠하워 정권은 뉴룩(New Look)전략으로 불리는 새로운 외교정책을 수립했는데, 핵심내용은 ① 현대무기(핵), ② 건전한 경제, ③ 민간자본 육성, ④ 국제무역, ⑤ 지역적 중심의 강화 등으로 요약되어진다(李種元 1991). 이 뉴룩전략은 대외경제정책에 있어서는 '원조 아닌 무역'(trade not aid)으로 평가되었다(Kaufman 1982).

1960년대 미국의 동아시아 정책은 첫째, 상시적인 불안정과 평화위협에 대한 지속적 대응 노력 둘째, 아시아의 생존력과 힘을 건설하는 것으로 요약되어진다. 전자는 기본적으로 군사적인 문제로서 미국의 동맹국들과의 쌍방간 혹은 다자간 방위협정의 강화와 군사원조 실시이고, 후자는 좀 더 장기적인 정치경제적 문제로서 경제성장과 정치안정을 추구하는 국가의 민족건설 지원 등이다(NSFa). 이 같은 동아시아 정책은 원조정책에 그대로 반영되었다. 케네디는 취임직후부터 대외원조정책을 재검토하기 시작했고 1961년 9월 '대외원조법'(The Foreign Assiastance Art of 1961)을 제정했다. 케네디정권은 단기적인 군사원조보다는 장기적인 경제원조를 중시하였다. 아이젠하워정권이 의회에 제출했던 1962년도 예산요구를 거부하고 군사원조를 18억 달러에서 16억 달러로 2억 달러 감축시킨 반면, 감축분을 경제원조로 돌려 경제원조는 22억 달러에서 24억 달러로 증가했다.

그리고 기존의 개별 프로젝트별 원조방식을 지양하고 피원조국별 개발목표와 정책수단 등을 종합적으로 분석한 후 경제원조를 실시하기로 하였다.(川口融 1980). 의회의 반대에 부딪쳐 군사-경제 분리원칙은 철회되었지만, 원조정책이 경제원조 중심으로 이동한 것만은 확실하다. 이후 장기자금의 도입, 공여로부터 차관으로의 전환 확대, 차관변제에 있어서 상대국통화가 아닌 달러에 의한 상환의 조건화 등이 제도화 되었던 것이다.

2. 미국의 박정희인식과 한미 상호작용

박정희 정권기에 있어서 미국의 대한정책 형성과정은, 우선 5·16과 박정희 개인에 대한 미국저의 인식과 평가로부터 시작된다고 할 수 있다. 쿠데타 이후 얼마동안 지속되었던 미국과 쿠데타세력 사이의 원상복귀 및 쿠데타인정을 둘러싼 신경전과 외교대립은 군사쿠데타의 기정사실화와 인정으로 굳어졌다. 미국은 1961년 6월 중순경에 이르러, 그들이 민주주의적 시민권리를 회복하기 위하여 애초부터 주장하였던, "광범위한 지지를 받고 다수의 민간인으로 구성된 국민화합의 책임있는 정부" 건설 정책은 당분간 실현되기 어렵다는 사실을 인식하고 있었다. 예컨대, 1961년 6월 13일 주한 미국 대리대사 그린(Marshall Green)은 한 보고서에서, 미국이나 한국 여론의 압력에도 불구하고 현재의 군사쿠데타세력은 "오랜 기간(아마도 수년간) 민간정부로 정권을 이양할 의사가 전혀 없다"고 결론 내리게 된다(Macdonald 1992, 214).

미국이 쿠데타를 기정사실화하게 되는 것은, 한국 내에서의 정치과정의 현실적 진전상황을 반영하는 것이기는 하지만 보다 근본적으로는 쿠데타와 박정희에 대한 미국의 인식이 더 중요하게 작용하였다. 즉, 주한미대사 버거(Samuel Berger)는 국무장관에게 보내는 1961년 7월 15일자 보고서에서, "많은 균형 잡힌 증거들을 통해서 이 쿠데타는 애국적이고, 민족주의적이며, 반공적이다"라고 최종 결론내리고, 개인적인 출세욕이 작용하지 않은 것은 아니지만 쿠데타의 주요 동기로는, ① 군부와 정부 3부, 그리고 한국의 전 사회에 만연되어 있는 부패상에 대한 염증, ② 정부의 무능력과 비효율성 그리고 정책의 무목적성, 지속적인 경제침체와 대중적 좌절감 및 정신적 혼란 등에 대한 저항, ③ 공산주의적 전복세력들에 의해 이용될지도 모른다는 두려움 등을 들었다. 계속해서 그는, "우리는 박정희를 공산주의자 범주에서 제외시키기로 했다. 왜냐하면, 실제로 공산주의자들이 정권을 장악하여 현 정권이 전복되면 그 자신이 제1호 희생자가 될 것이기 때문이다"라고 분석하여, 박정희 개인에 관한 미국의 평가가 일단락되었음을 공식 선언하게 되었던 것이다(NSFb).

미국은 5·16을 "4·19 학생 의거의 논리적인 제2단계"로 성격규정하고, 부족한 천연자원과 미성숙한 국가제도 속에서 근대사회의 혜택을 향한 국민들의 강한 욕구를 반영하는 것이라고 보았으며, 미국으로서는 한국의 국가건설 계획에 집중된 새로운 정치지도자의 에너지와 관심이 좋은 결과를 가져올 수 있도록 영향력을 발휘하는 것이 과제라고 분석하였다(NSFc). 그리고 박정희의 방미를 앞두고 케네디(John F. Kennedy)에게 제출한 정책보고서에서 미국은 박정희를, "한국의 진보와 미국의 이해를 위해 가장 알맞은 자격조건과 성향을 갖춘, 이제 막 등장한 한국의 지도자"로 묘사한 바 있다(NSFd). 이러한 개인평가와 함께 그의 저서 『국가와 혁명과 나』에 실린 '지도자본주의'이념을, 한국의 경제발전에 있어서 전문적 국가엘리트의 중요성을 부각시키는 것으로 해석하면서, 한국의 경제발전을 위한 그의 리더십에 대한 미국의 기대감을 피력하기도 하였다. 더불어 미국은 당시 한국의 일반국민에 대하여, "완전한 민주주의를 위한 준비가 아직 되어 있지 않다. 그들은 자유에 따르는 책임을 받아들이도록 재교육되고 개혁되기까지는, 강한 리더십과 지도(firm leadership and guidance)를 필요로 한다"고 평가한 바 있다(NSFc). 이처럼 미국은 군정기 박정희 정권의 정치과정에 있어서, 한편으로는 조속한 민정이양을 원칙으로 내세워 박정희의 군정연장과 권위주의에 압력을 가하면서도, 다른 한편으로는 박정희 개인에 대한 긍정적 인식과 5·16의 묵인 및 기정사실화라는 이중적인 대응양식을 보였다.

미국이 박정희 정권에 대하여 상대적으로 구체적인 정책수단과 효과적인 영향력을 행사할 수 없었던 국내 정치쟁점과 달리, 국내의 거시경제정책과 경제원조를 둘러싼 한미간의 경제쟁점은 정치과정에 비하여 훨씬 더 구체적인 정책대립과 논쟁을 불러일으켰다. 여기에는 무엇보다도 경제원조라는 구체적인 정책수단이 있었고, 원조량 및 원조 제공시기에 대한 미국의 의사는 수혜당사자인 박정희 정권에게 매우 결정적인 정체경제적 압력효과를 가져올 수 있는 성격의 것이었다.

미국은 대한경제원조에 뚜렷한 두 가지의 정책방향을 갖고 있었다. 하나는, 한국의 경제발전은 그 자체가 목적이면서 궁극적으로는 한국의 군사안보에도 도움이 되며, 나아가 동북아시아에 있어서 미국의 국가적 위신유지라는 정책목표 실현으로 연결되어야 한다는 점이다. 다른 하나는,

경제원조 제공의 전제조건으로 경제원조의 효과를 극대화하는데 필요한 한국의 정치적 경제적 개혁조치를 요구하고, 궁극적으로 미국의 비용을 최소화하는 방법을 모색한다는 점이다. 예컨대, 한국의 경제문제 조사를 위한 대표단을 이끌고 있던 경제학자 로스토우(W. W. Rostow)는 미국의 경제원조가 효과적이기 위해 한국인들이 갖추어야 할 사항으로, ① 구체적 목표를 갖는 국가개발계획의 수립과 진행, ② 민정으로의 영원한 복귀를 위한 전제조건에 관한 충분한 고려, ③ 군사적 임무를 이행하는데 있어서 연합군사령부의 권한을 거역하지 않는다는 보장, ④ 헌법에 따른 개인의 기본자유와 권리보장, ⑤ 지도자에 의해 민족적 목표이자 이념으로 공식 정의되고 선언된 장기적 사회계획의 착수, ⑥ 철저한 반부패 계획의 수립과 진행 등을 지적한 바 있다(NSFe).

1961년 7월 1일 미대사는 한국인 경제관료와의 회의에서, "미국이 경제원조로 한국의 5개년 경제개발계획을 지원하기 위해서는, 그 전제조건으로 제반 경제개혁조치들이 선행되어야 한다"고 강조하였다. 이 회의 보고에서 버거는, 미국이 박정희 정권에게 끌려가지 않고 정책이 효과를 거두기 위해서는 국무성과 CIA의 입장이 동일해야 한다고 제안하면서도, 당시 박정희 정권의 경제정책에 관해서는, "가장 기본적인 수준의 개혁을 추진하기 위한 위로부터의 진정한 혁명이 일고 있다—많은 개혁들이 건설적이고 미국인 자문들이 주장하여 온 바이다—한국정부는 적어도 몇 가지 경우에는 정책오류를 인정하고 고칠 준비가 되어 있다"라고 적극적인 평가를 내렸다(MacDonald 1992, 292). 박정희 정권이 미국과의 관계에 있어서 강한 협상력을 가질 수 있었던 요인 중의 하나는, 계속하여 냉전구조 속에 위치해 있는 한국의 군사적 현실이었다. 미국은 한국을 여전히 동아시아의 반공보루로 강화하고자 했고, 한국은 스스로도 군사적 안보를 중요시하면서도 이러한 자국의 군사적 성격을 활용하여 미국에게 많은 군사적·경제적 원조를 얻어내고자 했던 것이 사실이다.[11]

---

11) 이 점을 들어 '무임승차(free riding)'론을 주장하는 견해도 있으나, 필리핀을 비롯한 다른 국가들 내지는 이승만 정권의 경험과 비교해 보면, 박정희 시대에 있어서는 무

한편, 월남전의 발발과 한국군의 월남파병이 이루어지면서 박정희 정권의 대미협상력은 훨씬 강화되었다. 경제원조와 군사원조를 확대시키는 하나의 계기로 인식했던 한국의 월남파병은, 한국에게는 미국에 대하여 적극적으로 요구할 수 있는 명분을 제공하였고, 미국에게는 그간의 전반적인 대한원조 및 차관삭감 방향을 일시적으로 유보시키는 효과를 가져왔다. 존슨(Lyndon B. Johnson)과의 정상회담에서 박정희는, 한국군 증강과 근대화에 미국이 더 많은 원조를 제공해줄 것과, 한국의 외채상황을 감안하여 미국의 군사원조를 경제부분에 전용할 수 있도록 허락해 줄 것, 그리고 미국이 한국의 계속적인 무역시장으로 역할해 줄 것 등을 요구하였다. 한편 존슨은 박정희에게, 미국은 한국에 대하여 가능한 한 모든 원조를 확대할 것이고 한국에 계속해서 미군을 주둔시킬 것이며 어떠한 군대의 감축도 고려하고 있지 않다고 약속한 바 있다(NSFf).

이처럼 박정희 정권 초기에는 5·16과 민정이양문제를 둘러싸고 한미간에 얼마간의 긴장관계가 유지되었으나, 1960년대 미국의 대한반도정책 수행에 있어서 박정희 정권이 매우 적절한 성격의 정치체제임을 확인하고 난 다음에는, 양국간에 협조관계가 강화되었던 것이다. 양국은 상호 대립적이지는 않지만 완전히 일치하지는 않는 정책들을 어떻게 조화시키면서 수행해 나갈 것인가를 두고 논쟁이 있을 뿐이었다. 구체적인 대응양식에 있어서, 미국의 정치적 지지 및 안보적 공약정도 그리고 군사 경제원조 제공 여부가 여전히 가장 영향력 있는 압력수단으로 작용하게 되었다.

1960년대 초 미국의 대한경제정책의 기본핵심은, 비교우위와 정태적 국제분업론에 기초하여 한국의 정치경제적 안정을 달성하고 한일경제통합을 모색하는 것이었다. 한국의 정치적 안정과 군사력 유지에 필요할 만큼의 경제성장과 안정화, 그리고 동아시아 지역통합전략의 틀을 깨트리지 않는 범위 내에서 한국의 수출산업육성과 일본경제와의 분업관계 구축이 미국의 주요 정책목표였다고 할 수 있다. 미국은 이러한 정책목표를 달성

임승차론이 설명할 수 있는 부분은 그렇게 크지 않다고 생각한다.

하기 위하여 군사원조와 경제원조 사이의 균형조정 논의와 함께, 한국에 대하여는 개발원조 제공의 조건으로 국내경제에서의 지속적인 안정화계획의 수립과 추진을 강력히 요구하였고, 일본에 대하여는 한일국교정상화 압력과 아울러 한일경제관계의 회복을 위한 적극적 노력을 제의하였던 것이다. 미국은 대한정책의 목표를 지속적으로 추구하면서도, 구체적인 정책과 대응방식에 있어서는 되도록 미국의 비용과 개입을 줄이면서 최대한 효과를 달성하기 위하여, 박정희 정권에 대하여 다양한 수준의 치밀하게 계산된 압력과 유인수단을 구사했던 것이다. 즉, 박정희 정권에 대한 미국의 기본적이고 지속적인 딜레마는, 어떻게 하면 한국을 동아시아의 반공 우방국가로서 군사적 정치경제적 면에 있어서 지속적으로 강화시키면서도 미국의 직접적인 개입과 비용을 줄여나갈 것인가 하는 문제였던 것이다(MacDonald 1992, 26).

한국의 전략적 가치와 민주주의 관한 미국의 정책적 인식과 대응은, 미국의 국제수지 악화와 원조정책 변화, 그리고 한국의 내부적 안보의 중요성에 대한 충분한 고려 등의 현실적 여건 속에서 조정되었다. 구체적으로 군사원조와 경제원조의 균형문제와 군사원조의 이관문제 및 한국의 경제개발 등에 관한 정책적 논쟁이 많았다. 이 논쟁은, 박정희 정권이 선택하게 되는 산업화전략과 각 부문별 산업정책에 있어서, 경제안정화 중시와 성장 및 개발우선이라는 정책이념 사이의 갈등으로 구체화되었다. 미국의 대한정책의 이념은, 1961년 11월 박정희의 방미를 앞두고 거의 내부 정리가 마무리되었다. 1961년 6월 한국문제 특별반의 보고내용을 기초로 케네디에게 제출된 보고서에서, 백악관은 이전의 배타적인 군사안보 중심의 정책이념이 경제적·정치적·사회적 발전이라는 새로운 이념으로 전환되어야 한다고 지적하고, 구체적으로 한국정부가 적절한 자조적인 조치를 취한다면, 경제개발 5개년계획을 지원해야 할 것을 분명히 한 바 있다(NSFg).

이제 "미국정책의 핵심이, 반공안보를 지지하는 수단(as a means)으로써보다는, 그것 자체를 목적(as an end in itself)으로의 한국의 경제발전에 놓여지게 된 것이다"(MacDonald 1992, 290). 이러한 '경제개발원조론'의 이념을 반영하여 1963년 대외원조법에 다음과 같은 제101조가 추가되었다. 즉, "개발원조를 기본으로 한 원조프로그램의 추진에 있어서, 원조가 (재정목적, 국제수지목적, 군사목적 등의) 단기적인 긴급목적 내지는 기타 수취국의 장기적인 경제발전에 있어서 필수적이지 않은 목적에 의해서, 왜곡되는 일이 없도록 가능한 한 주의를 기울이지 않으면 안 된다"(川口融 1980, 189)는 점이 명시되었다.

3. 제1차 경제개발계획의 수정과 신고전주의

1964년 제1차 경제개발 5개년계획 수정은 박정희 정권의 산업화전략의 전환을 의미한다. 박정희 정권은 1차계획의 원안을 만들면서 경제개발계획의 기본 목표로서, 세계공산주의의 위험에 대비한 강한 군비유지와 공업화, 북한의 대남전략에 대응한 한국의 경제적 위위확보 필요성, 미국의 지속적인 대한 경제군사원조 기대 등을 들었다. 하지만 수정안에서는 안정기조 회복과 국내외 민간기업의 활동을 강조하여(경제기획원 1982), 과도한 성장위주의 팽창정책을 안정화정책으로 전환하고 원계획에서 강조되었던 국가의 역할을 줄이고 민간기업의 자발적 경제활동을 권장하는 방향으로 정책전환을 모색한다. 이러한 시도는 5·16 직후 박정희를 중심으로 최고회의 내부에 지배적이었던 수입대체와 내포적 산업화전략이 수정되었음을 말해주는 것이다.

원안의 내포적 산업화전략의 정책상의 특징은 농업우선 개발과 농업생산성 제고, 이로 인한 국내시장의 구매력 향상, 경공업수출보다는 기간산업 육성과 중공업중심의 수입대체 산업화, 외자도입도 불가피하지만 국내저축을 통한 자본동원, 그리고 국가중심의 확대성장적 재정금융정책 등으로 요약되어진다.

내포적 산업화전략이 곧 포기되기 수정되지 않을 수 없었던 표면상의 이유로는 최고회의의 비현실적 목표설정이 지적되었다(Cole and Lyman 1971). 하지만, 전략수정의 배경에는 미국의 압력과 이를 극복하려는 박정희 정권의 적극적 선택, 그리고 이에 조응하는 군사정부 내 세력재편 등이 있었다. 중앙정보부와 민주공화당이 창설되고 내포적 산업화전략을 선호한 세력들이 이들 정치기구로 옮겨가든지 아니면 최고회의 내부의 권력투쟁에서 패배함으로써, 자연스레 내포적 수입대체전략이 정치권력 내부에서 약화될 수밖에 없었던 점도 무시할 수 없는 정치적 배경이었다.[12]

미국의 압력은 직간접으로 박정희 정권이 내포적 산업화전략을 포기하도록 만들었다(木宮正史 1991). 원조제공 중단 등의 공식적인 압력도 없지 않았지만, 제1차 계획 원안을 위한 투자재원을 마련하기 위한 국제차관단이 처음부터 원안의 수정을 요구하였기 때문에 박정희 정권은 1962년초 원안이 추진되기 직구부터 사실상 수정작업을 진행시키게 되었다. 당시 세계은행(IBRD)으로 하여금 대한 차관콘소시엄 결성을 주도해 달라는 경제기획원 장관 김유택의 요구에 대하여, 주한미대서 버거와 주한 미경제협조처(USOM) 킬렌(Killen) 처장은 일정을 좀 더 탄력적으로 조정하고 당시의 경제정책을 합리화시켜야 한다고 주장한 바 있다(NSFh). 구체적으로 미국은 박정희 정권에 대하여 통화량, 재정적자, 외환보유고, 인플레 등에 관하여 양적 제한을 요구하는 압력을 가하기도 하였다.

이 같은 경제안정화 압력은 결국 미국의 신고전주의적 정책이념으로부터 기인한다고 볼 수 있다. 시장역할과 경제안정화를 중시하고 국가에 의한 과도한 정책개입을 반대하는 신고전주의적 이념을 가진 미국으로서는, 박정희 정권이 한국경제의 인플레이션 조짐에 어떻게 대처할 것인지, 기업활동 보장을 위한 경제환경 개선방안은 무엇인지, 그리고 국내자금 부족분을 어떻게 보충할 것이지 등이 주요 관심사였다(Balassa 1981). 당시 한국의 경제문제를 담당하였던 국제협력처, 주한 미경제협조처, 세계은행, 국제통화기금, 미국 재무성 등 거의 모든 정책결정기관들은 신고전주의적 정책이념을 갖고 있었다. 즉 이들에게 있어서 과도한 국가역할과 산업정책은 시장왜곡만 초래하고 결국은 인플레, 가격왜곡, 기업활동 위축, 경제불

---

[12] 민정이양 시기 및 민주공화당 창당과정에서 일어난 김종필파와 반김종필파 사이의 내부 균열과 이들이 갖고 있었던 정책대립도 산업화전략 전환과 무관하지 않다.

안과 성장저하 등을 초래하게 될 부정적인 정책으로 간주되었던 것이다.

V. 일본: 한일국교 수립과 개발국가론

1. 박정희 정권의 대일정책과 한일국교 수립

1965년의 한일국교 정상화는, 공식적인 외교관계의 회복과 함께 경제관계의 재개를 선언하는 것이었지만, 박정희 정권에게는 당시 추진 중에 있던 한국산업화에 직접적으로 영향을 끼치게 될 새로운 경제협력의 한 파트너를 만나게 되는 의미가 크다. 한일국교 수립이후 제공된 일본의 자본과 기술은 한국의 산업화과정에 가장 중요한 요소의 하나가 되었던 것이다.

한일회담을 최초로 알선하고 조기타결의 압력을 가해온 미국에게는 한일회담 타결이, 한편으로는 제2차대전 이후 지속적으로 구체화시켜온 그들의 동아시아 지역통합구상의 최종적인 외교적 완결을 의미하지만, 다른 한편으로는 한국의 산업화와 함께 미국의 동아시아 지역통합구상이 실질적 내용면에서 구체화되는 정치경제적 출발점으로서의 의미를 갖는다. 즉, 삼각형을 이루는 한·미·일관계에 있어서 한·미, 미·일관계를 동아시아 지역에서 직접 연결해줄 마지막 남은 한 변을 완성하는 외교적 의미도 중요하지만, 향후 새로이 형성될 한·미·일 경제관계에 관한 논의가 더 중요한 의미를 가지게 될 것이다.

미국은 박정희 정권이 등장하면서부터 줄곧 한일국교 수립으로 한국이 확보하게 될 경제적 효과에 관하여 많은 관심을 가졌었다. 미국은 일찍부터, "한국정부는 회담타결과 함께, 아마도 일본이 한국에 제공하게 될 경제원조를, 한국의 경제발전을 가속화시키기 위한 유효한 수단으로 활용하기 위한 모든 노력을 기울여야 할 것"이라는 기본입장을 밝혔다(NSFi). 이러한 입장은 자금부족을 느끼기 시작한 미국의 국제개발국(AID)의 대한원조정책에도 그대로 반영되었다. 즉, 극동담당부장인 자노우(Janow)는 한국의 정책결정자들에게, "한국은 AID에게만 막대한 자금을 요청할 것이 아니라, 가능한 유럽과 일본의 자금과 투자를 고려해야 한다"고 권고하면서도, "일본자금은 한일회담이 타결될 때까지는 사용할 수 없을 것"이라고 지적하였다. 그는 이어서 일본관료들에게도 "보상이나 청구권 등의 개념보다는 오히려 한국의 발전을 위하는 의미에서 한국에 회담타결 대가를 지불해야 할 것"(NSFj)이라고 권고했다. 한국관료들에게 직접적으로 전달된 아래와 같은 미국무장관의 발언은 이 같은 미국의 입장을 분명히 보여 주고 있다.

> 한일회담 타결연기에는 많은 비용이 들게 된다. 5년 전에 한일회담이 타결되었다면, 이미 5년 동안의 중요한 경제적 성과를 거두었을 것이다. 앞으로 타결을 더 연기시킨다는 것은, 한국이 얻어낼 수 있는 경제적 이득을 지속적으로 지연시키게 될 것이다(NSFk).

한편, 박정희는 5·16 직후부터 한일회담을 조속히 타결시키기 위한 적극적인 대일정책을 펼쳐나갔다. 1961년 11월 12일 방미도중 일본에 들린 박정희는 이케다(池田勇人) 일본 수상과의 회담에서, "현재 진행되고 있는 한일회담은 결코 사소한 문제에 논란을 되풀이 하여서는 안 될 것이며, 어디까지나 대국적인 견지에서 서로 성의있는 해결책을 찾도록 노력하여야 한다"(박정희 1965, 104)는 자신의 생각을 전한 바 있다. 일본으로부터 받게 될 돈을 조국근대화를 위한 경제개발 자금으로 사용하고자 구상한 박정희는 "무엇보다도 자금이 필요하다. 미국이 도와준다고 말해도 원조를 배증시켜줄 이유도 없고, 믿을 수도 없다. 그러나 일본으로부터는 교섭에 의해 한국이 당당히 받아낼 돈이 있지 않는가. 그것을 반일감정이니 국욕이니 하여 한일교섭을 망가뜨리는 일은 대단한 국가의 손실이다"(椎名悅三郎 1982)라고 측근에게 말하곤 했다 한다.

박정희는 지방시찰 도중 "선의의 민간협력이라면 받아들이겠다"는 견해를 밝혔고, 이는 일본재계에 '선국교 후협력'이라는 박정희의 기존원칙이 수정된 것으로 받아들여졌으며, 점차로 '한국행버스에 늦지 말라'는 분위기가 확산되었다(日韓經濟協會 1964. 2). 당시 일본재계의 주요 지도자들의 한일회담의 조속한 타결에 대한 요구는, 일본경단련 부회장과 일한경제협회 회장을 겸임하고 있던 우에무라(植村甲午郞)의 아래와 같은 견해에 잘 나타나 있다.

> 내가 생각하는 것은, 한국의 안정이야말로 아시아안정을 위하여 중요한 열쇠의 하나이고, 더구나 한국의 안정은 우리나라와의 관계정상화에 관련되어 있는 점이 매우 크다는 사실이다. 다시 말하면, 한국은 극동에 있어서 자유진영의 최전선의 하나이고, 우리나라 자신의 안전을 위해서도, 중요한 지역이다. 그렇다고 할 때, 일한관계를 정상화함으로써 한국의 안정을 도모하는 일은 곧 우리나라 자신의 운명에 연결되는 문제라고도 말할 수 있다.⋯⋯ 나는 일한 양국의 정부, 민간 모두가 대국적인 견제에 서서, 신속히 사태의 실상을 파악하고, 양국관계의 합리적 타개에 노력하여 하루라도 빨리 정상화된 일한관계가 확립되기를 간절히 바란다. 이것이야말로 한국경제가 당면한 난국 타개의 길이고, 재건을 향한 제일보가 될 것이다(植村甲午郞 1964).

이 같은 한일국교 수립은, "배상 혹은 개발원조라는 형태로 이루어진 최초의 일미 역할분담"(小此木政夫 1991, 84)일 뿐만 아니라 "미국의 힘과 자본에 대항할 강한 대리자가 등장"(Cumings 1987, 75)하게 되었음을 의미한다.

2. 한일 경제협력과 한국의 산업화 전략

한일국교 정상화 이후 한일경제협력이 본격화되어 일본의 자본과 기술이 한국에 진출하고 한일간 비교우위 원칙에 입각한 국제분업구조가 형성되기 시작하였다(Steingberg 1985). 1964년 10월 일본의 제2차 한국방문 경제시찰단에 대한 환영사에서 한국경제인협회 회장 김용완은, "한국의 풍부한 노동력을 활용할 수 있는 방법 즉, 일본에 있어서의 노동집약적인 수출산업을 한국에 적극적으로 이양하는 문제"(日韓經濟協會 1965. 1)를 공식적으로 제기하였다. 물론, 일본 측에서도 이미 오래전부터 이 문제가 구체적으로 논의되어 왔다. 1965년 4월 제3차 한국방문 경제시찰단과의 경제간담회에서 일본경제연구센타 이사장은, 1959년을 경계로 대만, 인도 등의 경공업 수출이 증가하여 일본은 중화학제품으로 전환하고 있다고 전제하고, "한국도 이를 계승할 수 있으며, 그러한 과정에서 수출이 크게 증가하는 시기가 도래할 것"이라고 지적하였다. 아울러 그는, "이러한 양국간 문제해결에 있어서, 사양산업 보호라는 정치적 필요성 때문에 일본 국내에서 이를 납득시키기 위한 용감한 정치적 결단이 있지 않으면 안 되고, 경제적 지배에 대한 우려와 민족적 감정이라는 한국 측의 장애도 있다"는 점을 지적하고, "장기적으로 보면 국제분업은 양국에 이익이 되고, 경제정책에는 국제분업상 유리한 공업선택, 생산력, 능률성 혹은 국가경쟁력에 대한 배려가 선행되지 않으면 안 된다"고 주장하였다(大來左武郎 1965).

한일간 직접투자를 보면, 1970년 말까지 투자건수에 있어서는 일본이 143건으로 제1위, 투자액에 있어서는 약 5천5백만 달러로 미국에 이어 제2위를 기록했다.[13] 투자부문에 있어서는 제조업부문이 가장 많았으며, 구체적으로는 전기전자, 정유, 비료, 섬유 등의 순이었다(경제기획원 1982). 일본은 1965년을 넘어서면서 이미 대형플랜트 수출을 주요 수출품목으로 설정하고 수출시장 확보와 국내제도 정비작업에 착수한 상태였다. 이러한 일본에게 이제 막 경제개발계획을 추진한 한국은 더할 나위 없이 좋은 수출시장과 투자지역이 되었던 것이다.

한편, 한일회담의 한 부분인 '대한민국과 일본국간의 청구권에 관한 문제의 해결과 경제협력에 관한 협정'에 의해 1966년부터 10년에 걸쳐 무상공여 3억 달러, 유상의 재정차관 2억 달러, 기타 상업차관 3억 달러가 한국에 제공되었다. 일반적으로 자본의 이동은 원조공여, 재정차관, 상업차관, 합작 투자라는 단계적 절차를 밟는데, 일본자본의 한국 유입에 있어서는 국가자본인 청구권자금의 제공과정을 통하여 위의 단계적 자본이동 방식에 일시에 실현되었다. 또한 일본은 미국의 시장이양과 정치경제적 정책

---

[13] 한일국교 정상화 이후 줄곧 제1위를 차지해 온 일본의 대한 기술이전은, 미국이 제1위를 차지하기 시작한 1995년까지 계속된 바 있다.

에 따라 직접투자를 위한 선행투자의 부담 없이, 미국에 의해 이루어진 선행투자의 성과를 바탕으로 경제적 이득을 확보할 수 있었다(대한상공회의소 1982). 1969년 8월에 개최된 제3회 한일정기각료회의에서는 "좋아하든 안하든 한국과 일본은 하나의 경제권에 속해 있다"는 한국 측 견해와 함께, '엔블럭화 건설'이라는 일본금융계의 견해도 제시된 바 있다(每日新聞 1969. 8. 1). 어쨌든 일본은 지리적 근접성, 언어의 유사성 등에서 한국에게는 가장 주목받는 자금공여국이 되었으며(Steinberg 1985) 기술도입 면에 있어서도 사회구조 및 요소가격의 유사성에 의하여 한국에게 가장 유리한 조건을 갖추고 있는 것으로 지적되었다(Yung Whee Rhee 1984).

3. 한일 산업정책과 개발국가론

한일 경제협력에 있어서 일본이 가지고 있었던 정책이념은 한마디로 개발국가론으로 대변될 수 있다. 수상, 자민당, 관료, 경제계 등 일본의 대한정책을 결정하는 주요 행위자들은 항상 강한 국가역할과 효과적인 산업정책이 경제개발의 핵심요인임을 확신하고 있었다(Johnson 1982 ; Wade 1990). 그리고 개발국가론은 국제정치경제의 수준에서는 보호무역주의를 의미하고, 경제성장의 군사적·정치적 역할을 중시한다. 따라서 정책결정 과정에 있어서도 순수한 경제적 합리성에 기초하기보다는 정치적 합리성이 우선시되기 쉽고, 경제담당 관료부서의 입장보다 외교적이고 정치적인 관료부서의 입장이 강하게 작용하기 일쑤이다. 박정희시대 한일 경제협력에 있어서도 이 같은 현상이 매우 분명히 나타난 것이다.

수상은 대체로 미묘한 한일간 사안에 있어서 일찌감치 최고수준의 정치적 결정을 내린 상태에서 구체적인 관료들의 행정절차가 끝날 때까지 각계의 합의를 도출하기 위한 분위기 조성에 주력하는 역할을 한다. 자민당은 경제적 합리성보다는 정치적인 합리성을 더 중시하였고, 한일간 정책채널도 공식적인 협의보다는 비공식적이고 개인적인 접촉이 더 많았고 효과적이었다. 관료들은 대한정책과 대한경제협력 제공에 있어서 가장 신중한 입장을 취했다. 정치적 사안에 관해서는 의무성이, 경제적 사안에 관해서는 통산성과 대장성이 전담하였고, 이들 간의 팽팽한 관료정치(bureaucratic politics)가 전개되었다. 대체로 외무성이 적극적이었던 반면, 일본 내 예산 및 재정과 산업구조 등을 담당하는 대장성과 통산성이 가장 신중하고 소극적인 편이었다.

일본재계는 한일 경제협력에 있어서 가장 선구적이고 커다란 역할을 수행했다. 일본재계는 한일국교 정상화가 이루어지기 훨씬 이전부터 비공식적인 경제협력 활동을 활발히 전개했고 정계와 관료에게 압력을 가하는 입장이었다. 일본재계의 대표적 단체로는 경제단체연합회, 상공회의소, 무역협회, 일본철강연맹 등이 있다. 이들 재계지도자들은 대부분 어떠한 형태로든 한일 과거역사를 경험한 바 있고, 역사 깊은 인맥을 형성해 일본정계에도 강한 영향력을 발휘하는 것은 물론 박정희 정권과도 색다른 관계를 유지하고 있었다. 한일경제협력에 있어서 재계는 대체로 자기들의 견해를 수상과 자민당에게 설득하면서 해당관료에게는 적극적으로 검토하도록 여러 가지로 압력을 가하는 형태로 정책결정에 참여했다. 특히 한국과 지리적으로 인접한데다 한국인 출신 기업인들이 많은 관서지방 재계인사들의 활동이 두드러졌던 것으로 분석되고 있다(木村昌人 1980). 그리고 일본재계 수뇌부가 한일관계 및 한일경제협력에 접근하는 기본적인 이념에는 항상 경제적인 사고와 함께 정치군사적 사고가 복합적으로 고려되었다. 월남전으로부터의 미군철수 조치와 닉슨독트린이 발표되자 일본 재계는 월남전 이후의 "새로운 아시아구상(白川投一郎 1966)을 논의하였고,[14] 이 같은 재계의 분위기는 한일 경제협력을 더 가속화시키는 이념적 기반이 되었다.

결국 박정희 정권과 일본은 개발국가론적 정책이념과 동아시아에서의

---

14) 월남전을 계기로 군사적인 차원에서 아시아에서의 미국의 헤게모니가 약화되는 조짐이 보이기 시작한데 따른 불안감(예컨대, 부산적기론)이 증대되었을 뿐만 아니라, 경제적인 면에서도 미국과 일본은 1960년대 후반에 들어 몇몇 산업에 있어서 이미 치열한 시장경쟁을 벌이는 단계에 이르렀고, 수출자주규제(VER)가 조인되어 적용되고 있었던 것이다.

정치군사적 이해를 공유하고 있었고, 이 같은 배경 속에서 박정희 정권은 일본을 중심으로 한 동아시아의 국제분업구조에 적극적으로 편입되었던 것이다.

이처럼 거시경제적인 차원에서는 신고전주의에 입각한 미국의 경제안정화 압력이 박정희 정권으로 하여금 내포적 공업화전략을 포기하고 수출지향형 산업화전략으로 전환하도록 하였고, 중범위의 산업정책적 차원에서는 개발국가론에 입각한 일본의 경제협력이 정부개입에 의한 급속한 경제성장을 가능하게 한 대외적 맥락으로 작용하였던 것이다. 박정희 정권기에는 이 같은 두 가지 수준의 대립적인 정책이념이 상충하는 장애요인으로 작용한 것이 아니라, 박정희의 전략적 정책선택을 거치면서 잘 결합되어 상승효과를 발휘한 것으로 평가할 수 있을 것이다.

VI. 국가-세계체제 관계와 경제성과: 가설적 모형

세계체제가 국가에게 가하는 제약조건과 기회조건은 해당 국가별로 그 구체적 형태와 내용이 달라질 수 있다. 즉, 세계체제-국가의 결합방식과 관계에 따라 해당 국가의 정책선택의 폭과 경제성과(economic performance)가 달라진다. 박정희시대의 경우, 국가 스스로가 세계체제에 적극적으로 편입하였고15) 국가정책의 경제성과도 매우 높았던 것으로 평가되고 있다. 과연 어떻게 박정희 정권은, 유사한 국제 정치경제적 조건을 가진 다른 국가 혹은 정권과 대조적으로, 높은 경제성과를 거둘 수 있었던가? 이승만

---

15) 개발도상국의 경우, 급속한 시장개방과 완전한 자유화 내지는 대외지향적 전략이 오히려 경제성장을 저해할 수도 있고, 경제의 대외의존을 심화시킬 위험성은 매우 높다. 동아시아 신흥공업국의 경우 수입을 선택적이고 제한적으로 개방하고, 거시경제적(특히 재정적) 균형과 안정화 조건을 조성한 후에 대외개방노선을 취했기 때문에 성공할 수 있었으며, 이 점에서 정부역할이 주목받고 있다. Sebastian Edwards, 1993, "Openness, Trade Liberalization, and Growth in Developing Countries", *Journal of Economic Literature*, Vol. 31 (September).

정권기 국가의 성격과 비교하면서 박정희시대의 국가-세계체제 관계와 경제성과에 관하여 가설적 모형을 제시해 보고자 한다.

이승만 정권의 성장전략은 경제안정 기조와 현상의 유지라는 제약 속에서 제한된 투자재원으로 소수의 한정된 소비재 공업부문만을 성장시키는 수입대체 공업화전략이었다. 한미 양국은 생활필수품이나 기존 생산시설이 있는 수입대체적 소비재 공업부문을 우선적으로 성장시키고자 했다. 이는 원조물자의 자본재와 소비재 비율 및 운용방식 등에 있어서도 분명히 나타나는데, 물가안정을 도모하고 군사적 안정을 우선시하는, 미국은 소비재 비중을 높이 잡았고16) 조속한 경제부흥보다는 군사적 안정을 유지하려는 경제운용 방식을 철저히 고수했다(김양화 1995, 46~48). 게다가, 이승만 정권은 이 같은 미국의 정치경제적 제약조건을 효과적으로 극복할 수 있는 성격의 국가를 갖고 있지 못했다. 즉, 이승만 정권은 수입대체 선호적인 자본가와 지배연합으로부터 자율적이지도 않았고 효과적인 정책집행을 위한 관료자율성도 갖지 못했다. 대부분의 투자결정과 자금문제에 자유당의 당료가 개입하였고 이들의 지대추구로 인한 사회적 비용과 정책의 비효율성이 매우 심각한 수준이었다고 평가되고 있다. 특히, 재정구조를 보아도, 세출 면에서 국방비, 경제 제비용, 교육비가 차지하는 비중이 약 35%, 30%, 13%로서 세출총액의 대부분을 차지했고, 경제 제비용 중에서도 기간산업이나 수출산업을 위한 투자재원은 거의 배정되지 못한 형편이었다(김명윤 1967, 74~89). 따라서 이승만시대에는 높은 경제성과를 거둘 수 없었던 것이다. 결국 이승만 정권은 수입대체 산업화전략을 지속하면서 많은 지대추구 행위가 발생한 약탈국가(predatory state)에 해당한다(이병천 1995, 82 ; 안철현 1994). 이승만 정권에 대한 세계체제의 핵심적인 정책이 군사적 안정과 정치경제적 현상유지에 있었던 데다, 이승만시대의

---

16) 1955년 당시 이승만 정권이 추진하고자 한 울산 정유공장의 재건 복구, 제3시멘트공장 건설, 제2비료공장 건설 등의 사업은 미국의 ICA원조 사업에서 완전히 제외되었다. 그리고 미국은 잉여농산물 판매대금의 85~90%는 반드시 정부예산의 필수 지출 항목인 국방예산에 사용하도록 했다(한국은행 조사부 1956).

국가는 약탈국가적 성격이 강했던 탓에 낮은 경제성과를 거둘 수밖에 없었던 것이다.

반면, 박정희시대에는 위에서 분석한 대로 많은 국제 정치경제적 제약이 있었음에도 불구하고, 박정희 정권에 대한 미일의 정책이념이 경제성장 중심으로 옮겨지는 과도기에 있었다. 그리고 국가도 국내 자본가들로부터 상대적으로 자율적인 위치에서 적극적인 선택과 효과적인 정책집행이 가능한 개발국가에 해당했던 것이다. 결국 박정희 정권은 수입대체적 지배연합을 해체시키고17) 새로운 개발형 지배연합을 구축하였으며, 장기적으로 경제성장을 군사안보의 기반으로 인식하는, 세계체제의 제반 정치경제적 자원을 자신의 기회조건으로 적극 활용하여 높은 경제성과를 거두는데 성공하였던 것이다. 이 점을 도표로 보면 〈표 1〉과 같이 정리될 수 있다. 필리핀의 경우는 박정희 정권과 동일한 국제 정치경제적 제약하에서도 높은 경제성과를 거두는데 실패한 사례로서 좋은 비교가 된다(Lucas 1993). 또한 1950~60년대 대만과 일본도 한국의 경우와 좋은 비교대상이 될 수 있다.

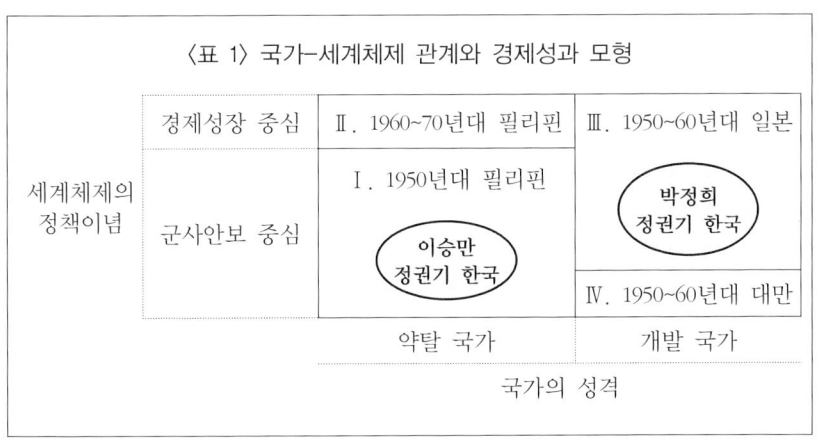

---

17) 고든 털록(Gordon Tullock)은, 수입대체산업화에 비하여 수출은 상대적으로 지대추구 행위가 발생하기 어려운 영역임을 지적하고 있다(Tullock 1995, 19).

요컨대, 세계체제의 정책이념이나 군사안보 중심에서 경제성장 우선으로 전환되었고, 해당 국가의 성격이 약탈국가가 아니고 개발국가일 때 높은 경제성과를 기대할 수 있다고 할 수 있다. 그리고 이 같은 가설은 박정희 정권을 규명하는데 많은 시사점을 줄 수 있을 것이다.

Ⅶ. 결론

박정희시대에 대한 다양한 해석이 제기되고 있고, 그동안의 지배적이었던 몇 가지 패러다임들이 변동하거나 새롭게 형성되고 있음을 관찰할 수 있었다. 하지만, 한국사회의 발전과정이 그러하듯이, 박정희 정권을 하나의 이론 혹은 시각으로 일관되게 설명하기에는 너무 많은 특수한 예외적인 정치경제적 현상들이 튀어나온다. 따라서 과정과 부분에서 시작하여, 그간에 어느 정도 그려진 구조와 전체를 보강하고 새로이 재구성하는 미시적 접근이 필요하다고 생각했다.

외향적인 수출지향형 산업화전략은 박정희 정권이 적극적으로 선택한 것이었고, 그 전략을 집행하는 과정은 매우 효과적이었던 것이다. 미일을 중심으로 형성된 동태적 국제분업질서 속에서 박정희 정권은 전략적 정책 선택이 가능했고, 높은 경제성과를 거둘 수 있었다. 높은 경제성과가 가능했던 이유로는 한국을 위요한 세계체제의 핵심적인 정책이념이 군사안보 중심에서 경제성장 중심으로 전환되고 있었고, 박정희 정권의 국가성격도 약탈적 국가가 아니라 개발국가에 해당했으며, 강한 정치적 리더십과 효율적인 국가제도 등 개발국가가 가질 수 있는 정책적 장점들을 충분히 활용하였다는 점을 들 수 있다. 박정희시대 연구가 더 진전될 수 있기 위하여 앞으로 더 많은 역사적 사실에 대한 재구성과 함께 구체적인 정치경제학적 분석이 진행되어야 한다.

❖ 참고문헌

1. 국문문헌

경제기획원, 1982, 『개발년대의 경제정책』, 경제기획원.
Tullock, Gordon, 1995, 「렌트추구의 사회적 비용?」, 양운철 편, 『렌트추구행위의 사회적 비용』, 세종연구소.
구종서, 1995, 「동아시아 발전모델」, 삼성경제연구소.
기미야 다다시(木宮正史), 1991, 「한국의 내포적 공업화전략의 좌절」, 고려대학교 대학원 정치외교학과 박사학위논문.
김대환, 1993, 「박정희 정권의 경제개발: 신화와 현실」, 역사문제연구소, 『역사비평』 겨울호.
김명윤, 1967, 『한국재정의 구조』, 고려대 아세아문제연구소.
김세중, 1995, 「박정희의 권위주의체제와 경제발전」, 『매지논총』 12집.
김양화, 1995, 「1945~59년 시기 한국의 경제성장 전략」, 『동향과 전망』 28호.
김일영, 1995a, 「박정희체제 18년, 어떻게 평가할 것인가」, 『계간 사상』 겨울호.
─────, 1996b, 「한국의 정치·경제적 발전경험과 그 세계사적 위상: 산업화와 민주화의 상관관계를 중심으로」, 이우진·김성주 공편, 『현대한국정치론』, 나남.
김정렴, 1992, 『한국경제정책 30년사』, 중앙일보사.
대한상공회의소, 1982, 『한국경제 20년의 회고와 반성』, 대한상공회의소.
박동철, 1993, 「한국에서 국가주도적 자본주의 발전방식의 형성과정」, 서울대학교 대학원 경제학과 박사학위논문.
박정희, 1965, 「사토수상 초청 오찬회 연설」, 『박정희장군 담화문집』, 대통령 비서실.
서재진, 1991, 『한국의 자본가계급』, 나남.
손호철, 1991, 『한국정치학의 새구상』, 나남.
안병준, 1993, 『탈냉전기의 국제정치와 한반도통일』, 법문사.
안철현, 1994, 「1950년대 한국의 국가역할과 국가자율성」, 서울대 한국정치연구소, 『한국정치연구』 제4호.
이병천, 1995, 「냉전분단체제, 권위주의 정권, 자본주의 산업화」, 『동향과 전망』

28호, 녹두.
장달중, 1994, 「자본주의 산업화와 한국민주주의의 사회적 토대」, 한배호 외, 『한국의 자본주의와 민주주의』, 법문사.
최장집, 1994, 「서론: 국민국가형성과 근대화의 문제」, 최장집 외, 『한국사 17』, 한길사.
_____, 1995a, 「박정희 정권과 한국현대사」, 『대화』 제5호.
_____, 1995b, 「변형주의와 한국의 민주주의」, 『사회비평』 13호.
한국은행 조사부, 1956, 『경제연감』(4289년판).

2. 영문문헌

Balassa, Bela, 1981, *The Newly Industrializing Countires in the World Economy*, New York: Pergamon Press.

Chung-in Moon. and Prasad, Rashemi, 1994, "Beyond the Developmental State: Networks, Politics and Institutions", *Governance*, Vol. 7, No. 4.

Cole, David and Lyman, Princeton N, 1971, *Korean Development: The Interplay of Politics and Economics*, Cambridge: Harvard University Press.

Cumings, Bruce, 1988, "Power and Plenty in Northeast Asia: The Evolution of U.S. Policy", *World Policy Journal*, Vol. 5, No. 1.

Cumings Bruce, 1987, "The Origins and Development of the Northeast Asian Political Economy", Deyo, Fredric C. (ed), *The Political Economy of The New Asian Industrialization*, Ithaca and London: Cornell University Press.

Doner, Richard F, 1992, "Limits of State Strength", *World Politics*, Vol. 44, No. 3.

Evans, Peter, 1992, "The State as Problem and Solution: Predation, Embedded Autonomy and Structural Change", in S. Haggard and R. Kaufman (eds.), *The Politics of Economic Adjustment*, Princeton: Princeton University Press.

Johnson, Chalmers, 1982, *MITI and Japanese Miracle*, Stanford: Stanford University Press.

Johnson, Chalmers, 1987, "Political Institutions and Economic Performance: The Government Business Relationship in Japan, South Korea, and Taiwan", Deyo, Fredric C. (ed). *The Political Economy of The New Asian Industrialization*, Ithaca and London: Cornell University Press.

Gerschenkron, Alexander, 1962, *Economic Backwardness in Historical Perspective*, Cambridge: Belknap Press.

Granovetter, Mark, 1985, "Economic Action and Social Structure: The Problem of Embeddedness", *American Journal of Sociology*, Vol. 91, No. 3.

Haggard, Stephan, 1990, *Pathways from the Periphery: The Politics of Growth in The Newly Industrialization Countries*, Ithaca and London: Cornell University Press.

Hall, Peter A. (ed.), 1989, *The Political Power of Economic Ideas: Keynesianism across Nations*, Princeton: Princeton University Press.

Kang, David C, 1995, "South Korea and Taiwanese Development and New Institutional Economics", *International Organization* (Winter).

Karl, Terry Lynn, 1988, "Dilemmas of Democratization in Latin America", *Comparative Politics*, Vol. 24, No. 1.

Kaufman, Burton I, 1982, *Trade and Aid: Eisenhower's Foreign Economic Policy 1953~1961*, Baltimore: The Johns Hopkins University Press.

Katzenstein, Peter J. (ed.), 1978, *Between Power and Plenty: Foreign Economic Policies of Advanced Industrial States*, Winsconsin: The University of Winsconsin Press.

Krugman, Paul, 1994, "The Myth of Asian Miracle", *Foreign Affairs*, Vol.3, No. 6.

Leftwich, A, 1995, "Bringing Politics Back In: Towards a Model of the Developmental State", *The Journal of Developmental Studies* (February).

Lucas, Robert E. Jr, 1993, "Making a Miracle", *Economectrica*, Vol. 61, No. 2 (March 1993).

MacDonald, Donald S, 1992, *U. S.-Korean Relations from Liberation to Self-Reliance*, Boulder: Westview Press.

Mardon, Russel J, 1990, "The State and the Effective Control of Foreign Capital: the Case of South Korea", *World Politics*, Vol. 43, No. 1.

Matray, James, 1985, *The Reluctant Crusade*, Honolulu: University of Hawaii Press.

North, Douglass C, 1990, *Institutions, Institutional Change and Economic Performace*, Cambridge: Cambridge University Press.

Porter, Michael E, 1990, *the Competitve Advantage of Nations*, New York: The Free Press.

Steinberg, David I, 1985, "Foreign Aid and The Development of The Republic of Korea: The Effectiveness of Concessional Assistance", *AID Report*, No. 42.
Wade, Robert, 1990, *Governing the Market: Economic Theory and The Role of The Government in East Asian Industrialization*, Princeton University Press.
Yung Whee Rhee, Ross-Karson, Bruce, Pursell, Garry, 1984, *Korea's Compettive Edge: Managing the Entry into World MarKets*, Baltimore and London: The Johns Hopkins University Press.

〈National Security File〉
a. Department of State, "Draft: Briefing Paper on The Far East for The President(November 23, 1963)", Thompson Paper. J. J. Kennedy Library.
b.＿＿＿＿＿＿＿, "CINPAC for POLAD (July 15, 1961)", J. F. Kennedy Library.
c.＿＿＿＿＿＿＿, "Chairman Park's Visit: Korean Political and Social Development", J. F. Kennedy Library.
d.＿＿＿＿＿＿＿, "Topical Outline for The President for His Conversations with Chairman Park(November 14, 1961)", J. F. Kennedy Library.
e.＿＿＿＿＿＿＿, "Summary and Revision of Recommendations of Task Force Report on Korea (June 5, 1961)", J. F Kennedy Library.
g.＿＿＿＿＿＿＿, "Memorandum to The President: Chairman Park's Visit(November 13, 1961)", J. F. Kennedy Library.
h.＿＿＿＿＿＿＿, "From Berger and Killen to Secretary of State (July 30, 1962)", J. F. Kennedy Library.
i.＿＿＿＿＿＿＿, "Position Paper: Korea-Japan Relations", J. F. Kennedy Library.
j.＿＿＿＿＿＿＿, "Memorandum form Mr. Bundy: Accomplishments of American Investment Group Headed by General Van Fleet in Korea (Jun 19, 1962)", J. F. Kennedy Library.
k.＿＿＿＿＿＿＿, "Call on The Secretary by The Korean Delegation to General MacArthur's Funeral (Apirl 9, 1964)", L. B. Johnson Library.

3. 일본문헌

日韓經濟協會, 1980, 「協會20年の步み」, 東京: 日韓經濟協會.
李種元, 1991, 「戰後了ジ了における美國の'地域統合'構想と韓日關係」, 東京大學 法學部 助手論文.
植村甲午郞, 1964, 「日韓關係の正常化いそけ」, 日韓經濟協會, 『協會報』 3號.
小此木政夫, 1991, 工業化の政治力學服部民夫 編, 「韓國の工業化: 發展の構圖」, 東京: 了ジ了 經濟硏究所.
大來左武郞, 1965, 「アジア經濟發展と韓日經濟協力の役割」, 日韓經濟協會, 『協會報』 3~4月號.
川口融, 1980, 『アメリカの對外援助政策:その理念と政策形成』, 東京: アジア經濟硏究所.
木村昌人, 1980, 「日本の大韓民間經濟外交:國交正常化をめぐる 關西財界の動き」, 日本國際政治學會 編, 『國際政治:朝鮮半島の國際政治』 92號.
椎名悅三郞, 1982, 『記錄 椎名悅三郞(下)』, 東京: 椎名悅三郞追悼錄刊行會.
藤原歸一, 1991, 「民主化の政治經濟學: 東アヅアあける體制變動」, 社會科學硏究所 編, 『現代日本社會3』, 東京: 東京大出版會.
朴根好, 1993, 『韓國の經濟發展とペトム戰爭』, 東京: お茶の水書房.
白川透一郞, 1966, 「わが財界のアジア 地域經濟構想」, 『アジア』 10月號.

박정희 체제의 근대화전략으로서의 음악정책

김 은 경(인하대학교)

Ⅰ. 서론

본 연구는 음악정책을 중심으로 1960년대 박정희 체제의 지배이데올로기를 분석하고 있다. 체제의 지배이데올로기가 음악정책을 통해서 어떻게 작동되었는지, 그 과정을 비판적으로 고찰하는 것이다. 음악은 인간의 영혼도 울릴 만큼 인간과 가장 친숙한 예술의 한 영역이다. 음악은 다른 예술들에 비해 삶에 가까운 것은, 듣는 사람을 더 직접적으로 뒤흔들어 놓기 때문이다. 따라서 음악은 강력한 설득자이며, 사회적 유대에 필수적인 공통가치에 대해 사람들의 헌신을 창출하고 유지하는 데에 중요한 역할을 한다.[1] 이런 특장으로 인해 음악은 19세기 말에 접어들면서 조국의 풍경을 삽입하고 민족과 조국을 세우는 일에 전념했던 것이다.[2] 박정희 체제도 경제정책과 맞물려 문화예술계획과 정책을 수립했다. 경제성장이라는 목표를 위해서 국민의 정신과 영혼까지도 움직일 수 있는 것은 예술, 특히 음악이었다. 음악이 박정희시대의 경제성장의 견인차 역할을 한 것이다. 이 지점에서 크게 세 가지 문제제기를 갖고 출발한다.

첫째, 한국사회의 구조적 변동을 체계적으로 분석하려는 시도는 "근대

---

[1] Wayne D. Bowman, 1998, *Philosophical perspectives on music*, New York: Oxford University Press, 65쪽.
[2] Veronika Beci 지음, 노승림 역, 2009, 『음악과 권력』, 컬처북스, 48쪽.

화"(Modernization)이론으로 이루어졌다고 해도 과언은 아니다.3) 근대화가 곧 산업화는 아니며, 경제적으로 산업화가 이루어지는 수준이 한 조건이 되는 것일 뿐이다. 문화적으로 자유주의, 개인주의가 성립되어야 한다. 즉, 근대성(Modernity)4)은 경제성장과 함께 정치, 사회, 그리고 문화적 차원에서 자유주의와 개인주의의 가치가 강조되어야 한다는 것이다. 따라서 근대성, 혹은 근대화는 그 전체사회를 총체적으로 반성하는 가운데 논의되어야 한다.5)

둘째, 박정희 체제 연구는 경제성장을 이룬 개발정권과 민주주의를 파괴한 독재정권으로 양분화 되는 경향은 탈피했으나, '여전히' 정치경제적 패러다임 안에 머물러 있다. 지배체제의 메커니즘을 분석하는 데 있어 정치와 경제영역에 국한시키고 있는 것이다. 이는 '정치(성)'을 제한적으로 파악하고, 음악과 같은 문화예술영역을 부수적으로 간주하는 데서 비롯된 것이다. 역사는 박정희 체제가 정치, 경제, 사회, 문화 등 복합적인 요인들이 작동되면서 유지되고, 때론 균열되었다고 말해 준다. 따라서 문화예술정책, 특히, 음악에서 박정희 체제의 성격은 어떻게 구현되어 있는가를 분석하려는 것이다.

---

3) 서규환, 2010, 「한국사회구조변동론의 패러다임」, 『더 많은 민주주의와 비판시민사회』, 다인아트, 45~54쪽.
4) 'Modern', 'Modernity'를 우리말로 번역하는 것이 쉽지 않다. 다만 이 논문에서 'Modernization'을 근대화로 번역하는 것에 따라 'Modernity'를 '근대성'으로 표현했다. 코젤렉(Reinhart Koselleck)에 따르면 '근대(Neuzeit)'는 ① 시대가 새롭다는 것을 규정하지만 하나의 기간으로서의 역사적 내용을 말해주지 않으며, ② 시간적 규정이 아니라 내용적·물질적·개인적 규정에 의존하며 이 규정들을 통해 시대의 고유성을 부여하고, ③ 시대를 정신적·정치적·사회적 혹은 경제적 정체구조에 따라 단계화시키는 시도에서 특징지어진다. Reinhart Koselleck, 2004, *Futures Past: on the semantics of historical time, trans. and with an introduction by Keith Tribe*, New York: Columbia University Press, pp. 148~151. 따라서 모던, 모더니티는 기준의 문제이며 결정된 것이 아닌 '열린'(open) 개념이다.
5) 박정희시대가 '근대화된 시대였는가'와 박정희 체제가 '근대화전략을 꾀했는가'는 다른 문제이다. 박정희시대는 1970년대에 와서야 구조적 조건이 갖춘 모던(modern)한 사회라고 할 수 있을 것이다. 따라서 1960년대를 근대화된 사회라고 말하기는 어렵다. 이 연구는 박정희 체제가 추진한 근대화전략을 분석하는 데 초점을 두었다.

셋째, 박정희시대의 역사분석을 위한 시대구분이 필요하다. 하나의 시대로 규정할 수 있느냐, 1972년을 기점으로 유신체제 이전과 이후를 질적으로 다른 두 개의 시대로 규정해야 하느냐에 대해서는 이미 쟁점화 되어 있다. 또한 시대구분의 기준(경제개발모델에 따라, 정치경제적 이데올로기에 따라, 지배와 저항의 성격에 따라 등등)이 무엇이냐에 따라 구분의 차이를 보이기도 한다. 유신전후의 "단절과 연속성" 논의를 포함하여 보다 복합적인 요인들을 통해 시대 안을 보는 시도가 필요하다. 정치경제적 패러다임으로만 시대를 나누는 것은, 다른 복합적인 요인들을 간과한 것이다. 정치, 경제, 사회, 문화 등이 융합되어 있는 음악정책은 박정희 체제의 '시간들'을 볼 수 있게 한다.[6]

5·16 이후 박정희 체제는 음악정책을 통해 민족주의를 실현했다. 사실 박정희 체제가 민족주의 담론을 적극 활용했다는 점은 그리 새롭지 않다.

> 경제발전을 통한 조국근대화로 포장하려 했는데, 아이러니컬하게도 그는 (인용자: 박정희는) "조국근대화"를 성취하는 도구로 활용한 것은 '전통' 가운데 찾아낸 민족의 담론이었다. 경제발전은 박정희 자신의 문제가 아니라 민족의 과업이었으며 이는 민족의 구성원 전체가 나누어가져야 할 도덕적 선(善)이었다. … 이를 위해 그는 민족의 담론에 근거해서 개인을 근대화 과업으로 불러들이고 있다.[7]

"조국근대화" 구호에서 보듯, 근대화와 민족주의는 밀접한 관계에 있는데, 이 맥락을 따라가면서 그 전통을 찾아낸 박정희의 민족주의가 음악으로 '재현'(re-presentation)되었다는 점을 강조한다. 음악은 더 이상 내면적인

---

[6] 본 연구에서는 박정희 체제의 음악정책으로 시대를 4단계로 구분하고 있으며, 그중에서 1시기(1961년 5·16에서 19661년 7월 박정희 최고의장 취임), 2시기(1961년 7월에서 1967년 5월 선거정국) 즈음으로 국한했다. "1시기"인 1961년 5·16에서 그해 7월까지는 박정희가 최고회의의장으로 취임하기 전으로 박정희 체제의 지배이데올로기가 표면화되기 전이다. "2시기"에 와서 박정희 체제의 지배이데올로기가 본격적으로 작동한다. 이 시기는 정치경제적으로 안정과 위기가 교차한다.
[7] 김동노, 2010, 「한국의 통치전략으로서의 민족주의」, 『현상과 인식』 가을호, 213쪽.

서술이나 이미지가 아니라 현실에 대한 하나의 태도이며, 현실을 인식하고 보여주고 있다.[8] 음악은 "음악 밖의 실재를 재현"하기 때문에 의미를 갖는 것이다. 외적 실재를 실제로 존재하는 대로 중립적으로 재현하거나 반영한 것이 아니라 모든 재현은 '무엇으로의 재현', 즉 해석이며 따라서 실재의 구성이다.[9] 여기서 실재가 음악으로 재현되었다는 것은, 정확히 표현하자면 '변형'(transformation)되었다는 것이다. 재현의 과정 속에서 모사해 있는 그대로를 보여주는 것이 아니라, 음악이 가진 '상대적 자율성'(Th. W. Adorno)으로 음악(작품)이라는 미학적 형태(aesthetic form)로 재현되는 것이다.[10] 오케스트라와 그 발전이 동시대 사회의 조직구성을 재현했다고 읽는 것도 이러한 맥락에서 가능하다.[11] 오페라는 '상상의 공동체'(imagined community)[12]로서의 이탈리아를 음악적으로 재현했고, 브로드웨이 뮤지컬은 미국을 음악적으로 재현했으며, '총체예술작품'이라는 바그너의 음악극은 독일을 음악학적으로 재현하기 위한 시도였다.[13] 그 연상선상에 박정희 체제의 음악(정책)도 그 시대를 재현했다고 볼 수 있다.

---

8) Th. W. Adorno, 2003, *Philosophie der neuen Musik*, hrsg. von Rolf Tiedemann unter Mitwirkung von Gretel Adorno, Susan Buck-Morss und Klaus Schultz, Frankfurt am Main: Suhrkamp, p. 123.
9) Nicholas Cook, 1987, *A Guide to Musical Analysis*, London: J.M, p. 57.
10) 마르쿠제(Herbert Marcuse)에 따르면, 예술작품의 진정성 여부는 사회적 현실을 얼마나 '정확하게'(correct) 있는 그대로 모사했는가 하는 리얼리즘이나, 얼마나 '순수'(pure)한 형식을 가졌는가 하는 순수예술로 판단하는 것이 아니라, 내용이 곧 형식이 됨으로써 그 안에 새로운 내용의 변형(transformation)이 일어나고 있는가이다. Herbert Marcuse, 1978, *The aesthetic dimension: toward a critique of Marxist aesthetics*, Boston: Beacon Press, ix.
11) 150년에 걸쳐 형성된 오케스트라의 역사만 보더라도 음악은 정치와 긴밀한 상관관계를 유지하면서 발전과 퇴보를 거듭하고 있음을 알 수 있다. 특히, 오케스트라는 19세기 부르주아 성장과 함께 발전한다. 그 당시 정치적·사회적 흐름을 간파, 직간접적으로 국가(권력), 정치제도와 관련을 맺으면서 오케스트라의 역사가 함께 가고 있음에 주목하게 된다. Paul Bekker, 1964, *The Orchestra*, New York: Norton.
12) '상상의 공동체'는 앤더슨이 제안한 "근대민족국가"를 가리키는 별칭이다. Benedict R. Anderson 지음, 윤형숙 역, 2002, 『상상의 공동체: 민주주의의 기원과 전파에 대한 성찰』, 나남출판, 188, 40~76쪽.
13) 최유준, 2004, 『예술음악과 대중음악, 그 허구적 이분법을 넘어서』, 책세상, 111쪽.

박정희 체제의 지배양식과 이데올로기는 음악정책으로, 음악제도로, 음악작품으로 구체화되었기 때문이다.

음악정책의 정치성 분석은 박정희시대의 역사연구이다. 박정희 체제의 음악정책, 그 음악정책을 생산한 조직과 개인에 관한 사료 해석은 역사를 구성하고 있다. 음악정책과 관련된 기록자료, 구술자료(증언)[14] 등을 해석하면서 박정희 체제의 통치메커니즘, 즉 지배이데올로기를 분석한다.[15]

II. 음악에서 '상상된' 민족

박정희 체제의 민족주의는 우리 것을 중시 여기는 민족문화 장려정책으로 재현되었다.[16]

> 민족문화의 창달과 국민 교육의 진흥은 이 나라 이 사회의 오늘과 내일을 결정하는 중요한 관건이다. 이의 건전한 발전 없이 민족의 역사가 온전할 리 없다. 이것은 역사가 이미 증명한 사실이다. 본인은 이 엄숙한 명제를 항시 유념하여 왔다. 사실 이 부문은 정치에 앞장서서 그를 인도하고 새로운 생명력을 창조했어야만 할 것이었다.[17]

박정희는 "민족예술을 살리는 길은 전체국민의 인식과 강력한 뒷받침에서만 가능하다", "민족예술의 육성보호 발현은 국력배양의 요체가 된다"는 논리를 강조했다.[18] 정권초기 박정희는 구정권이 민족문화를 정치 밑에

---

14) 증언도 사료로 적극 해석했다. 증언이 불확실할 수도 있으나, 그 불확실하다는 사실만으로도 역사적으로 중요한 자료가 될 수 있다. 증언을 전개하는 과정에서 글의 논리적 전개에 문제가 있을 때에는 이를 비판하여 인용했다.
15) Koselleck, *Futures Past*, pp. 148~151.
16) 박정희의 특별 지시로 이루어진 전통문화의 보존 계승 창달의 정책과 사업은 문화공보부, 1979, 『문화공보30년』, 고려서적주식회사, 542~548쪽을 참조할 것.
17) 박정희, 1963(2005), 『국가와 혁명과 나』, 동서문화사, 291쪽.
18) 박정희, 『국가와 혁명과 나』, 291쪽.

두고 이용했다고 비판하면서, 구정권과의 차별적인 정치, 정치적 수단이 아닌 새로운 생명령을 창조하는 민족문화로 발전시켜 나가겠다는 굳은 의지를 표명한다. 박정희에게 민족은 '영원한 생명체'[19]였다. 하나의 민족은 하나의 영혼이며 정신적인 원리인 것이다. 둘이면서도 사실 하나인 것은 바로 이 영혼, 즉 정신적인 원리를 구성하고 있기 때문이다.[20] 여기에 민족은 '이미', '처음부터' 존재하는 것이기 때문에 민족주의는 필연적이라는 논리가 전제되어 있다. 민족을 태초에 혈연으로 묶여 있는 것이라고 믿고 있지만, 민족이야말로 근대의 산물이다. 민족이라는 관념과 민족적 정체성은 근대이후에 생겨난 것이라는 점이다. 민족으로서의 역사가 상당히 오래된 지역에서조차 민족은 원초적 본질의 실현이 아니라 어떤 집단은 포함하고 다른 집단을 배척 혹은 주변화하기 위해 고안된 역사적 구성물이다. 민족은 혈통이 아닌 언어를 통해서 구성원들의 마음속에 '상상된'(imagined) 정치공동체인 것이다.[21] 따라서 민족주의는 "다른 민족에 대해서는 자기 민족의 위대함이나 영광을 칭찬하면서, 외적으로는 전 국민의 무조건적인 결속을 호소하는 감정적인 성격"[22]으로 표출된다. 이 같은 민족주의는 박정희 체제의 음악정책에서 재현되고 구체화된다.

1. 국악(國樂)장려정책

박정희 체제는 전통을 지키는 것이 민족주의를 중시여기는 것이기에 국악을 장려한다. 국악장려는 이승만체제 때부터 추진되었으나,[23] 조직적으

---

[19] "국민들에게 보내는 연두사"(1962년 1월 1일); 박정희, 1973a, 『박정희대통령 연설문집 1: 최고회의편』, 대통령비서실, 151쪽.
[20] Ernest Renan 지음, 신행선 역, 2002, 『민족이란 무엇인가』, 책세상, 80쪽.
[21] Benedict Anderson, 『상상의 공동체』 188, 40~47쪽.
[22] Reinhard Kuehnl 지음, 서사연 역, 1987, 『부르즈와 지배체제론』, 학문과사상사, 122쪽.
[23] 이승만 정권도 일제강점기 때 침체된 우리의 민족문화를 수호한다는 취지로 전통문화사업을 강조했으며, 그 일환으로 국악을 장려했다. 국립국악원은 1951년 4월에 창립되었으며, 국립국악원 부설 국악사양성소규정이 공포된 것은 1954년 10월, 서울대학교 음악대학에 국악과가 신설된 것은 1958년 4월이다(고려서적 편, 1967, 『위대한

로 사업화한 것은 1961년 7월 박정희가 최고회의의장으로 취임하면서 부터이다. 이때부터 「국립국악원」(國立國樂院, 이하 국악원)이 주도하는 국악장려사업이 적극 추진된다. 우선 1961년 10월 국악원을 문교부에서 공보부에 이관시키고 국악 중흥을 표방한다. 그 이듬해부터 본격적으로 사업을 전개한다. 이승만 정권 당시(1945년) 설립된 국악원은 "5·16혁명 이후 국악의 향상발전과 상호간 복리를 도모함을 목적으로 결성된 전국문화단체총연합회 산하국악협회로 흡수"[24]된다. 음악계에서는 국악에 대한 정부정책을 민족예술에 대한 관심이라며 환영했고, 외적으로 괄목할 만한 변화를 보이면서 기대는 현실이 된다.

박정희 체제의 국악장려정책은 우선 긍정적으로 평가할 만한 점이 있다. 첫째, 국악원 증축·개수공사, 국악사양성소 준공 등의 사업으로 국악장려정책의 하드웨어를 구축했다는 점이다.[25]

> 원각사를 잃어버렸던 민족예술인들의 무대가 국립국악원에 새로 마련되었다는 뜻도 이 해를 맞는 크나큰 기쁨이 아닐 수 없다. 따라서 우리국악의 보존 및 해외소개에 예년보다도 훨씬 박력있는 움직임이 보여질 것이라는 대해서는 자타가 다같이 느끼고 있는 사실이다.[26]

1967년 12월에는 종합민족문화센터의 일환으로 건립한 국립국악원 부설 국악사양성소를 세운다.[27] 국악사양성소의 준공에 대해 국악교육의 도장으로 큰 몫을 할 것이라는 기대 일색이었다.[28]

전진』고려신서 제6집, 고려서적주식회사, 171쪽 ; 문화공보부,『문화공보30년』, 237쪽).
24) 고려대학교민족문화연구소, 1975,『한국현대문화사대계 I 문학·예술사』, 355쪽.
25) 「새로 단장. 국립국악원」,『조선일보』1962년 1월 7일자.
26) 이단소, 「1962년의 악단. 창작활동에 뒷받침을. 국립국악원에도 큰 기대」,『조선일보』1962년 1월 9일.
27) "12월 9일 오전 박정희 대통령 내외분을 비롯한 3부 요인, 문화예술계 중진 및 주한 외교사절 등 2백여 명이 참석한 가운데 성대하게 거행되었다. 건평 570평, 총 공사비 5,450만원, 지하 1층, 지상 2층으로 품위와 실용성을 갖추어 설계된 이 건물에는 7개의 교실, 10개의 연습실, 그리고 1개의 강당 등을 마련했다"(『조선일보』1967년 12월 10일).

둘째, 지방국악의 활성화를 위한 준비도 꾸준히 추진했다. 1965년에는 민족문화 보존·발전을 위한 정부의 과감하고도 적극적인 예술문화 시책을 지역차원에서도 적극 추진했다. 국악기관을 유서 깊은 관광도시에 설치키로 함이 타당하다는 판단하에 전주, 진주, 그리고 경주에 지원(支院) 설치계획을 수립한 것이다.[29]

셋째, 다양한 연주, 보급, 교육활동 추진도 국악장려정책의 성과 중 하나이다. 1963년 서울대음대 대학원 국악과, 서라벌예대 국악과(1964년)를 신설했다. 5·16 이후 신진국악인의 창작의욕을 고무하고 새로운 민족음악의 터전 마련과 신국악창작의 활성화를 위해서 1962년부터 매해 국악원에서 신국악작곡 공모와 악보집을 간행하기도 했다.[30] 또한 공보부, 중앙방송국, 중앙공보부, 방송사업협회 등의 지원을 받은 한국국악협회가 중심이 되어 다양한 학술활동을 전개했다.

국악원의 괄목할 만한 변화와 성과와 함께 "국악"에 담긴 정치성을 간과할 수는 없을 것이다. 1960년대 중점적으로 장려했던 국악이 진정 우리민족의 정체성을 찾는 노력의 하나였는가. 다음 두 가지 점에서 박정희 체제의 국악장려는 전통음악을 계승하고 발전시키자는 의도와 함께 '음악의 정치화'의 한 측면을 읽어 볼 수 있다.[31]

첫째, '국악'이라는 용어 자체에 이미 박정희 지배체제의 근원을 형성한 정치색이 묻어나 있다.[32] 적어도 국악장려정책의 내용에 있어서도, 순수

---

28) 「내년에 문화행정 일원화」, 『한국일보』 1967년 12월 10일 ; 「국악사양성소 준공식」, 『서울신문』 1967년 12월 10일.
29) 「전주·진주·경주에 지원(支院)」, 『조선일보』 1965년 2월 23일.
30) 신국악작곡 공모 제1회는 5·16 1주년 기념으로, 제2회는 8·15 광복기념으로 공모하여 1969년까지 1년에 1회씩 실시했다. 고전악의 5선보 편역 간행 6집(수제천, 산조 등), 고전악의 정간보 채보 및 사보 전곡 전공별 엮음과 국악기 갱 13종 66점(관악기 17점, 타악기 35점, 현악기 14점), 그리고 가시리, 사모곡 등 150여 곡의 국악무형문화재의 발굴수집과 채보 및 사보사업도 수행했다. 국립극전속국악단(1965년), 서울특별시 시립국악관현악단(1965년) 등 많은 국악관련 단체가 조직되기도 했다(고려대학교민족문화연구소, 『한국현대문화사대계 I 문학·예술사』, 362~364쪽).
31) 벤야민(Walter Benjamin)의 테제, '예술의 정치화', '정치의 예술화'를 음악에 적용한 것이다. 발터 벤야민 지음, 이태동 역, 1987, 『문예비평과 이론』, 문예출판사, 231쪽.

하게 국가의 음악, 민족음악을 장려했다고 보기 어렵다. 국악이라는 용어의 뜻 자체는 나라음악이다. 따라서 국악이라는 용어가 진정한 의미로 "우리나라 전체의 음악"을 가리키고 있는지 검토할 필요가 있다. 즉, 국립국악원이 한 국가를 대표하는 음악기관이라면, 그 음악은 한쪽에 치우쳐서는 안 될 것이다. 하지만 박정희 체제가 관심을 갖고 장려한 국악은 민속악이 결여된 반쪽의 국악, 즉 '선택된' 국악이었다.

둘째, 그 정치적 의도는 국악상 제도에서도 찾아볼 수 있다. 1961년 12월 8일 국악상 시상식 제도를 마련하여 제1회 시상식을 개최한다.[33]

> 국립국악원에서는 국악인의 사기를 고무하고 민속음악의 발전을 위해서 이번에 처음으로 국악상을 선정하고 …… 이번 국악상의 신설로 말미암아 그간 민간단체인 국악진흥회에서 실시해오던 국악상은 금년부터 중지된 것이라고 하는데.[34]

1956년 민간단체인 국악진흥회에서 주도했던 국악상 제도는 1962년 국악원이 국악상을 신설함으로써 폐지된 것이다. 국악원이 국악상을 시행하면서 민간의 역할을 국가가 주도한 것이며, 이는 국가가 '이데올로기적 국가장치'인 음악기관을 내세워 음악인(국악인)들의 체계적인 동원, 관리했다고 볼 수 있다.

---

32) 국악개념의 문제는 비단 박정희 체제만의 문제는 아닐 것이다. 일본용어 사용은 단지 박정희 체제의 문제는 아니다. 다만 국악 자체가 아니라 정치적으로 활용되었던 부분에 대해서 이전 체제와는 질적으로 다르다는 차원에서 용어의 문제를 강조한 것이다. 더불어 이는 일본식 용어는 음악영역에 국한된 것이 아니라, '국학(國學)'을 비롯하여 법령, 그리고 일상생활에서 일본용어와 개념을 그대로 사용하고 있다. 여기에 '국악'개념도 포함된다는 점을 강조한 것이다.
33) 고려서적, 1967, 『위대한 전진』 고려신서 제6집, 고려서적주식회사, 180쪽.
34) 「금년부터 국악상제 국립국악원 국악상제 국립국악원에서 마련」, 『조선일보』 1962년 12월 8일.

2. 「예그린」창단과 운영

1961년 12월 포고령 제6호에 의거, "사회문화단체의 해산 조치"를 단행하고 원로 문화인 30여 명을 초청해 새로운 협회의 결성이 이루어졌다. 이러한 분위기 속에서 민족문화 중흥을 내걸고 「예그린」이 창단되었다. 「예그린」이란 '옛것을 그렸다'는 뜻으로, 우리의 고전과 민속을 소개 및 보급해서 우리의 것을 길이 지키고 즐겨 부르기 위해 창단했다.[35] 따라서 한국의 전통적인 민족예술의 계승과 활성화 및 대중화를 위해 연극, 음악, 무용, 관현악으로 구성된 총체적인 종합예술무대를 지향했다. 1960년대 이전에도 민족음악, 민족예술에 대한 고민과 모색은 있었지만 체계적으로 추진되기는 어려웠다. 「예그린」이 이를 음악으로 구체화시켰다는 점에서는 고무적이다. 동시에 민족주의를 고취시킨다는 정치적 상징성도 갖고 있다. 「예그린」악단은 박정희 체제의 민족주의적 지향의 산물이었다. 악단에 의해 현대적으로 각색된 민요들은 상상된 공동체를 재현하는 기술적 수단이었으며, 민족적 정서의 본보기로서 제시되었다. 「예그린」의 민요는 국가가 필요로 하는 민족을 상상하게 해주었기 때문이다. 「예그린」이 남긴 성과와 한계는 무엇인가.

우선 「예그린」의 성과로는, 전통예술의 현대화와 한국적 뮤지컬을 창조했다. 당시 주류음악계에선 「예그린」창단을 한국적인 것, 민족적인 것을 강조하면서 민족문화 재건을 위한 조직한 것이라고 평가하였다. 「예그린」악단의 목표는 한국의 전통적인 색채를 살리는 것이었기 때문이다. 게다가 가사전달이 잘 되도록 개발한 '예그린조 창법'은 한국 합창의 전범(典範)이 되었다.

> (예그린이) 5·16혁명정부때 설립이 된건데, 김종필씨가 단장이였어요. 그니까 그게 아주 규모있게 대한민국의 이미지를 부각시킬 수 있는 뮤지컬 단체죠. 거기에 무용단이 있고, 합창단이 있고, 오케스트라가 있고, 그게 주로

---

[35] 「삼천만의 향연」 예그린악단 창립공연, 『서울신문』 1962년 1월 7일.

전국에서 숨겨져 있던 민요, 우리의 민요를 발굴해서 그것을 현대식으로 오케스트레이션 해서 합창도 하고 무용도 하고. 예를 들어서 '어둠의 정'이라던가 '거치루' 등과 같은 대형 뮤지컬을 많이 했죠.36)

「예그린」의 창립공연인 〈삼천만의 향연〉은 화려한 조명과 장치를 갖춘 오케스트라공연으로 화관무, 가곡, 국악, 민요, 동요에 30여 년 전의 힛트 유행가까지 편성된 프로그램으로 해전 장면을 위해서 해군의 협력으로 건조(建造)한 실물 크기의 300여 척의 배와 함께 해군에서 한 씬(scene)에 1,000여 명 이상의 엑스트라를 동원한 방대한 규모였다. "우리의 것으로 대중에게 접근하여 이를 보존하고 육성시키며 즐기자"라는 슬로건으로 고전과 현대를 배합했던 것이다.37)

둘째, 「예그린」공연은 암표가 성행할 정도로 뮤지컬의 대중화에 기여했다. 1966년 10월 올려진 뮤지컬 〈살짜기 옵서예〉는 일찍이 한국의 무대예술 흥행사상 볼 수 없었던 성과를 거뒀다. 공연 마지막 날에는 입장권이 매진되어 개막시간 3시간 전에는 "백원권 입장료이 오백원권"으로 다섯 갑절에 암거래될 정도로 인기를 끌기도 했다.38)

셋째, 1960년대 초에 뮤지컬 전문인력을 공개적으로 모집했으며, 이들을 체계적으로 지도해서 한국의 뮤지컬계를 이끄는 인재를 양성했다.

그때 초창 멤버를 전국에 요강을 보내가지고 소집을 했죠. 이제 오디션을 거쳐서..그때 비율이 굉장히 셌어요. 한 십 대 일 정도 안됐을까? 전국에서 각 학교, 고등학교 내지는 대학교 강사 하시던 음악 전공 교사들이 많이 왔었어요.39)

---

36) 김준 구술자료(2010년 12월 15일); 김준은 「예그린」 창단시 제1기 합창단원으로 활약했다. 악단 활동을 계기로 함께 활동한 3명의 단원과 '쟈니브라더스'를 결성, 〈빨간마후라〉를 불러 대중적 인기를 누렸다. 현재까지도 재즈가수로 음악활동을 하고 있으며, 최근 개봉된 영화 〈브라보! 재즈 라이프〉에 출연하기도 했다. 이 인터뷰는 필자가 2010년 12월 15일 서울 평창동 김준 재즈클럽에서 진행했다.
37) 「〈삼천만의 향연〉공연평」, 『동아일보』 1962년 1월 15일.
38) 박용구, 1975, 『음악의 광장』, 일지사, 243쪽.

출연진은 음악대학 성악과 출신이 대부분이었다. 공연을 위해 이들에게 무용 연습과 연기를 지도했고 무용단은 안무를 담당한 전문가가 별도로 모집했다. 일종의 아카데미 시스템을 갖추었던 것이다. 또한 연극인들은 그때그때 역할에 따라 출연했다.[40] 척박한 제작환경에도 불구하고 출연진을 지도하는 아카데미 시스템을 도입해 전문성을 다지려고 노력했다는 점이 높이 평가할 만하다.

하지만 애초에 「예그린」은 5·16정부의 지원을 받고 정치적으로 이용하기 위해 조직된 악단이었다. 당시 문화운동의 총본산격인 '오일문화기업사(五逸文化企業社)'를 만들어 그 산하에 사업단체로서 영화제작단과 전국순회 연예단을 두었다.[41] 오일문화기업사인 사장 장태화(전 서울신문사 사장)를 내세우고 후원위원장인 김종필이 중심이 되어 정치·문화계 주요 인사들의 후원하여 「예그린」이 창단된 것이다. 따라서 「예그린」이 갖는 한계는 창단과 함께 예상할 수 있는 것이었다.

첫째, 정치적 목적에 의해 창단된 단체였던 만큼 김종필의 정치적 부침과 정치적 상황변화에 따라 여섯 번에 걸친 해산과 재창단의 곡절을 겪게 된다. 창단된 지 1년 6개월 만에 김종필의 중앙정보부장 사직과 함께 1963년 5월 30일에 해산된다. 김종필이 사직하자 기업가들로 이루어진 후원회가 곧 재정지원을 중단했기 때문이었다. 3년 후인 1966년 3월 김종필이 공화당 의장으로 복귀하면서 「예그린」 재창단이 추진된다.

> 건전한 국민음악의 창달을 목적으로 한다는 「예그린 악단」의 재건운동이 해산된지 만3년만에 최근 김종필 공화당 의장을 중심으로 한 몇 인사들에 의해 추진되고 있다. 5·16혁명직후 주로 김씨의 후원으로 결성되었다가 김씨

---

39) 김준 구술자료(2010년 12월 15일).
40) 최창권 구술자료(2006년 6월 17일); 최창권은 〈살짜기 옵서예〉의 작곡자이며, 한국 뮤지컬 음악의 창시자로 평가되는 음악인이다. 이 인터뷰는 최주환이 최창권의 자택에서 진행했으며, 「문화산업의 관점에서 본 한국뮤지컬의 문제점 연구」(중앙대학교 예술대학원 석사학위논문, 2006)에서 재인용하였다.
41) 최창권, 1991, 「뮤지컬」, 『한국음악총람』, 한국음악협회, 520쪽.

가 외주하는 바람에 재정난에 봉착, 해산되고 말았던 것인데 요사이 이돈해 국회문공위원장, 이상희 의장 등이 후원회회원을 모집하기 위해 동분서주하고 있다는 것.42)

「예그린」이 순수하게 전통문화 발전과 전수를 담당하는 악단이 아니라, 당시 여당인 '공화당' 소속의 악단이라는 인상은 지울 수 없는 것이었다.43)

둘째, 「예그린」은 북한의 〈피바다〉 가극단에 대응하려는 정치적 이유로 만들어진 선전용 악단이었다.44)

예그린을 JP가 착상한 것도 저쪽(인용자: 북한)이 〈피바다〉 버라이티쑈(variety show)가 화려하고 조직적이고 그거하니까, 그거에 대응하기 위해서 생각한 게 예그린인 거 같애요. 그니까 처음에 예그린은 대사를 하면 안 된다는 그게 철칙이었거든. 노래하고 춤만 가지고 맨들어라. 이게 이북의 그게 바로 저이… 뭔가 〈피바다〉 되기 전의 저거 그거 아니에요. 버라티, 버라이티어쇼의 춤과 노래밖에 없었잖아요.45)

김종필은 북한의 화려한 가극을 보고 그에 필적할 만한 가무단을 조직하여 육성할 방침을 세운 것이다. 북한과의 대결구도에서 악단을 창단하는 것은 당시 반공을 가장 우선시했던 사회분위기에서는 호응을 얻어낼 수 있는 계산이었다.

---

42) 신민당 당가 녹음을 둘러싸고 "공화당의장인 김종필씨가 창설하고 현재도 그가 스폰서로 있는 예그린악단이 신민당가를 부르는 것은 못마땅하다", "김종필 씨와 관계가 있는 예그린이 신민당을 칭송하는 노래를 부르는 것이 더 뜻있다" 식의 논란이 이를 잘 보여준다. 「문외문(聞外聞)」, 『조선일보』 1966년 2월 22일.
43) 「신민, 당가녹음 싸고 입씨름. 예그린 악단 의뢰계획취소」, 『조선일보』 1968년 5월 19일.
44) 최창권 구술자료(2006년 6월 17일); 최주환, 「문화산업의 관점에서 본 한국뮤지컬의 문제점 연구」, 66쪽에서 재인용.
45) 박용구 구술자료; 악단장을 역임했던 박용구 인터뷰는 민경찬이 2004년에 진행했다. 채록문 일부를 수정해서 인용했다(『한국근·현대예술사증언채록 사업 2004~2005』, 한국문화예술위원회).

가창이나 음악이 민족의 역사적 산물이라고 할 때 우리들은 응당 찾아야 할 이러한 산물들에 대해서 좀 더 체계 있는 전달과 공감을 대중적인 반응 속에서 구해야 할 것이었다. 「예그린」악단 창립공연에서 지향한 것이 이 점이었고 우리 전래의 것을 현대적인 처리로 시도한 것이라든지 국악과 양악과의 흥겨운 융화를 보아 평이하게 접근시켜 소위 우리 민족을 국제성 있게 구현시킬 수 있는 거점을 만들어 낸 점은 크게 주목할 바이었다.[46]

　「예그린」 창단 초에는 가창과 음악(민요, 가곡, 유행가 등의 가창과 관현악 연주), 그리고 가무 등으로 이루어진 대사 없는 버라이어티 무대를 선보였다. 당시 북한의 가무극처럼 대사를 배제한 버라이어티를 지향했던 것이다. 〈피바다〉식 '혁명가극'은 그 규모, 그리고 전혀 다른 형식과 형태 때문에 새로운 장르라는 느낌을 갖게 하는 듯하다. 북한에서 직접 〈피바다〉를 본 몇몇 외국인들은 비공식적으로 좋은 작품이라고 호평하는 것으로 알려져 있다. 김일성이 1936년에 직접 창작했다는 〈피바다〉[47]라는 연극을 김정일이 지도한 것으로, 이전의 가극과는 전혀 다른 새로운 가극으로 각색한 것이다.

　　창극도 민요를 바탕으로 하여야 합니다. 서도민요가 바탕으로 되어 있는 '강 건너 마을에서 새 노래 들려온다'는 매우 마음에 듭니다. 민족음악은 이것을 표준으로 하여 발전시키는 것이 좋을 것 같습니다.[48]

　'혁명가극'이라는 어느 나라에서도 찾아보기 힘든 새로운 장르를 열었다는 점에서 긍정적인 평가를 받을 수도 있겠다.[49] 하지만 북한의 혁명가극

---

46) 유한철, 「전승예술의 현대적 처리 – 예그린악단 창립공연 평」, 『한국일보』, 1962년 1월 17일
47) 혁명가극 〈피바다〉는 러시아의 혁명문학 중 우리에게 비교적 많이 알려진 막심고리키의 『어머니』를 모티브로 하였고, 그 영향을 많이 받았다고 알려져 있다(이현주, 2006, 『북한음악의 주체철학』, 민속원, 236쪽에서 재인용.
48) 김일성, 1968, 『김일성 저작진집』 제4권, 평양: 조선로동당출판사, 142쪽 ; 이현주 2006, 236에서 재인용.
49) 이현주, 『북한음악의 주체철학』, 216쪽.

이야말로 국가적 정체성을 예술적으로 재현하고 선전하려는 정치적 의도가 다분하다는 점이 노골적으로 드러나 있다. 이러한 혁명가극과 대결하기 위해 악단을 조직하고, 그 음악적 방향을 설정하였다는 점은 반성되어야 한다.

셋째, 「예그린」후원회는 정치적 이해관계에서 조직되었기 때문에 재정적으로 자립하기 어려웠다. 50여 명의 후원회원들이 뮤지컬 전문극장 및 전문대학 건립까지를 포함한 「예그린」악단의 자립을 염두에 두고 일시에 실질적인 후원금을 낸 것이 아니라, 후원회장의 정치적 영향력을 수시로 저울질하며 마지못해 매달 얼마씩을 내놓는 방식으로 지원했기 때문이다. 후원금을 접수하는 후원회 사무국이 단체와 이원화되어 있어 후원회 사무국 쪽에서는 돈이 돌고 있다는 소식이 들려오는데 단체의 기획제작 실무진들과 단원들의 급료는 달을 넘기는 일이 많아 불신의 벽이 쌓이기도 했다.50)

넷째, 악단장의 잦은 교체도 문제였다. 후원회장이나 후원회원들이 악단의 간부나 단원들과 대화함으로써 상호이해를 쌓아올리기보다는 뚜렷한 이유 없이 단장을 교체함으로써 그간 쌓아올린 업적을 백지화시켰다. 1968년 4월 악단이 재창단되면서 악단을 맡은 김경옥은 "박용구가 예술가의 긍지를 내세워 후원회장 김종필 씨를 자주 찾아가지도 않았으며 김종필씨가 본래 의도하고 있었던 「예그린」악단과는 약간 거리가 있었기 때문에 기피"하였고 후임 단장을 물색한 것이라고 밝혔다.51) 악단이 정치에 예속되어 있었고, 한 정치인의 의도가 악단의 예술방향을 결정했다는 점을 추측할 수 있는 대목이다.

근대화 추진에 따른 경제성장이 점차 가시화되는 시점에서 재조직된「예그린」악단의 정치적 효과는 시대적인 텍스트 안에서 살필 수 있을 듯하다.

---

50) 박만규 구술자료(2001년 8월 21일); 박만규는 박용구 악단장 시기에 기획실장이었으며, 이 인터뷰는 김성희가 진행했다. 김성희, 2001, 「예그린악단 연구」, 『한국연극연구』 제4호, 67~68쪽에서 재인용.
51) 박만규, 「한국 뮤지컬 반세기 스토리」, 『스포츠조선』 1990년 11월 16일.

1965년 조인된 한일기본협정, 그리고 그해 국회에서 여당 단독으로 통과된 국군 전투사단의 베트남 파견은 여야 사이의 대결과 학원가의 저항을 불러 일으켰다. 당시 잦은 북한 관련사건 또한 사회불안 요인으로 작용했다. 따라서 「예그린」악단에 대한 정부지원은 민심안정 정책이라는 맥락에서 이해할 수 있을 것이다. 또한 화려한 뮤지컬에 대한 열띤 반응은 정치적 불안과 급변하는 사회의 긴장 속에서 안정을 희구하는 국민들의 심리가 작용한 결과로 해석할 수 있다.

민족이 만들어지는 것은 인종, 언어, 종교적 유대감, 이해관계, 지리, 군사적 필요성도 필요하지만 가장 필수적인 것으로는 민족성이라는 감정적인 측면이 있어야 한다.[52] 민족이 감정적인 측면에 있다는 것을 생각할 때, 대중적 호소력이 있고 문맹자에게까지 파급력이 있는 음악은, 매우 효과적인 전파수단이다. 특히, '민요'는 민족을 음악적으로 환기시키기에 적합한 장르였다. 「예그린」악단의 민요는 국가가 필요로 하는 민족을 상상케 해주었던 것이다.

1960년대 초 국악장려정책과 「예그린」악단의 창립과 활동은 진정 우리 민족의 정체성을 찾는 방편의 하나였는가. 박정희 체제가 추진한 국악운동은 우리 음악으로서의 국악이라기보다는 고려와 조선시대부터 양반들이 즐기는 궁중음악을 되살려 복원하고 장려함으로써 정권의 정통성을 강조하겠다는 의도가 엿보인다. 「예그린」은 5·16 정부의 지원을 받고 민족주의를 재현한 악단이다. 이러한 음악정책은 1960년대 중반부터 그 모습을 드러나는 '한국적' 민족주의의 시작으로 볼 수 있다.

> 건전한 민족문화의 향상을 다짐하는 뜻깊은 이 자리에서 또 한 가지 강조되어야 할 것은 〈예술〉 혹은 〈서구문명〉이라는 미명하에 퇴폐한 풍조가 밀려들어서 우리 민족고유의 문화적 유산과 양속이 허물어져 가는 경향이 있다는 것입니다.[53]

---

52) 르낭, 『민족이란 무엇인가』, 55~84쪽.
53) "제15회 개천예술제치사"(64/11/06) ; 박정희 1973b, 215.

박정희는 서구문명을 '퇴폐한 풍조'라고 폄하하면서 서구문명과 가치를 부정한다. 이는 서구에서 유입된 민주주의에 대한 거부와 동일시되면서 민족주의의 강조로 나타난다.54) 박정희의 반(反)서구주의적 성향은 언술적으로는 1972년 유신이후, 특히, 1977년 이후에 정점에 이른다. "근대화=서구화"라는 것의 자체비판은 받아들이되, 한국적인 독자의 길을 가자는 것이고, 그것이 바로 한국적 민주주의, 즉 유신이라는 것이다. 박정희는 "오늘날의 서구민주주의의 방식을 그대로 적용하려다 성과를 보지 못한 전례를 흔히 볼 수 있다. 남의 옷을 입으려면 제 몸에 맞도록 다시 재단"55) 해야 한다고 강조했다. 또한 "한동안 우리 사회에는 근대화는 곧 서구화인 것처럼 오인하는가 하면, 심지어는 빈곤과 퇴영의 역사를 모두 전통문화의 탓으로 돌리려는 경향마저 일어났다. 민족의 문화와 전통을 송두리째 말살하려는 북한공산집단은 말할 것도 없고, 국내의 뜻있는 지성인 가운데서도 우리의 문화와 전통의 가치를 제대로 이해하려는 노력이 부족했다. 전통적인 것은 곧 전근대적인 것이며, 하루속히 전통에서 벗어날수록 그만큼 빨리 근대화가 이루어지는 것이라는 안이한 생각을 하는 사람조차 있었던 것이다. 그러나 우리에게 있어서 공업화나 근대화는 결코 서구화를 의미하는 것은 아니며, 동양이나 우리 민족 고유의 문화나 전통과 상충하는 것은 더욱 아니다. 동양이나 우리의 것에도 오늘에 되살려야 할 좋은 점이 많이 있는 것이다"56)라면서 유신이후 노골적으로 서구중심주의에 대한 비판이 등장한다. 서구 가치관의 부정, 결국 민주주의 부정은 1960년대 초 우리의 전통에 대한 강조에서 시작된 것이다.

---

54) 박명림도 박정희시대의 민족주의 강조는 결국 서구 민주주의의 거부를 위한 방편이라고 해석한다. "그(인용자: 박정희)는 민주주의에 대한 자신의 거부를 서구중심주의에 대한 거부와 동일시하면서 민족주의의 우산 속에 숨으려 하였다"라면서 박정희를 "반서구적 민족주의자"로 평가한다. 박명림, 2006, 「한국현대사와 박정희·박정희시대」, 『박정희 시대와 한국현대사』, 선인, 55쪽.
55) "서독 TV팀 단장 서면질의에 대한 답변서"(1966년 7월 26일) ; 박정희, 1973b, 『박정희대통령 연설문집 2: 제5대편』, 대통령비서실, 737~738쪽.
56) 박정희, 1978, 『민족중흥의 길』, 광명출판사, 32쪽.

3. 음악국제화 사업

음악국제화사업으로 단연 손꼽히는 것은 1962년 공보부가 주최했던「서울국제음악제」(이하 국제음악제)이다.

> 역사적인 제1회 서울국제음악전의 ……. KBS와「시향(市響)」의「멤버」를 합친 백여 명의「오케스트라」와 사백여 명으로 조직된 합창단, 그리고 육·해·공군의 군악대등의 대편성은 지금까지 그 예를 볼 수 없는 제전에는 틀림없었다. 처음 연주한 지위자 안익태 씨 자신이 작곡한 애국가가 붙은 교향환상곡「코리어」의 연주는 우리들의 정신을 하나로 화합할 수 있는 애국적인 음악이라고 할 것이다.[57]

'역사적'이라는 수식어가 과하지 않을 정도로 제1회 국제음악제는 이전은 물론, 그 이후에 없었던 수준의 규모로 개최되었다. 당시 음악계는 국제음악제를 "한국에서 국제음악제가 개최된 것은 5·16혁명 이듬해인 1962년 혁명정부 당시였다. 안익태가 임시 귀국하여 추진하다가 공보부에서 전적으로 담당, 일본음악제에 오는 세계적 음악가들을 초청하는 한편 한국과 세계와의 음악적 교류를 꾀하려고 1962년 5월 역사적인 제1회 국제음악제가 서울 시민회관에서 일주일간 개최되었다. …… 1962, 3, 4년에는 각각 제1, 2, 3회 국제음악제에 세계적인 연주가들이 대거 내한 한국 악단에 막중한 영향을 던졌다"[58]며, 박정희 정권이 예술을 적극 지원하는 정부정책을 추진했다고 평가했다. 하지만 국제음악제가 한국과 세계와의 음악적 교류를 꾀하려고 구상되었으며, 제1회부터 제3회까지 성공적으로 행사를 개최했는지 의문이 든다. 국제음악회는 개최 당시 갈등이 많았다. 그 갈등은 박정희 체제에서 음악제와 음악인은 체제 유지에 봉사하는 도구였다는 데에서 비롯된다.

---

57) 이성삼,「고무적인 열연. 교향곡의밤 공연평」,『조선일보』1962년 5월 3일.
58) 이유선, 1968,『한국양악80년사』, 음악춘추사, 297, 303쪽.

1961년 8월 16일에는 공보부가 주최한 「5월 혁명 백일축전 및 광복 16주년 경축 대음악회」에서 김성태의 교성곡 〈비바람 속에〉(모윤숙 시)와 김동진의 교성곡〈조국〉이 시향(市響)과 방향(放響)의 합동 연주로 발표되었다.59) 이 음악회가 국제음악회로 발전되었으며, 5 · 16을 기념하기 위한 계기로 각종 음악회 등이 개최된다.

> 오는 5월은 혁명1주년을 맞이하는 뜻깊은 달이다. 그러므로 이러한 뜻깊은 시기에 주체성있는 세계적인 행사로 성대한 국제음악제를 마련한다는 것은 혁명 대한민국의 발전상을 과시할 수 있는 좋은 기회가 될 것으로 믿는 바다.60)

일본에서 개최된 국제음악제에 버금가는 국제적인 수준의 음악제를 개최하겠다는 포부를 밝혔지만 국제음악제는 5 · 16을 기념하는 음악제에 다름 아니었다. "금년도 상반기에 있어서 음악처럼 다사다난했던 예술도 없었다. 5 · 16혁명 1주년기념행사와 더불어 국제음악제 등등 해방 이후 가장 호화찬란한 무대를 장식"61)했다고 평가되었다. 당시 언론에서는 "한국에서 열리는 가장 규모가 크고 국제성을 띤 문화행사"62)라고 연일 보도했지만, 사실은 일본 국제음악제 참석한 세계적인 음악인들을 초청해서 쿠데타로 성립한 정권의 정당성을 국내외적으로 알리겠다는 의도에서 개최된 것이었다.

국제음악제는 5 · 16축전을 구상하고 있던 당시 박정희 군부정권과의 이

---

59) 이유선,『한국양악80년사』, 310쪽.
60) 박태현,「국제음악제에 기대. 세계가 관심갖게 세계적 규모로」,『조선일보』 1962년 2월 15일.
61) 「축제와 갈등의 쌍곡선. 성과거둔 국제음악제등 행사」,『조선일보』 1962년 6월 28일. 1962년 음악계 전체를 평가할 때도 국제음악제를 개최한 것은 가장 큰 성과로 평가했다. 「음악계 눈부신 한해. 국제음악제도 열고」,『조선일보』 1962년 12월 16일.
62) 「국제음악제전 일정 발표」,『조선일보』 1962년 4월 10일 ; 유한철,「세계적 규모 갖출 국제음악제」,『조선일보』 1962년 4월 17일 ;「국제음악제 일정 결정. 16일엔 덕수궁서 야외 음악회도」,『조선일보』 1962년 4월 20일.

해관계에서 출발했다. 거창한 목표를 가지고 시작한 국제음악제가 1964년 3회를 끝으로 3회에 걸친 음악제 중 제1회 국제음악제만이 제대로 치러질 수가 있었던 것도 이러한 정치적 이유에서였다. 제1회는 공보부 주관으로 개최되어 재정적으로 지원이 가능했는데, 그 배경에는 서울국제음악제를 5·16 1주년을 행사수단으로 쿠데타의 정당성을 확보하고 그해 10월에 있을 대통령선거에서도 유리한 입장을 선점하려는 의도와 맞았기 때문이다.

〈그림 1〉 제1회 서울국제음악제 심포닉 콘서트(SYMPHONIC CONCERT) 팸플릿

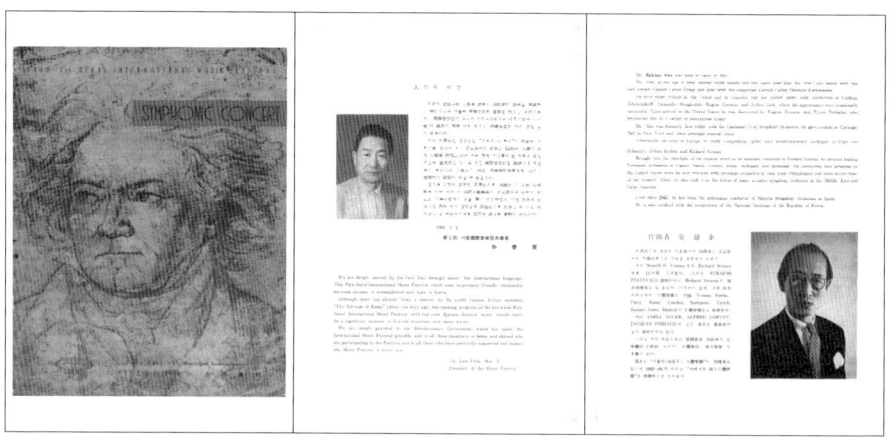

출처: 한국독립운동사 정보시스템(자료번호: 1-000759-020)

1963년 제2회 서울국제음악제부터 정부지원이 이루어지지 않아 형식적인 음악행사로 개최된다. 제1회의 '역사적인' 국제음악회와는 달리, 제2회부터는 그 규모가 크게 축소된 것이다. 1962년 제2회 서울국제음악회는 "뛰어난 세계의 음악가를 한자리에 초청하여 음악의 잔치를 베푸는 우리나라의 국제음악제"로 소개된다. 이는 제1회 국제음악제가 음악적 성과와는 달리, 정부의 기대에 못 미쳤고 과도적인 혁명정부 상태에서 10월 민정이양을 위한 대통령선거를 준비하면서 서울국제음악제까지 돌볼 여유가 없었기 때문으로 해석할 수 있다. 1964년 제3회에서는 국제음악제가 무산되는 위기를 간신히 모면하지만 결국 이를 마지막으로 국제음악제는 막을

내린다.⁶³⁾ 한일 경제협력과 수교 등을 수반한 문화사절단을 지원하는 것이 더 정치적으로 필요하다고 판단했을 가능성이 크다. '최초의' 국제음악제전이라는 타이틀만 가졌을 뿐 단순한 이벤트적인 성격과 안익태의 독주와 정부의 일방적 지원 중단 등에서 나타나는 비민주성, 프로그램에서의 비현실성 등을 드러낸 행사의 효시라는 측면을 갖고 있다.

4. 왜색의 정치성

박정희 체제의 민족주의는 한일관계에 있어서 한일협정 체결이라는 굴욕으로, 음악정책에 있어서는 일본음악을 강력히 단속하는 왜색조금지로 나타난다. 1960년대 들어와서 한일회담이 급진전되기 시작했는데,⁶⁴⁾ 1964년에서 1965년은 정부의 한일회담과 회담반대투쟁으로 정국이 혼란했다.

> 이 나라 지식인여러분 승공통일이라는 차원을 높인 국가목표는 이제 수삼년 내에 박두하고 있습니다. 조국에 대한 자신을 가지고 이북동포앞에 조국의 문을 개방하고 승공통일을 제창할 날은 멀지 않았습니다. 그 때를 위하여 우리는 이 나라에 무엇을 건설하여야 할 것이며, 우리의 생활수준을 어떤 선상으로 인상시켜야 할 것이며, 또 누구들과 반공유대를 강화하여야 할 것인지의 푸른 설계의 청사진들을 국민 대중에게 제시하여야 합니다. 한·일회담의 성공에서 오는 이점들을 나는 승공통일의 목표 사업들을 위하여 여하히

---

63) 1964년 5월에 개최예정이었던 국제음악제는 외화부족 등 예산관계로 중단될 위기에 처하다가 결국 안익태의 주동으로 예정대로 개최한다. 「올국제음악제 유산. 나라 체면 깎는 이유… '외화부족'」, 『조선일보』 1964년 4월 3일 ; 「예정대로 개최. 국제음악제」, 『조선일보』 1964년 4월 14일 ; 「유산면한 국제음악제」, 『조선일보』 1964년 5월 7일.
64) 국제정세의 변화와 함께 친일적인 성향의 박정희 정권 수립과도 관계가 있다. 이정식은 "장면과 박정희는 식민지시대 일본인들 통치하에 지냈다. 장면은 카톨릭계 중등학교 교장이었으며, 박정희는 만주, 일본사관학교를 졸업한 후 일본장교를 지냈다. 식민지정권에서 출세한 사람이었다. 그들은 일본어를 구사했고, 일본인들의 사고방식을 알았으며 많은 일본인 친구들을 사귀었다. 이승만에게 있어서 일본은 적이었으나, 이 젊은 지도자들에게 있어서 일본은 하나의 본보기였다"라고 언급한다. 이정식, 1985, 『한국과 일본: 정치적 관계의 조명』, 교보문고, 75쪽.

사용할 것인가의 구체적인 계획을 갖고 있습니다.[65]

　박정희는 「한일회담에 관한 특별담화문」을 발표, 한일회담은 승공통일을 위한 반공유대라고 역설한다. 하지만 당시 반공주의 논리로는 위기를 극복하기에는 역부족이었다. 그럼에도 불구하고 한일협정비준을 이루어냈다는 것은, 한편으로는 정치적인 저항과 반대를 진압했다는 것이며, 다른 한편으로는 국민을 달래기 위한 수단을 강구했기 때문일 것이다. 1965년 3월 26일 보고된 「한일회담종합대책추진현황」을 보면 한일회담백서를 발간·배포하고, 한일회담내용설명회를 개최하는 등 한일회담 관련자료를 국민에게 공개하면서 설득하려 했음을 알 수 있다. 1965년 5월 15일 『한·일회담관계자료』를 발간, "정부는 일찍이 한일회담 데모가 격렬했던 대학생을 대상으로 문교부에서 학생대표회담 추진뿐 아니라 한일회담추진전국남녀학생웅변대회, 한일회담관련세미나 등을 개최"[66]하면서 회유하려고 노력했다. 한일회담종합대책위원회는 정부기관은 물론이거니와 언론사, 서울 시내 대학에서 설명회를 개최하고 대학생들의 분규, 데모 등과 같은 정치적 활동에 대한 대응방안을 강구하면서 각종 행사를 기획해 회유하려 했다. 이와 함께 박정희 체제는 국민을 감정적으로 달랜다. "왜색가요금지"가 그중 하나인 것이다.

　4·19혁명의 발발로 돌연히 새로운 풍조가 일게 되고 지하로 들어갔던 왜색가요가 거리를 활보하게 되었으며, 백색라벨 위에 일본대중가요의 해적판은 범람하기 시작했다. 이러한 복고적인 성향은 그 뒤 왜색가요의 새로운 모습으로 변천하여 1963년 〈동백아가씨〉의 히트 이래 새로운 활기를 찾기 시작한다.[67] 하지만 한일회담 추진으로 인한 산통을 겪으면서 협정을 체결한 이후 기간 동안(1964년 초부터 1967년 말까지) "왜색금지정책"을

---

65) 「한일회담에 관한 특별담화문」(1964년 3월 26일); 박정희, 『박정희대통령 연설문집 2: 제5대편』, 74쪽.
66) 「한일회담종합대책추진현황」(제출자: 한일회담종합대책위원회위원장 국무총리 정일권, 제출일: 1965년 3월 26일). 출처: 국가기록원(관리번호: BA0084430).
67) 고려대학교민족문화연구소, 『한국현대문화사대계 I 문학·예술사』, 455쪽.

추진한다. 특히, 파급력이 크고 대중들이 쉽게 접할 수 있는 음악(가요)에서의 왜색금지는 국민들을 화난 감정을 감정적으로 달랠 수도 있었다. 1964년 2월 공보부는 대대적인 왜색레코드 단속에 들어갔는데, 시중에 떠돌아다니는 왜색「레코드」판을 일제 단속키로 하고 31일 내무부에 협조를 요청했다.[68] 이러한 분위기로 왜색은 곧바로 저속한 대중음악계를 상징어였다. 왜색을 "곡조의 표절"로 보았고 이는 가요계의 "정화"(淨化)대상이었다.[69]

1965년 9월 5개 방송국의 음악담당자들은 저속·왜색조가요곡에 대한 문제를 가지고 간담회를 개최한다. 여기에서 이미 지정된 7개 곡(1965년 9월 2일 발표) 곡에 더하여,[70] 6곡을 추가로 방송을 금지시킨다. 또한 간담회에서 음악방송관계자들은 "우리나라 방송문화의 향상을 꾀하고 국민의 건강한 노래부르기운동에 힘을 쏟기 위해서 무책임하게 대중가요를 다루는 경향이 많은 일부 작사가 작곡가 및 가수들의 작품을 방송함에 있어서 앞으로 더욱더 신중과 조심을 기울이기로"[71] 결의한다. 하지만 1965년 말부터 1965년 12월 18일 한일협정 비준서가 교환되자마자 왜색단속은 소홀해지고, 다시금 방송과 라디오를 통해 왜색가요가 흘러나온다.[72] 왜색곡은 정부의 단속을 피해 일시적으로 잠복되었다가 단속이 소홀해지자 다시 고개를 든 것이다. 왜색가요 금지정책은 일관되게 추진한 음악정책이라기보다는 임기응변용 수단으로 해석할 수 있다.

왜색곡 금지로 드러난 박정희 체제의 민족주의의 성격은 어떠한가. 박정희는 한일협정으로 격노한 국민을 감정적으로 달래면서 정치적 위기를 극복하고, 하나로 통합하기 위해 민족주의를 동원한다. 박정희는 한일회담 타결 직후 "한일회담의 타결로 민족적 주체성의 확립이 절실히 요청되고 있는 이때야말로 그 어느 때보다도 주체적인 민족문화의 건설이 요구

---

[68] 「왜색레코드 단속」, 『조선일보』 1964년 2월 1일.
[69] 「거의가 알맹이 없는 가사에 왜색조까지 곁들여」, 『조선일보』 1965년 7월 27일.
[70] 「왜색조를 추방. 7개곡에 방송 사절」, 『조선일보』 1965년 9월 7일.
[71] 「모두 18곡 방송중지. 왜색조와 저속가사」, 『조선일보』 1965년 9월 16일.
[72] 「방송월평. 잠복했던 왜색가요는 다시 고개 들고」, 『조선일보』 1965년 12워 31일.

되고 있는 것이며, 이것은 가장 긴급한 우리의 과제가 아닐 수 없"다며 민족적 주체성을 강조한다.

둘째, 박정희 체제의 민족주의는 조국근대화를 추진하는 이데올로기였다. 박정희는 일본제국주의에 저항할 수 있었던 것은 우리의 강인한 민족주의였다면서, 이를 바탕으로 조국근대화를 촉성시키자고 역설했다.[73]

> 이제는 온 국민이 다 잘 알고 있듯이 국가재건의 길은 오로지 자립경제의 달성에 있습니다. 우리가 정력적으로 추진하여야 할 이 자립경제에의 꿈은 한 마디로 해서 공업화의 촉진인 것입니다. 이 공업화야말로 한국이 당면한 역사적 과제인 근대화(近代化)를 실현하는데 있어서의 본질적 요인이며, 풍성한 민주주의적 발전도 이 위에 이룩된다 함을 잊어서는 안 될 것입니다.[74]

왜색곡을 금지한 것이 민족주의적일 수는 있으나, 일본에 대한 부정은 아니다. 민족의 정체성이란 생존하고 난 다음에 생성될 수 있다는 박정희에게 민족의 생전과 발전을 최고의 목표였고, 따라서 일본과의 협상은 반(反)민족적이지 않다.

마지막으로 박정희 체제의 민족주의에는 '가족주의'가 녹아 있다. 박정희는 개인과 국가, 개인과 민족, 개인과 직장, 개인과 가족 등 이러한 관계에 대한 윤리관의 정립을 강조했다. 나와 국가의 관계에 있어서의 공동운명 의식, 나와 민족의 관계에 있어서의 공동연대 책임 의식이라는 것이다. 박정희시대의 충효사상은 가정과 국가가 기본에 있어서 동일하다는 것을 전제로 하는 것이다. 국가에 대한 사랑이 마치 부모에 대한 사랑이 박정희에 대한 충성심은, 큰 아버지로서 국가의 통치자가 있고, 대부에 대한 사랑은 마치 나의 부모에 대한 사랑인 것으로 귀결시킨다. 충효사상은 인위적이지 않게 자연적으로 끌고 가는 독트린이다. 박정희는 "나의 가정이 하

---

73) "제45회 3·1절 경축사"(1964년 3월 1일) ; 박정희, 『박정희대통령 연설문집 2: 제5대편』, 56쪽.
74) "한국케이블공업주식회사 송배전선 및 케이블공장 기공식 치사"(1962년 10월 23일) ; 박정희, 『박정희대통령 연설문집 1: 최고회의편』, 300쪽.

나의 조그마한 생활공동체라면, 국가나 민족은 하나의 커다란 생활공동체이며, 이 두 공동체에 대한 애정은 그 본질에 있어서 조금도 다를 것이 없다"75)라면서 가정과 민족의 생활공동체의 성격이 다르지 않음을 강조한다. 그에게 개인과 가정은 민족이요, 결국 국가이다.76)

> 내가 국가에 몰입되는 것도 아니고 국가가 그저 개인 총계(總計)도 아니며, 나와 국가가 사랑의 유대를 통해 둘이 아니라 하나가 되는 일체감을 우리 겨레는 일찍부터 터득해 왔다. 요즈음 우리 사회에서 널리 실천되고 있는 충효사상도 그 근본에 있어서는 이러한 정신과 통하고 있다고 할 수 있다. 충효사상이라고 하면 흔히 낡은 유교의 가르침이라고 배척해 버리려는 경향이 없지도 않으나, 그 정신을 살펴보면 현대에 되살려야 할 아름다운 전통임을 알 수 있다. 나라에 충성하고 부모에게 효도하는 정신의 근본은, 자신에 대한 성실과 인간에 대한 사랑에 있는 것이다. 다시 말하면 충효사상은 공동체 안에서의 조화로운 생활을 강조한 것이지만, 그 출발점은 어디까지나 개인이다. 개인이 우선 자기의 마음가짐을 성실하게 갖고, 남에게도 참되고 진실하게 대할 때, 그것은 인간관계와 사회질서를 원만하게 유지하는 초석이 되는 것이다. 우리나라는 고래로 동방예의지국이라고 일컬어질 만큼, 사람들 사이에 예와 신의를 중시해 왔으며, 아랫사람은 웃사람을 믿고 존경하며, 웃사람은 아랫사람을 사랑하고 보살피는 것을 미덕으로 삼고 이를 실천해 왔다. 충효의 사상은 이러한 마음가짐을 먼저 가정과 사회에서 실천하자는 생각이다. 부모가 자녀를 사랑하고, 자녀가 부모를 섬기는 것은 윤리나 도덕을 말하지 않더라도 인간이라면 누구나 갖는 자연스러운 감정이다.77)

1978년 『민족중흥의 길』에서 강조한 '민족중흥'과 '소아대아사상'78)은

---

75) 박정희, 『민족중흥의 길』, 24쪽.
76) 그는 민족과 국가는 영생하는 것이며, 하나의 민족이라는 것은 영원한 생명체라고 말한다. 민족의 안태와 번영을 위해서는 그 민족의 후견인으로서 국가가 반드시 있어야 하며, 국가는 민족의 후견인이라면서 국가 없는 민족의 번영과 발전은 있을 수 없다고 역설한다("연두기자회견"(1970년 1월 1일); 박정희, 1973c, 『박정희대통령 연설문집 3: 제6대편』, 대통령비서실, 688쪽.
77) 박정희, 『민족중흥의 길』, 22~23쪽.
78) 박정희는 유신직후 1973년 연두기자회견에서 "우리가 말하는 조국근대화나 민족중

1970년대 초 유신 이전에 이미 언술적으로 찾아볼 수 있다. 좀 더 정확하게는 이미 5·16부터 시작되었다고 볼 수 있을 듯하다. 박정희가 유교적 전통(충효사상)을 통치수단으로 이용하려는 사상적 이념은 일본의 가족주의 민족공동체에서 연유한 것이며, 이는 1960년대 초부터 민족주의에서 찾아볼 수 있다.

1965년 한일회담 반대투쟁을 위수령과 대학 휴업령으로 탄압하며 한일협정을 조인한 데서 드러났듯이, 음악계에서도 그 성격을 크게 벗어나지 않았다. 친일행위를 한 음악가들이 문화훈장(대통령장)을 받는다는 점에서 친일행위가 오히려 면죄부로 정당화되고 있었다. 친일세력과 일제잔재를 말끔히 청산하지 못한 탓으로 해방이후 오늘까지 이 나라의 음악문화가 왜곡되어 온 것이다. 해방이후 왜색추방에 대한 논의는 많이 있었지만, 1950년대, 60년대는 물론이거니와 1970년대 중반에 들어서도 왜색 개념을 합의하지 못했다.[79]

> 우리나라의 대중가요에 일본 노래의 일부분을 표절한 곡의 내용에 있어서는 리듬(rhythm)의 일부분, 멜로디(melody)의 일부분, 음악연결 및 곡의 전체적인 경향이 일본적인 특징을 지닌 곡들을 말한다.[80]

흥이란 말도 그 속에 나오는 조국, 민족이라 하는 것은 [나를 확대한 [대아]가 조국이요 민족인 것이며, 조국근대화와 민족중흥에 우리가 흔연히 참여해서 봉사하는 것은 남을 위해서 하는 것은 아니라, 나 자신을 위해서 하는 것이고, 우리 후손들을 위해서 하는 일"("연두기자회견"(1970년 1월 1일); 박정희, 『박정희대통령 연설문집 3: 제6대편』, 688쪽)이라면서 조국근대화와 민족중흥을 위해 개인을 버리고 민족을 구해야 한다고 역설한다.

79) 왜색에 관한 음악계의 논쟁은 1980년대까지 이어지지만, 뚜렷한 결론 없이 지금까지도 여전히 계속되고 있다. 자세한 내용은 다음 자료를 참고하라. 박용구,「뽕짝은 시대의 찌꺼기이다」,『한국일보』1984년 11월 29일 ; 이건용,「뽕짝에 대한 각성 필요」,『한국일보』1984년 12월 13일 ; 황병기,「왜색여부논의가 난센스」,『한국일보』1984년 11월 29일 ; 김지평,「왜색설은 근거가 없다」,『한국일보』1984년 12월 6일 ; 서우석,「엔카의 틀 다분히 한국조」,『한국일보』1984년 11월 22일 ; 박춘석,「뽕짝리듬은 이미 토착화」,『한국일보』1984년 12월 6일 ; 조운파,「금지곡 판정 모순많다」,『한국일보』1984년 12월 13일 ; 황병기, 1984,「누가 뽕짝을 우리 것이라 우기느냐」,『음악동아』11월호, 통권 8호, 동아일보사.
80) 김홍·김은석·하길담·박기석, 1974,「건전한 국민가요와 국민개창운동의 방안」,

일본 노래의 리듬, 멜로디의 일부분과 음악연결 및 전체적인 분위기가 일본적인 특징을 가진 곡을 왜색조, 혹은 왜색이 짙은 곡이라는 정의에는 '왜색조의 곡'이 무엇인지에 대한 명확한 개념이 담겨져 있지 않다. 정부는 단지 '일본풍의 느낌이 나는 곡'을 왜색곡이라는 정의하고 정책으로 왜색을 단속했다. 지금까지도 음악(이론)적으로 왜색조가 무엇인지 정확한 개념정의 없이 왜색에 대한 불편한 감정을 드러내곤 한다. 여기서 왜색음악에 대한 개념논의를 본격화하기는 어렵다. 다만, 일본의 대중음악의 대표적 장르인 엔카(えんか, 演歌)와 한국대중음악에서 뽕짝이라고 부르는 트로트의 음악적 장르를 비교해 봄으로써 왜색조가 갖고 있는 정치성을 드러낼 수 있다. 엔카인 〈北の宿から〉와 트로트 〈동백아가씨〉는 일본음악의 음계를 사용하고 있다. 음체계상의 일본음악의 특징을 보인다. 즉, 음계상으로 〈동백아가씨〉는 미야코부시음계(미야코부시, 都節)음계는 상행음렬과 하향음렬이 약간씩 다르기 하지만 대체로 "미, 파, 라, 시, 도"를 사용한다)의 2/4박자의 왜색조를 띠고 있다.

〈그림 2〉 이미자 파월위문단원
박정희 전대통령과 악수하는 이미자. 1965년 5월 31일 동료 연예인들과 함께 파월장병을 위문하고 돌아와 청와대를 예방했다.

출처: 국가기록원(관리번호: CET0031959).

트로트라는 장르를 왜색으로 본다면, 그 특징을 음계에서 찾아야 한다. 트로트는 한국전통가요사에서 근대화된 것이 아니다. 트로트는 일본의 문화통치가 이루어진 시기에 일본 엔카의 직접적인 영향으로 생겨난 것이고,

──────────
『광주교육대학』 제9호, 101쪽.

일본 자본으로 이루어진 음반매체를 통해 유포된 만큼 왜색을 띠고 있다고 볼 수 있다. 따라서 정부의 민족성 수호를 위한 왜색조 금지는 의미있는 정책이다. 문제는 왜색조에 대한 정확한 음악적 이해 없이 정치적 상황에 따라 왜색을 이용했으며, 국민에게는 듣지도 부르지도 못하게 한 박정희는 트로트음악을 즐겼다는 것이다.[81] 박정희의 개인적 취향에도 불구하고 한일국교정상화의 시기와 겹치던 정치적 배경으로 왜색조를 금지한 것으로 읽을 수 있다. 단순히 일본풍이 나는 노래라서 금지하고, 이를 정치적으로 이용한 것이다. 한일회담이 저자세 외교로 비춰지면서 국민들의 반대에 직면했기 때문에, 이를 무마하기 위해 민족주의를 내세우며 추진한 정치적인 수단이었던 것이다.

III. 결론

음악정책으로 볼 때, 박정희 체제의 민족주의는 5·16 이후 일관되게 갖고 있었던 이데올로기였다. 1960년대 초부터 본격적으로 추진한 국악장려운동은 궁중음악을 되살려 복원하고 장려함으로써 정권의 정통성을 강조하겠다는 의지의 실현이었다. 1965년 전후한 체제의 왜색곡 금지정책도 체제의 민족주의를 보여준다. 박정희는 한일협정으로 격노한 국민을 감정적으로 달래면서 정치적 위기를 극복하고, 하나로 통합하기 위해 민족주의를 동원한 것이다. 고전을 현대적으로 재해석하고 각색한 「예그린」악단의 풍성한 연주와 공연물들은 민족을 재현했다. 악단의 민요는 재건이 개인의 과제가 아니라 민족의 사활이 걸린 프로젝트라는 것을 환기시켜주었다. 국가의 입장에서는 민족의식이 자연스럽게 고무되고 일상적으로 전파

---

81) 이미자는 박정희의 애창곡이 〈황성옛터〉와 〈동백아가씨〉였으며, 일본 총리 등 외국 국빈이 올 때 청와대 만찬이 열리면 참석해서 〈동백아가씨〉를 불렀다고 회고했다. 1979년 5월 후쿠다 전 일본총리의 방한을 기념하는 청와대 영빈관 만찬에 이미자가 초대되었다. 출처: 국가기록원(시청각자료실); "박대통령은 금지곡 '동백아가씨' 좋아했다"(『문화일보』1999년 10월 4일.

될 있었던 것이다. 음악에서의 민족화와 국제화 사업추진은 정권의 정통성을 확립하기 위한 것이었다. 나아가 음악은 정권의 안정을 확보하기 위해 발전주의 전략을 가동시켜 '조국근대화'를 추진하기 위해서 동원된다. 부패와 무능함으로 얼룩진 이승만 정권과 차별화되기 위해 경제성장은 필수부가결한 과제였기 때문이다. 1960년대 이래 자본주의적 산업화 과정에서 박정희 체제는 양적인 경제성장을 내용으로 하는 발전이데올로기를 가동하기 위해 민족주의를 결합시킨 것이다.

이렇듯 박정희 체제의 민족주의는 국악장려, 국제음악회 개최, 그리고 왜색금지라는 음악정책으로 표출되면서 민족성을 고취하고, 국가의 국제적 위상을 제고했다. 동시에 구정권과의 차별성을 강조하면서 5·16으로 집권한 정권의 정당성을 확보하겠다는 의도와 발전주의 전략을 가동하겠다는 의도도 담겨 있다. 즉, 박정희 체제의 민족주의는 산업화로 이해되는 경제구조의 근대화이며, 이를 추진하기 위한 국가주도의 체제구축을 위한 지배이데올로기인 것이다.

❖ 참고문헌

1. 1차문헌

고려대학교민족문화연구소, 1975, 『한국현대문화사대계 I 문학·예술사』.
고려서적 편, 1967, 『위대한 전진』 고려신서 제6집, 고려서적주식회사.
문화공보부, 1979, 『문화공보30년』, 고려서적주식회사.
박정희, 1963(2005, 『국가와 혁명과 나』, 동서문화사.
_____, 1973a, 『박정희대통령 연설문집 1: 최고회의편』, 대통령비서실.
_____, 1973b, 『박정희대통령 연설문집 2: 제5대편』, 대통령비서실.
_____, 1973c, 『박정희대통령 연설문집 3: 제6대편』, 대통령비서실.
_____, 1976, 『박정희대통령 연설문집 5(상): 제8대편』, 대통령비서실.
_____, 1978, 『민족중흥의 길』, 광명출판사.

_____, 1979, 『박정희대통령 연설문집 6(하): 제8대편』, 대통령비서실.
「한일회담종합대책추진현황」(제출자: 한일회담종합대책위원회위원장 국무총리 정일권, 제출일: 1965년 3월 26일), 출처: 국가기록원(관리번호: BA0084430).

「새로 단장. 국립국악원」, 『조선일보』 1962년 1월 7일.
「「삼천만의 향연」 예그린악단 창립공연」, 『서울신문』 1962년 1월 7일.
「〈삼천만의 향연〉공연평」, 『동아일보』 1962년 1월 15일.
유한철, 「전승예술의 현대적 처리 - 예그린악단 창립공연 평」, 『한국일보』 1962년 1월 17일.
박태현, 「국제음악제에 기대. 세계가 관심갖게 세계적 규모로」, 『조선일보』 1962년 2월 15일.
「국제음악제전 일정 발표」, 『조선일보』 1962년 4월 10일.
유한철, 「세계적 규모 갖출 국제음악제」, 『조선일보』 1962년 4월 17일.
「국제음악제 일정 결정. 16일엔 덕수궁서 야외 음악회도」, 『조선일보』 1962년 4월 20일.
이성삼, 「고무적인 열연. 교향곡의밤 공연평」, 『조선일보』 1962년 5월 3일.
「금년부터 국악상제 국립국악원 국악상제 국립국악원에서 마련」, 『조선일보』 1962년 12월 8일.
「축제와 갈등의 쌍곡선. 성과거둔 국제음악제등 행사」, 『조선일보』 1962년 6월 28일.
「음악계 눈부신 한해. 국제음악제도 열고」, 『조선일보』 1962년 12월 16일.
「왜색레코드 단속」, 『조선일보』 1964년 2월 1일.
「올국제음악제 유산. 나라 체면 깎는 이유…「외화부족」」, 『조선일보』 1964년 4월 3일.
「예정대로 개최. 국제음악제」, 『조선일보』 1964년 4월 14일.
「유산면한 국제음악제」, 『조선일보』 1964년 5월 7일.
「진주·경주에 지원(支院)」, 『조선일보』 1965년 2월 23일.
「거의가 알맹이 없는 가사에 왜색조까지 곁들여」, 『조선일보』 1965년 7월 27일.
「왜색조를 추방. 7개곡에 방송 사절」, 『조선일보』 1965년 9월 7일.
「모두 18곡 방송중지. 왜색조와 저속가사」, 『조선일보』 1965년 9월 16일.
「방송월평. 잠복했던 왜색가요는 다시 고개 들고」, 『조선일보』 1965년 12월 31일.
「전주·진주·경주에 지원(支院)」, 『조선일보』 1965년 2월 23일.

「내년에 문화행정 일원화」, 『한국일보』 1967년 12월 10일.
「국악사양성소 준공식」, 『서울신문』 1967년 12월 10일.
「신민, 당가녹음 싸고 입씨름. 예그린 악단 의뢰계획취소」, 『조선일보』 1968년 5월 9일.
박만규, 「한국 뮤지컬 반세기 스토리」, 『스포츠조선』 1990년 11월 16일.
「박대통령은 금지곡 '동백아가씨' 좋아했다」, 『문화일보』 1999년 10월 4일.

김준 구술자료(2010년 12월 15일).
박만규 구술자료(2001년 8월 21일).
박용구 구술자료(2004년).
최창권 구술자료(2006년 6월 17일).

〈사진〉 제1회 서울국제음악제 심포닉 콘서트(SYMPHONIC CONCERT) 팸플릿(출처: 한국독립운동사 정보시스템(자료번호: 1-000759-020).
〈사진〉 이미자 파월위문단원(출처: 국가기록원; 관리번호: CET0031959).

2. 2차문헌

김동노, 2010, 「한국의 통치전략으로서의 민족주의」, 『현상과 인식』 가을.
김홍·김은석·하길담·박기석, 1974, 「건전한 국민가요와 국민개창운동의 방안」, 『광주교육대학』 제9호.
박명림, 2006, 「한국현대사와 박정희·박정희시대」, 『박정희 시대와 한국현대사』, 선인.
박용구, 1975, 『음악의 광장』, 일지사.
박용구 옹의 증언(대담 장광열), 2001, 『20세기 예술의 세계』, 지식산업사.
발터 벤야민 지음, 이태동 역, 1987, 『문예비평과 이론』, 문예출판사.
서규환, 2010, 『더많은 민주주의와 비판시민사회』, 다인아트.
이유선, 1968, 『한국양악80년사』, 음악춘추사.
이정식, 1985, 『한국과 일본: 정치적 관계의 조명』, 교보문고.
이진아, 2008, 「1960년대 대중음악에 나타난 근대성」, 동아대학교 석사학위논문.
이현주, 2006, 『북한음악과 주체철학』, 민속원.
최유준, 2004, 『예술 음악과 대중 음악, 그 허구적 이분법을 넘어서』, 책세상.

최창권, 1991, 「뮤지컬」, 『한국음악총람』, 한국음악협회.

Benedict R. Anderson 지음, 윤형숙 역, 2002, 『상상의 공동체: 민족주의의 기원과 전파에 대한 성찰』, 나남출판.
Ernest Renan 지음, 신행선 역, 2002, 『민족이란 무엇인가』, 책세상.
Herbert Marcuse, 1978, *The aesthetic dimension: toward a critique of Marxist aesthetics*, Boston: Beacon Press.
Kuehnl, Reinhard 지음, 서사연 역, 1987, 『부르즈와 지배체제론』, 학문과사상사.
Nicholas Cook, 1987, *A guide to musical analysis*, London: J.M.
Paul Bekker, 1964, *The orchestra*, New York: Norton.
Reinhart Koselleck, 2004, *Futures Past: on the semantics of historical time*, trans. and with an introduction by Keith Tribe, New York: Columbia University Press.
Veronika Beci 지음, 노승림 역, 2009, 『음악과 권력』, 컬처북스.
Wayne D. Bowman, 1998, *Philosophical perspectives on music*, New York : Oxford University Press.

제3부

근대화혁명의 국제비교

케말과 터키의 근대화
중세를 현대로 바꾼 리더십

이 희 수 (한양대학교)

I. 서론

터키 공화국의 국부(國父)인 무스타파 케말 아타튀르크(Mustafa Kemal Ataturk: 1881~1938) 앞에는 항상 '터키 근대화의 아버지' '이슬람권 최초의 성공한 근대적 개혁론자' '중세를 현대로 바꾼 탁월한 리더십의 소유자'라는 호칭이 따라 다닌다. 그만큼 20세기에 가장 돋보이는 리더십의 소유자였고 철학과 행동이 일치한 보기 드문 지도자였다. 갈래갈래 찢어진 조국을 구한 무스타파 케말 아타튀르크는 1923년 당시는 누구도 상상조차 할 수 없었던 굳은 신념과 혜안으로 600년 오스만 제국이 쌓아올렸던 과거의 영광을 과감히 포기하고, 화려한 문화적 유산을 포기하더라도 새로운 세상을 만들겠다는 혁명적 포부를 가졌고 이를 실천해 보였다. 그것은 개인적 욕망의 문제가 아니라, 깊은 애국심과 미래의 발전된 조국을 만들겠다는 굳건한 의지의 표현이었다. 그 결과 99%가 무슬림인 터키는 현재 이슬람권 국가 중에서 가장 앞서있는 국가가 되었으며, 북대서양조약기구(NATO)의 중추적 멤버로 나아가 유럽연합(EU)의 일원이 되기 위한 협상을 적극적으로 진행 중에 있다. 최근 튀니지의 자스민 혁명으로 촉발된 아랍 민주화가 길을 잃고 표류하고 있는 상황에서 이슬람적 가치와 서구제도를 조화롭게 결합한 터키의 성공은 21세기 중동-아랍 민주화의 모델로 떠오르고 있다. 그것은 '케말주의(Kemalism)'로 불릴 정도로 보편화 된 무스타파 케말 아타튀르크가 이룩한 탁월한 리더십의 선물이다.

II. 무스타파 케말 아타튀르크: 청년시절

무스파파 케말은 1881년 유럽의 오스만 영토였던 살로니카(현재 그리스) 출신의 소년이었다. 그는 체질인류학적 분류로 보면 갈색머리에 흰 피부, 푸른 눈을 가진 전형적인 유럽형 혈통을 가졌으나, 문화적으로는 투르크 혈통이었다. 기원부터 중앙아시아에서 출발하여 이미 1천년 이상 유럽과 섞이고 접촉하면서 생겨난 투르크인들의 역사를 보면 그리 놀라울 일도 아니었다. 아버지 알리 르자 에펜디(Ali Riza Efendi)는 군인출신이었는데 케말이 일곱 살 때 죽었다. 아버지는 여러 직장에서 서기, 세관의 경비 등의 일을 했으며, 잠시 민병대에서 장교로 복무한 적도 있었다. 정식 교육은 받지 못했으나 글을 읽고 쓸 줄 알았으며, 꽤 진보적인 사고방식의 소 유자였던 아버지 알리는 여러 가지 사업에 뛰어들었으나 성공하지는 못했다. 어머니인 쥐베이데 하늠(Zubeide Hanim)은 아들이 성직자가 되기를 바랐다(손주영 외 2000, 171).

케말의 불운한 어린 시절은 오스만 제국 말기 당시 다른 일반 터키인들처럼 가난한 삶의 연속이었다. 아버지가 죽자 원래 가난하던 집안 형편은 더욱 더 어려워져, 케말은 어머니와 함께 동생들을 데리고 농장에서 일하고 있던 외삼촌 곁으로 이주했다. 무스타파 케말은 어린 나이에 가벼운 병에 걸린 동생들마저 어려운 가정 형편으로 제때에 약을 쓰지 못해 하나씩 죽는 모습을 지켜봐야 했다(손주영 외 2000, 172).

무스타파는 1893년 군사중등학교에 들어가서야 체계적인 교육을 받게 되었다. 이 시절 그는 매우 성실한 학생이었다. 특히 수학을 매우 잘해 수학 선생은 케말(온전함)이라는 이름을 무스타파에게 새로 붙여주었다. 이때부터 그의 이름은 무스타파 케말이 되었다.[1] 군사중등학교를 졸업한 해인 1895년 그는 마나스트르(Manastir) 군사고등학교에 입학했다. 마나스트르는 마케도니아의 주정부가 있던 도시인데, 당시 이곳에는 군인들이 많이 살았고, 발칸의 여러 민족이 자신들의 민족주의 운동을 활발히 전개하던 곳이었다. 도시의 이러한 분위기는 물론이고 학교에서 알게 된, 후일 연합진보회의 유명한 웅변가가 된 외메르 나지(Omer Nazi)는 그가 사상적으로 성숙하는 데 많은 영향을 주었다. 사실 그가 문학과 웅변술에 관심을 갖게 된 것은 바로 이 외메르와 친하게 되면서부터였고, 특히 그의 소개로 당시 반(反)오스만 정부 지식인들의 사상적인 기반에 결정적인 영향력을 끼친 나믁 케말(Namik Kemal)의 문학작품들을 접하게 되었다(손주영 외 2000, 171).

마나스트르 군사고등학교를 졸업한 그는 1899년 3월 14일 오스만 터키 제국의 수도 이스탄불에 있는 사관학교 보병과에 입학했다. 생도 시절 그의 성적은 우수했으며, 정치·예술·문학에 대한 관심도 한층 더 높아졌지만, 당시까지만 해도 정치에는 관여하지 않았다. 사관학교를 졸업하고 참모대학에 진학한 그는 발군의 실력을 발휘하는 한편, 동료들과 함께 펴낸 신문에 자신의 정치관이 뚜렷이 담긴 일련의 글들을 발표하기 시작했다. 그리하여 사관생도 시절에도 몰래 반체제 신문을 발행하다가 발각되어 징계를 받았고, 사관학교를 졸업하고 중위로 임관한 후에는 '바탄 베 휘리예트(Vatan ve Hurriyet: 조국과 자유)'라는 청년장교들의 비밀조직에 가담해 활동했다. '바탄 베 휘리예' 멤버들은 곧 청년투르크 당으로 흡수되었고, 제국 각지에서 벌어지던 분리독립 운동을 진압하면서 일정한 세력과 명성을 얻었다. 압둘 하미드 2세는 이들을 박해했으나 청년투르크 당의 중심인물인 이스마일 엔베르(Ismail Enver) 등은 서유럽과 투르크의 산악지대를 오가며 1876년 헌법의 부활과 의회의 재설치를 집요하게 요구했다(이희수 외 2001, 348).

---

[1] 케말이란 이름은 1860년대에 신오스만협회라는 비밀 개혁조직을 만들었던 시인 나믁 케말(Namik Kemal)에게서 따왔다는 말도 있다.

1905년 참모대학을 5등으로 졸업하면서 대위로 진급한 그는 동료들과 함께 비밀집회를 갖는 등 보다 적극적인 태도를 취하게 되는데 이러한 사실이 헌병대에 의해서 발각되어 멀리 시리아로 전보 발령을 받게 되었다. 1905년 1월 11일, 시리아의 다마스커스에 주둔하고 있던 오스만 터키 제국의 제4군 30기병 연대에 배속된 그는 시리아 전역을 돌아다니며, 쇠퇴 말로에 있던 제국의 학정에 시달리고 있는 백성들의 참혹한 현실을 접하게 되었고, 군대 내부의 부정과 비리를 뼈저리게 경험했다. 다마스커스에서 정치적인 유배생활을 하면서 만난 무스타파 베이(Mustfa Bey)와 함께 '조국자유협회'를 설립한 그는 예루살렘・하이파・야파 등지에서 조직의 확산을 위해 노력했다(Villalta 1979, 35~37). 이러한 노력이 별다른 성공을 거두지 못하자, 그는 상부의 허가를 받지 않은 채 살로니카로 잠입하여 약 4개월 동안 장교, 교사 등 뜻을 같이 하는 지식인들과 비밀 접촉을 하면서 조직의 확산을 위해 노력했다.

결국 1908년 6월, 마케도니아에 집결한 청년투르크 당의 군대가 이스탄불로 진격하자 오스만 제국의 술탄 압둘 하미드 2세도 백기를 들었다. 그리고 헌정이 재개됨과 함께 정치범의 석방과 강압적인 종교 전통의 철폐 등이 잇달았다. 이듬해에 압둘 하미드 2세가 그런 개혁을 싫어하는 보수파와 함께 다시 헌정을 중단시키려 음모를 꾸미자, 청년투르크 당은 다시 한 번 이스탄불로 진격하여 압둘 하미드 2세를 퇴위시키고 그의 동생인 메흐메트 5세를 술탄 자리에 앉혔다(Villalta 1979: 50). 케말은 이때 28세의 나이로 이스탄불 병력의 총지휘를 맡았다. 그만큼 혁명에 큰 기여를 했음에도 새 정부에서 그의 입지는 불안했는데, 최고실권자인 엔베르와 사이가 나빴기 때문이다. 그는 다시 전장으로 나가 발칸반도에서의 반란 진압에 힘쓰며 중앙 정치와는 거리를 둬야만 했다. 제1차 세계대전에 독일, 오스트리아와 함께 참전하는 일도 케말은 끝까지 반대했으나 결국 엔베르 등의 뜻대로 참전하게 된다. 그러나 묘하게도, 그토록 반대하던 이 전쟁 덕분에, 케말은 일약 국민적 영웅으로 떠오를 수 있었다(이희수 외 2001, 349).

이탈리아가 리비아의 트리폴리를 침공하자, 그는 1911년 말 영국의 방해

공작을 뚫고 아나톨리아, 시리아, 이집트를 경유하여 토브루크로 가서 이 지역 군사령관인 에템 파샤(Etem Pasha)의 참모장이 되었다(Villalta 1979, 59). 여러 전투에서 혁혁한 전공을 세운 그는 1912년 10월 제1차 발칸전쟁이 터지자 이스탄불로 돌아왔다. 1913년 10월 27일 오스만 터키 제국의 소피아 주재 무관으로 임명된 그는 부쿠레스티, 베오그라드, 체티네 무관직도 겸하게 되었다. 이때 그는 유럽의 풍물과 관습을 자세히 관찰하고 배울 수 있는 기회를 가졌다.

III. 실천적 조국애: 제1차 세계대전, 독립전쟁, 목숨을 건 투쟁과 애국

제1차 세계대전이 터지자 케말은 제5군의 제19사단을 지휘하게 되었고, 이 병력은 1915년 초 다르다넬스 해협의 갈리폴리(Galipoli) 반도로 향했다. 당시 연합군은 고립된 채 싸우고 있던 러시아에 보급로를 뚫고, 한편으로 오스만의 수도 이스탄불을 점령하기 위해 다르다넬스 해협을 돌파할 계획을 짜고 있었다. 영국의 해군장관 윈스턴 처칠(Winston Churchil)이 주도한 이 계획은, 2월부터 3월까지, 영국과 프랑스 해군의 대규모 함포사격으로 갈리폴리의 오스만군을 초토화하려는 공세로 시작되었다. 그러나 오스만군은 완강히 저항했으며, 기뢰도 효과를 보아 영국과 프랑스의 군함들이 다수 격침되며 함포사격만으로 오스만군을 제압할 수 없음이 드러났다.

다음은 상륙작전이었다. 이안 해밀턴(Ian Hamilton)이 이끄는 영국군과 프랑스군 7만 명이 4월 25일에 갈리폴리에 상륙했으나, "단 한 걸음도 물러서지 마라! …진격을 바라지 않는다. 그 자리를 지키다 죽어라! 전우들을 위해 싸우다 죽어 다오!" 하며 스스로도 일선에서 목숨을 내놓고 싸운 케말의 장렬한 독전, 그리고 기민한 전술이 연합군 지휘부의 안이한 대응과 맞물려 결국 오스만군에게 승리를 가져왔다. 연합군은 10월까지 반도에서 버티며 계속 공격을 시도했지만 끝내 33만 명에 달하는 넘는 사상자를 내고 퇴각해야 했다. 오스만군도 218,000명의 사상자를 냈다. 그러나 그들은 아나파르타(Anafarta) 전투로 알려진 이 처절한 싸움에서 살아남았을 뿐 아니라 세계 최강이라는 영국군을 보기 좋게 물리쳤다. 갈리폴리 전투는 풍전등화의 투르크를 구했을 뿐 아니라, 수백 년 동안 서구 열강에게 패배만 거듭해 온 이 나라에 실로 오랜만에 값진 승리를 안겨주었다(Villalta 1979, 98). 이 놀라운 승리를 거둔 주역, 케말에게는 지도자를 의미하는 '파샤' 칭호가 자연히 따라붙게 된다. 이 작전으로 그는 '이스탄불의 구세주'라는 칭호를 얻고 국민적 영웅이 되면서 대령으로 진급했다. 그 뒤 1916년 준장으로 진급하여 파샤(장군)가 된 그는 연합군이 점령하고 있던 무쉬(Mus)와 비틀리스(Bitlis)를 다시 찾았다(이희수 외 2001, 350).

한편, 종전협정 이후 연합국들이 강점하거나 점령하려던, 이스탄불을 제외한 아나톨리아 전역에서 잃어버린 영토 회복을 위한 민병대의 저항이 시작되었다. 저항운동은 민병대를 중심으로 유목민 전사나 오스만 터키 제국군의 잔류 세력이 합류하여 시작되었으나, 1919년 5월 15일 그리스가 에게 해의 교역도시 이즈미르를 점령하자 범국민적이고 본격적인 독립투쟁으로 돌입했다. 이때 무스타파 케말이 독립군의 조직에 결정적인 임무를 맡으면서 빼앗긴 영토를 되찾기 위한 본격적인 독립투쟁을 주도하게 되었다. 1919년 5월 16일, 그는 '반드르마(Bandirma)'라는 작은 배를 타고 이스탄불에서 출발하여 5월 19일 흑해 동부의 삼순(samsun) 항에 상륙하여 그곳을 거점으로 즉각적인 저항조직을 결성했다. 독립전쟁의 본격적인 시작이었고 그의 나이 38세때였다. 조국을 향한 그의 포부와 국가미래에 대한 그의 비전은 아마시야(Amasya)에서 낭독된 포고문에 잘 나타나 있다.

"조국의 온전한 보존과 국민들의 미래가 위협에 처해있다. 이스탄불 정부는 이미 고난으로부터 우리를 지켜 줄 모든 능력과 의지를 상실했다. 이제 우리가 나서야 한다. 이대로 모든 것을 포기할 수는 없다. 우리조상들의 신성한 영혼이 잠자는 아나톨리아에서 새로운 역사를 시작해야 한다. 모든 지방에서 민군이 총궐기하여 조국을 지키고 구원하자"(Dilek 2007, VII).

그러나 오스만 터키 제국의 이스탄불 정부가 그의 이러한 독자적인 돌출행위를 인정하지 않고 반대하자, 7월 8일 군부와 중앙정부의 모든 직책에서 자진 사퇴한다고 중앙정부에 전보로 통보했다. 그리고 1919년 3월에 이미 조직된 '동부 아나톨리아 권리 수호 조직'을 발판으로 7월 23일~8월 7일 동안 에르주름(Erzurum)에서, 9월 4일~9월 11일 동안 시바스(Sivas)에서 전국 독립저항세력 대표자회의를 소집하고 주재하였다. 이들 회의에서 '아나톨리아 및 루멜리 권리 수호조직'이 새롭게 결성되었다. 그는 이 조직의 집행위원회의 의장으로 선출되어, 범국민적인 환호와 지지 속에 독립 전쟁을 효과적으로 지휘하였다. 드디어 연합국들에게 빼앗긴 영토 대부분을 다시 찾게 되었다. 1919~1922년 사이에 벌어진 무력 투쟁에서 그와 그의 동지들은 아나톨리아[2] 반도에서 연합국의 점령군들을 완전히 몰아냈다. 이러한 활약으로 터키인들의 국민적 영웅이 된 그는 시대적인 요청에 따라 터키에 공화국을 건국했다.

한편 무스타파 케말은 1923년 1월 29일, 라티페 하늠(Latife Hanim)과 결혼했으나, 결혼생활은 오래 지속되지 못했고, 자식도 없었으며 열화와 같은 주변의 간청에도 불구하고 재혼하지 않았다.

무스타파 케말이 1923년에 건국된 신생 공화국 터키의 초대 대통령이 된 후 1938년 간경화 증세로 사망할 때까지 터키의 정치·경제·사회·문화·사법 등 모든 분야에서 일관되게 주도한 개혁정책은 터키가 자주·독립·세속주의 국가로서 오늘날 서구의 어느 나라에 못지않은 현대적인 모습을 갖추게 되는 기틀을 마련했다. 터키의 대국민의회는 1934년 11월 24일 성씨법(姓氏法)을 만들어 모든 국민이 성씨를 사용하도록 하면서 무스타파 케말에게는 아타튀르크(터키인의 國父)라는 성씨를 만장일치로 부여했다. 이리하여 그의 공식적인 이름은 무스타파 케말 아타튀르크가 되었다.

1923년 10월 13일 앙카라를 새로 탄생하게 될 공화국의 수도로 공표한

---

[2] 터키어로는 아나돌루, 현재 터키 공화국의 아시아 쪽 영토가 있는 곳으로 소아시아 반도라고도 한다.

국민의회는 10월 29일 마침내 터키가 공화국임을 세계만방에 선포하면서 무스타파 케말을 초대 대통령으로 선출했다. 그리고 1924년 4월 20일 공화정 헌법이 제정·공포되었다. 1938년 간경화 진단을 받은 그는 주치의를 비롯한 주변의 많은 사람들의 적극적인 만류에도 불구하고 장기간 지방 시찰을 떠났고 결국 과로를 이기지 못해 이스탄불로 돌아오는 길로 병석에 눕게 되었다. 1938년 11월 10일 목요일 아침 9시 5분에 이스탄불의 돌마바흐체(Dolma Bahce) 궁전에서 운명하고 말았다.

한편 국민의회는 국가적인 사업으로 아타튀르크 묘역을 건설하는 안을 만장일치로 결의, 통과시켰다. 1939년 수도 앙카라 전역을 내려다볼 수 있는 장소를 대상지로 선정한 국민의회는 묘역 조성안을 국제적으로 공모했다. 1942년에 마감된 국제 공모에는 터키에서 22개, 외국에서 27개, 모두 49개의 작품이 참여했는데, 터키의 에민 오나트(Emin Onat)와 오르한 아르다(Orhan Arda)의 공동작품이 최종적으로 채택되고, 공사는 1944년에 시작되었다. 처음에는 고려되지 않았던 지진 대비책과 터키의 어려운 경제를 감안한 공사비 절감 등 여러 가지 이유로 인해 공사는 만 9년이 걸렸다. 서거 15주기인 1953년 11월 10일, 임시 묘소에 안치되었던 그의 시신은 온 국민의 애도 속에 앙카라 라사트 테페(Rasat Tepe)에 있는 현재의 묘소인 아느트 카비르(Anit Kabir)에 영구히 안치되었다(이희수 외 2001, 352).

IV. 결단과 실천의 새로운 리더십: 여섯 개의 통치 기둥

600년간 세 대륙을 호령했던 오스만 대제국의 유산을 단절하는 것은 결코 용이하지 않았다. 오스만 제국과의 단절은 단순히 새로운 역사를 시작하는 것으로 그치지 않고 깊은 이슬람 종교성을 공유한 아랍 형제민족들과의 일정한 거리두기이며 영광스러운 과거의 유산을 과감히 포기하는 것이었다. 그것은 다양한 민족을 아우르는 제국이념에서 벗어난 민족중심의 국가주의이며, 종교와 사회의 확고한 분리, 중동세계로부터 벗어나서 유럽의 일부가 되려는 근원적인 변화의 몸짓이었다(후라니 2010, 562). 무스타파 케말 파샤는 1923년 '아나톨리아-루멜리아 권리옹호동맹'을 인민당으로 개편해 집권당을 삼고, 앙카라를 새로운 수도로 삼았다. 그리고 10월 29일에 의회의 선거를 거쳐 터키 공화국의 초대 대통령에 취임했다.

터키 공화국의 초대 대통령이 된 무스타파 케말 아타튀르크는 왕정과 칼리파 제도의 폐지에 따른 공화정 선포, 헌법에 명시된 국교조항 폐지 등 정치·종교적인 것 이외에도 많은 개혁정책을 단행했다. 처음에는 이슬람이 국교로 채택되었으나 1928년 4월에 이 조항은 삭제되었다. 이로써 터키는 정치와 종교가 분리된 순수한 세속주의 공화국으로 다시 출발하게 된 것이다.

가장 획기적인 개혁정책은 1928년에 단행한 문자 개혁이다. 지중해를 내해로 삼고 아시아·아프리카·유럽 3개 대륙에 걸친 광활한 영토를 600여 년간 유지해 왔던 초강력 국가 오스만 터키 제국이 어이없이 일순간에 무너져 버린 가장 커다란 이유가 백성이 무지했기 때문이라고 생각한 것이다. 그는 터키어를 아랍 문자 대신에 라틴 문자로 표기하는 방법을 전국을 순회하면서 직접 가르치는 열정을 보이기도 했다. 오늘날 터키 국민의 거의 대부분이 문맹 상태에서 벗어나 자유로운 문자생활을 할 수 있게 된 것은 그의 이러한 열정과 노력이 밑받침된 것이다.

아타튀르크의 새로운 시도는 소위 터키공화국을 위한 여섯 개의 화살로 비유되었다. 6개의 기본 원칙은 공화주의·민족주의·국민주의·국가주의·세속주의·개혁주의로 요약되며, 터키 공화국은 오늘날까지 그 골격을 유지하면서 민주적이고 발전된 서아시아 국가의 하나가 된 것이다.

1. 왕정에서 공화국으로: 세속주의의 정착

무스타파 케말 파샤의 첫 번째 조치는 제정분리였다. 투르크의 술탄은 예부터 최고 종교지도자인 칼리프를 겸하며 절대적인 지배권을 행사했다. 그러나 케말은 칼리프제는 유지하되 종교적 권한만 갖도록 하고, 정치적 지배자인 술탄은 폐지한다는 개혁안을 1922년 10월에 통과시켰다. 물론 많은 반대를 무릅쓴 파격적인 조치였다. 무스타파 케말은 생사고락을 함께 한 혁명 동지 세 사람3)에게 일일이 의견을 구했다. 그들조차 입헌군주제 형태의 왕정 유지 쪽에 무게를 두고 있었다(Villalta 1979, 318~319). 국민적 정서는 더 말할 것도 없었다. 그래서 잠정적인 조치로 술탄 왕정제는 폐지하면서 정신적 종교지도자인 칼리프제를 당분간 존속시키도록 했다. 아직은 6백 년간 세계를 호령했던 오스만 대제국의 영광에 대한 국민들의 집착과 존경이 강하게 남아있기 때문에 조심스런 입장을 취했다(Kinross 1964, 340~345). 술탄제 폐지 선언으로 마지막 술탄 와히데틴(Vahideddin)은 말타를 거쳐 산레모로 망명길로 접어들고 그가 사촌이자 왕위승계권을 갖고 있던 54세의 압둘 메지드가 칼리프 직을 이어받았다. 그렇지만 더 이상 그는 터키 정치에 간여할 수 없었고 이슬람 세계의 허울뿐인 종교적 상징으로만 머물러야 했다. 무엇보다 칼리프는 터키 국민의회의 동의를 받게 되었다. 국민대표의 뜻에 따라 선출된다는 이슬람 역사 1400년의 전통을 뒤엎는 획기적 변화였다(Kinross 1964, 351).

물론 의회 내에서나 국가전역에서 첨예한 국론 분열과 논쟁이 가속화되었다. 이제 술탄제가 폐지되고 칼리프가 그 역할을 한다면 당연히 칼리프가 대통령이 되어야 한다는 종교계나 보수파들의 주장이 강하게 제기되었다(Kinross 1964, 379). 아타튀르크의 생각은 달랐다. 어떤 경우든 종교가 삶의 진전에 발목을 잡아서는 안 된다는 확고한 종교철학을 갖고 있었다. 이슬람 종교는 원래 합리적이고 자연스런 종교이기 때문에 이성, 과학, 지식, 논리의 이념체제라는 것이다. 특히 극단주의는 "인간의 심장을 파고드는 사악한 단검"이라는 부정적 사고를 갖고 있었다. 이슬람 종교의 보수화와 중세적 사고로는 급변하는 서구의 변화를 따라잡고 국민적 삶을 진전시키기가 어렵다는 신념을 하나씩 실천으로 옮겨갔다.

결국 그는 1924년 터키가 이슬람 세계와 유지하고 있던 마지막 끈인 칼

---

3) Rauf, Ali Fuad, Refet.

리프 제도마저 폐지하기로 결심을 한다. 케말에게 칼리프 제도의 폐지는 터키 공화국이 과거와의 단절, 나아가 중세 낡은 이슬람과의 결별을 뜻하는 선언적 분수령이었다(Kinross 1964, 385). 보수층의 격렬한 저항과 외국 이슬람 국가들로부터의 공식, 비공식 항의에도 불구하고 그 해 3월 3일 칼리프 폐지법이 의회를 통과하였다. 이어 4월 8일에는 이슬람법정이 폐지되고 오스만 왕가의 가족들은 영구히 터키 영토 내에 머무는 것이 허용되지 않았다. 마지막 칼리프였던 압둘 메지드는 칼리프 폐지법이 통과된 3월 3일, 바로 다음 날 새벽 터키를 떠나도록 명령받았다. 칼리프제 대신 일반 종교성이 정부조직으로 설치되었고, 이슬람 법정의 최고 재판관인 세이크 알 이슬람(Sheikh al-Islam)도 기능을 멈췄다. 종교재단이 받던 희사금은 국고로 환수되고 모든 종교학교(Medrese)는 서구식 교육을 하는 일반 학교로 전환되었다. 샤리아 법정이 관장하던 결혼, 이혼, 상속 법정은 문을 닫았고 스위스 민법에 근거한 새로운 법률의 적용을 받게 되었다(Villalta 1979, 340~341 ; Kinross 1964, 385~386). 1928년에는 이슬람세계에서는 놀랍게도 "이슬람을 국교로 한다"는 헌법 조항이 삭제되었고, 국회의원 선서 때 "신(알라)의 이름으로...."로 시작되는 조항도 삭제하였다. 이제 헌법상으로도 터키는 완벽한 세속국가가 된 셈이다(Villalta 1979, 342).

2. 제국주의에서 투르크 민족주의로

두 번째 원칙은 민족주의로, 케말은 수백 년 동안 오스만 제국이 보인 진부함과 지리멸렬함을 극복하여 활기찬 근대국가로 나아가려면 갈리폴리 전투나 그리스와의 전쟁에서 나타난 민족주의적 정열을 중심으로 국민이 총화단결해야 한다고 보았다. 더 이상 다양한 민족과 문화적 다양성을 제국의 용광로 속에 녹이려는 오스만 제국 시절의 강압적 통합방식이 아닌 터키 민족들이 중심이 된 국가정체성을 강조하였다. 보다 강한 결속력을 바탕으로 보다 통일된 문화적 전통을 공유하는 민족 집단과 국가의 건설이 현실적이고 효율적이라는 사상을 견지하고 있었다. 이를 위해 터키 민족사와 터키민족문화를 국가적 규모로 연구하고 널리 보급했을 뿐 아니라, 모든 국민이 성을 갖도록 하고, 그리스 영토 내의 터키계 주민과 터키 영토 내의 그리스계 주민을 대규모로 맞교환하는 등 "민족국가 터키"를 만들기 위해 꾸준히 노력했다.

3. 봉건적 삶에서 근대국가로: 탈이슬람과 근대교육

아타튀르크가 이룩한 기본 국가골격은 이슬람 국가로서의 정체성을 벗고 근대적, 서구적인 국가와 사회를 이룩하는 것이었다. 이를 위해 법률의 국교 조항을 폐지하고, 이슬람교도 국민과 비이슬람교도 국민 사이의 차별을 금지했으며, 여성에게도 교육을 실시하고, 남성과 똑같은 권리와 의무를 인정했다. 중세부터 누적되어 온 비과학적 관습과 잘못된 관례에 대한 일대 혁파가 이어졌다. 광신적 행위는 물론 미신과 주술 행위 등도 개혁의 대상이었다. 1925년 8월 카스타모(Kastamo)에서 행한 그의 연설에 이러한 의지가 잘 담겨 있다.

"...죽은 자로부터 도움을 구하는 것은 문명사회에 어울리지 않습니다. 서구문명은 과학과 합리적, 지식에 기반하는 사회입니다. 국민 여러분! 여러분의 미래를 더 이상 셰이크나 주술사에 의존해서는 안됩니다. 터키 공화국은 이제 더 이상 셰이크, 몰라, 탁발승(데르비시), 이슬람 형제단의 나라가 아닙니다."(Kinross 1964, 412)

이 연설이 있고 나서 연속적인 사회적 악습에 대한 철폐가 잇달았다. 지금까지 허용되던 성자들의 무덤 순례가 금지되면서 묘당이 폐쇄되었다. 국민의회 내에서도 격렬한 반대논쟁이 있었지만 케말은 조금도 주저하지 않았다. 종교적 상징성이 있다면 모두 바꾸어야 한다는 것이 그의 신념이었다. 그래서 터키의 이슬람식 전통 모자인 페즈(Fez)[4]에 대해서도 착용금

---

[4] 오스만 시대부터 착용하던 남성의 상징모자로서 예배를 보기 쉽게 창이 없는 둥근

지령을 발효했다. 이 조치는 '차라리 모자대신 내 목을 쳐라'고 할 정도로 전국적인 반대여론이 들끓었지만 물러설 케말이 아니었다. 아이러니하게도 페즈는 터번과 달리 오스만 근대화의 상징이자 지식인의 복장으로 인식되기도 했지만, 케말에게 페즈는 반공화국 상징이 된 이상 그것을 용납할 수 없었다. 공공장소에서 터번과 주베(몸을 감싸는 헐렁한 종교적 외투)도 금지되었다. 1935년초에는 이슬람세계에서는 유일하게 공휴일을 금요일 대신 일요일로 삼았다. 이슬람력에 의존하던 일상도 따라서 서구식 그레고리역으로 바뀌었다(Kinross 1964, 473). 그것은 단순히 달력의 변화만을 의미하는 것이 아니라 삶의 기본 패턴을 근원적으로 바꾸는 의미를 가졌다. 이슬람력은 기본적으로 1년을 354일로 하는 달의 움직임에 따라 정비된 역법이다 서양력 365일과는 매년 11일씩 차이가 나기 때문에 커다란 변화를 감수해야 하는 문제가 있었다. 모든 종교축제와 기념일, 개인적인 생활방식과 계산법이 바뀌는 계기가 되기 때문이다(Villalta 1979, 363). 아무튼 케말의 근대화는 서구화와 거의 동일함을 거듭 보여준 개혁적 조치였다.

    근대화를 위한 조치들이 하나씩 진척되면서, 케말은 드디어 놀라운 결심을 하게 된다. 그것은 문지혁명이었다. 아랍어로 표기하는 터키어는 근대화에 걸맞지 않는 낡은 문자, 낡은 문화의 잔재로 보았다. 모든 국민들이 보다 잘 익히고 사용할 수 있는 문자를 필요로 했다. 그것은 터키어를 라틴 알파벳으로 표기하는 것이었다. 동시에 케말이 문자개혁이 무엇을 의미하는지도 잘 알고 있었다. 그것은 종래의 다른 개혁과는 다른 사회를 뒤엎는 혁명적 변화이고 그만큼 커다란 반발에 부닥칠 이슈였다. 아랍어 문자를 버리는 것은 6백 년 오스만 터키 역사와 문화에 대한 단절을 의미하며, 국민들의 99%가 믿고 수백 년간 이슬람세계의 칼리프로서 그 중추적 역할을 포기한다는 선언적 의미도 깔려 있었다. 그래서 오래 준비하고

    붉은 모자이다. 오스만 시대 말기인 19세기초 술탄 마흐무드 2세 시기에 아프리카에서 유행하던 모자형태를 받아들였다. 지금도 모로코, 이집트 등 오스만 제국의 통치를 받았던 북아프리카 일대에서는 페즈가 지금도 착용되고 있다.

때를 기다렸다. 그러던 차에 1926년 소련 연방에 편입된 투르크-타타르계 주민들이 아랍어 대신 라틴 알파벳을 채택하게 된다. 투르크 공화국 동족들과의 소통을 위해 이제 터키 공화국에서도 변화가 필요하다는 논리를 폈다. 드디어 1928년 11월 3일, 29개 알파벳을 기본으로 하는 라틴어 표기법이 통과되었다(Villalta 1979, 379~380 L Kinross 1964, 445). 단순히 아랍문자를 버린 변화에 머물지 않고 터키어에 지나치게 많이 유입된 아랍어, 페르시아 요소를 터키어로 바꾸는 작업도 병행되었다. 1929년 9월 학기부터는 중고등학교에서 아랍어와 페르시아어 외국어 수업도 폐지되었다. 1932년에는 터키어 연구와 보급을 위한 기구인 '터키언어학회(Turk Dil Kurumu)'가 헌법기관으로 발족되었다. 왕정시대 이슬람교육의 온상이던 이스탄불 대학교도 1933년 특별법에 의해 법대, 의대, 문리과 대학이 중심이 된 근대적 교육기관으로 거듭났다. 보다 독립적인 근대교육기관으로 앙카라 대학교기 설립된 것도 이런 맥락에서 출발하였다.

쉬운 문자의 보급으로 터키국민들의 문맹율이 획기적으로 감소되었고, 몇 년 사이에 150만 명의 문맹 퇴치효과가 나타났다. 문자개혁은 필연적으로 교육 개혁으로 이어져 공화국 초기 10년간 학생수는 358,000명(여학생 64,000명)에서 656,000명(여학생 222,000명)으로, 교사는 12,000명에서 19,000명으로 늘어났다(Villalta 1979, 392).

4. 여성해방과 여권 혁명

무스파파 케말이 터키근대화를 위해 헌신했던 가장 중요한 업적을 들라면 의심의 여지없이 여권신장과 여성의 사회적 참여에 대한 혁명적 개혁 조치일 것이다. 오스만 시대 터키 여성은 이슬람 전통의 굴레에 갇혀, 신체 일부를 드러낼 수도 없었고, 사회적 참여는 꿈도 꿀 수 없었다. 대도시 이스탄불에서 조차 골목에 여성이 남편이나 아버지, 남자형제와 동행 없이 혼자서 또는 다른 남자와 길을 걸어 다닐 수 없었으며, 남편과 동행 하더라고 여성은 항상 몇 발자국 뒤에서 따라 걸어야 했다. 모든 공공장소에서 남녀는 분리되었으며, 예배에서도 별도 공간이 마련되었다.

케말의 여성관을 알 수 있는 대목은 1923년 2월의 이즈미르 연설에 잘 나타나 있다.

"국가발전에 남녀가 공동으로 참여해야 합니다. 왜냐하면 사회는 두 개의 성별로 구성되어 있고 상호보완적인 관계이기 때문에 함께 가야 합니다. 기억해 보십시오. 우리의 어릴 적 교육을 담당하고 우리가 가야 할 길을 온몸으로 가르쳐 주신 분이 어머니가 아닙니까. 여성이 무지하다면 그 사회가 무지해지는 것입니다."(Villalta 1979, 368)

근대화의 성공은 여성의 참여와 개혁으로 완성될 수 있다는 케말의 믿음은 1926년 2월 17일 스위스 민법의 도입으로 해결되었다. 가장 이슬람 역사 1400년간 지속되어왔던 일부다처제가 폐지되었다. 남녀의 이혼 청구권을 똑같이 인정하고 이혼은 일정 조건하에서 법원의 결정에 따르도록 함으로써 사실상 남성의 특권을 부정했다(라피두스 2008, 866). 여성에 대한 배려와 기회가 주어졌으며 남녀평등교육 실시되고, 남녀평등법 제정되었다. 복장 개혁과 함께 공공기관에서의 히잡착용을 금지했다. 1934년에는 여성에게도 선거권과 피선거권이 주어졌다. 국회의원을 선출할 수 있고 여성 스스로가 국회의원에 선출될 수 있었다. 그 결과 1935년 선거에서 18명, 1936년 선거에서 20명의 여성 의원들이 비례대표가 아닌 당당히 지역구 선거에서 당선되었다(Dilek 2007, 162 ; 라피두스 2008, 866). 지금 터키 의회에서 차지하고 있는 여성 의원들의 비율보다 더 많은 쾌거로서 당시로서는 서구 어떤 나라보다도 앞선 획기적인 변화였다. 1937년 5월에는 사비하 괵첸(Sabiha Gokcen)이 최초의 여성 조종사로서 이름을 날렸다. 법적인 보호뿐만 아니라 실생활에서도 여성들의 진출이 두드러졌다. 취업여성들이 획기적으로 증가하고 스포츠우먼, 걸 스카우드 조직이 만들어졌다(Villalta 1979, 3370~3371). 당시 서구사회보다도 더욱 획기적인 조치가 이슬람 국가인 터키에서 일어났다. 케말의 개혁의지와 근대화를 향한 열망이 얼마나 강했는지를 잘 보여주는 대목이다.

5. 국민을 위한 빠른 추진력: 혁명주의

케말의 개혁과 혁명에는 중요한 원칙이 있었다. 오랜 관성에 젖은 대중들과의 합의를 통해 개혁을 추진하기는 비효율적이고 지나친 저항이 따르고 실제로 역부족인 것을 알고 일단 신념으로 과감하게 밀어붙이고 후일 역사적 평가를 받겠다는 지도자의 자세였다. 국가적인 위기 상황을 감안해 이 모든 과정을 "혁명적으로 실행"하는 것이었다. 다시 말해 다소 비민주적이고 폭력적인 방법을 써서라도 진취적으로 추진해 나간다는 것이었다. 그런 독단적 결정을 가능하도록 했던 사회적 배경에는 그의 사심 없는 애국심과 조국을 구원했다는 독립전쟁의 영웅으로서의 입지를 십분 활용했다. 사실 그는 유산을 남기지도 않았고 심지어 자식도 없는 상황에서 오로지 터키 근대화에만 매달렸던 행동으로 보여주는 용기와 모범적 실천으로 밀어붙이는 폐해의 후유증을 최소화할 수 있었다.

이처럼 그는 결단의 리더십을 보인 드문 지도자였다. 왕정이 아닌 공화국을, 이슬람이 아닌 세속주의를 국가적 근본이념으로 정한 무스타파 케말은 놀랄 만한 속도와 무서운 추진력으로 목표를 향해 달려갔다. 1924년 3월 3일, 칼리프제 폐지를 의회에서 통과 시킨 바로 그 날 저녁, 마지막 왕정의 잔재이며 칼리프인 압둘 마지드에게 다음 날 새벽 5시까지 조국을 떠날 것을 명하는 최후통첩이 전달되었다. 6백 년 왕정의 통치자가 하루밤 사이에 짐을 싸고 신하들에게 일일이 작별 인사도 못한 채 기차에 실려 국경 밖으로 실려나 스위스로 보내졌다(Villalta 1979, 342). 칼리프가 떠남으로써 공식적으로 오스만 왕정의 역사적 소명은 종료되었다. 그리고 화요일 칼리프가 떠나간 후, 처음 열린 금요일 설법에서는 이슬람 전통에 따라 600년간 언급되던 칼리프의 이름은 삭제되었고, 그 자리에 터키 공화국의 반영과 발전을 기원하는 문구가 삽입됨으로써 새로운 시대의 시작을 알렸다. 모든 것이 단 며칠 만에 일어나고 완료되는 전광석화 같은 조치였다. 무스타파 케말만이 해낼 수 있는 결단과 실천의 리더십이다.

그의 마지막 획기적 사회적 개혁조치는 성씨의 사용이었다. 유목적 전통을 가진 투르크 민족은 중앙아시아에서부터 성씨를 갖고 있지 못했다. 자신의 이름에 아버지의 이름을 붙여 사용했다. 누구누구의 아들, 누구의 아버지, 누구의 어머니 같은 호칭이 일반적이었다. 1934년 성씨법이 제정되어 통과되었다. 이제 터키 국민 모두가 성씨를 가져야 했다. 이름 뒤에 붙이던 계급적인 호칭, 즉 Hazret(각하), Pasha(장군), Efendi(신사), Bey(남자존칭), Hanim(여자존칭) 등도 금지되었다. 대신에 이름 앞에 서구의 Mr., Mrs.에 해당되는 Bay(바이), Bayan(바얀)을 붙이도록 했다(Villalta 1979, 394).

터키 독립전쟁의 영웅이자 건국의 아버지인 무스타파 케말에게는 '아타튀르크(Ataturk)'란 성씨가 주어졌다. '국부(國父)'라는 뜻이다. 따라서 터키에서 아타튀르크는 오로지 한 사람만이 존재하게 된다. 아타튀르크는 생전에 그의 혁명적 삶을 프랑스의 나폴레옹과 비교해 본적이 있었다. 그렇지만 나폴레옹은 그의 개인적 야망과 세계를 정복하고자 하는 그릇된 욕심 때문에 조국의 이익을 저버렸다고 판단했다. 자신은 세계제패라는 허황된 꿈 대신에 조국의 이익과 자신의 국민들의 미래에 헌신한 사람으로 불리고 남기를 원했다(Kinross 1964, 477).

V. 조직적 반대를 견뎌낸 지도자

'혁명적으로' 신생국 터키를 근대화하는 과정에는 강압적 수단도 많이 쓰여졌다. 옛 체제에 향수를 느끼는 구 왕실과 고위성직자들은 끊임없는 감시의 대상이 되었고, 차례차례 숙청되었다. 언론은 검열되었으며 반정부적인 언론사는 가차 없이 폐간되었다. 정당은 한동안 집권 인민당 하나만 인정하다가 1930년에 자유공화당을 창당토록 했지만, 이 정당이 의외로 바람을 일으키자 99일 만에 해산시켜 버렸다. 또한 "단일민족"임을 강조하는 터키공화국이었으나 소수민족은 아직도 있었다. 그들 중 가장 독립의 열망이 높던 쿠르드족은 1925년에 반란을 일으켜 한때 일부 지역을 장악했으나, 케말이 보낸 군대에게 진압되었다. 케말은 그들의 지도자들을 공개 처형하여 소란해진 민심을 공포감으로 억제하려고 했다. 공개처형은 이 밖에도 반정부 인사들을 처리할 때 종종 쓰였다. 그래도 히틀러나 스탈린 체제에서와 같은 대규모 학살은 케말의 생전에 일어나지 않았으나, 술탄 정부 말기와 공화국 수립기에 벌어진 '아르메니아 대학살'에 케말이 연관되어 있었다는 주장이 일부 나오고 있다.

초기 터키 공화국 창설 과정에서 가장 조직적으로 부닥친 사건이 바로 1925년 터키 내 소수민족 쿠르드인들의 대규모 반란이었다. 쿠르드인은 투르크족과는 다른 언어와 역사적 전통을 갖고 있었음에도 오스만 제국 통치기에 투르크인들에게 복속되어 있었다. 1차 세계대전 이후 세브르 조약에서 쿠르드인들의 독립이 보장되었으나 1923년 로잔 조약에서 그들에게 부여되었던 국가건설의 꿈이 무위로 돌아가자 깊은 실망감에 빠져 있었다. 비교적 강한 이슬람 종교적 성향을 지녔던[5] 쿠르드 지도자 세이크 사이드는 1925년 2월 13일 데르심(Dersim)이란 곳에서 터키 공화국 정부에 대항하는 군사반란을 일으켰다. 쿠르드 독립국가를 외치며 시작된 이 반란은 쿠르드 독립 주장을 넘어 칼리프제 폐지반대와 케말의 세속주의에 반기를 들면서 무장봉기로 이어졌다(Tapper 1991, 6). 반란군이 주요 지방 정부 부처를 장악하고 군인들을 투옥하면서 엘라지으(Elazig)와 디야르바크르(Diyarbakir) 까지 진격하였다. 쿠르드인의 정신적 수도인 디야르바크르에서 기세를 올린 그들은 "샤리아 체제의 복원!" "앙카라 무신론자들에게 죽음을!" 등을 외치며 칼리프의 복귀와 왕정복원을 외쳤다(Villalta 1979, 349). 그러나 무스타파 케말이 이끄는 신정부의 타도의지도 만만치 않았다. 터키군의 무차별 공격으로 반란은 진압되었고 반란 주모자들은 처형당했다. 그러나 이 반란사건으로 공화국 정부의 지나친 세속주의와 종교탄압에 반대하는 분위기가 전국적으로 확산되기도 했다. 동시에 케말 정부에게는 종교적 성향을 지닌 사회조직을 한꺼번에 일소하는 정치적 호기

---

[5] 세이크 사이드 반란을 주도한 세력은 종족적으로는 쿠르드인들이었지만 종교적으로는 당시 극단적 이슬람 신비주의 종단인 낙쉬반드 계열이었다. 그들은 칼리프제의 부활과 샤리아, 즉 이슬람 율법의 복원을 청원하고 있었다(Kinross 1964, 411).

를 맞기도 했다(Kinross 1964, 411).

아타튀르크의 개인적 삶도 평화롭지 못했다. 젊은 시절 화려한 여성편력을 가졌던 그는 42세가 되던 1923년에야 라티페라는 여성과 결혼했다. 그러나 그녀는 대부분 일에 중독되어 보내고, 약간의 여가 시간은 술에 빠져 지내는 남편을 견디다 못해 1925년에 이혼해 버린다. 케말은 이후 다시는 결혼하지 않았고, 13명의 자녀를 입양하여 가족 분위기를 조금 냈지만 기본적으로는 술과 담배에 의존하여 정치활동에서의 스트레스를 달랬다. 그런 습관 때문에 그의 건강도 빠르게 나빠지고, 결국 1938년 11월 10일, 57세라는 비교적 이른 나이에 숨을 거두게 된다.

VI. 결론: 아타튀르크 리더십

아타튀르크 연구의 권위자인 터키학자 사득 투랄(Sadik Tural)은 지도자의 덕목을 7가지로 분류하면서 아타튀르크의 지도자로서의 리더십을 평가하고 있다. 그에 따르면 아타튀르크는 첫째, 자신감의 소유자였고, 둘째, 목표의식을 가진 지도자, 셋째, 축적된 지식과 준비된 사고, 경험적 실천력을 갖춘 지도자, 넷째 처하고 있는 긍정적 부정적 현실의 조건과 가능성에 대한 정확한 판단력과 결단력의 소유자, 다섯째, 신뢰 할 수 있는 친구와 동지들을 가진 지도자, 여섯째, 사적인 이해관계나 욕망으로 자유로운 사람으로 공공의 이익과 남을 배려하는 덕목을 가진 지도자, 일곱째, 역사와 미래를 예측하면서 장기적으로 바라보는 안목의 소유자로 평가하고 있다. 물론 그에 대한 구체적인 예를 들어가면서 아타튀르크야 말로 1차 세계대전의 패배로 사라져가는 제국을 포기하고 터키국민들을 위한 공화국을 세운 위대한 지도자였음을 강조하고 있다(Dilek 2007, 18~23).

1. '국부다운 국부'로 남다

아타튀르크는 분명 독재자였으나, 그런 독재는 빈사 상태에 이르렀던 나라가 다시 새롭게 태어나는 과정에서 어느 정도 불가피했을지도 모른다는 의견이 많다. 많은 '국부'들에게 흔히 따라다니는 부정부패와 친인척 문제, 개인의 신격화와 대량학살 등 비난의 여지도 없었다. 군인 출신이고 강력한 민족주의자였으나, 집권한 후에는 그리스를 비롯한 여러 이웃나라와 평화적인 관계를 지향했다. 아직도 그의 이름은 터키 곳곳에 남아 있으며, 국민의 애정과 존경의 대상이 되고 있다. 그의 시신을 실은 배가 이스탄불을 떠나 보스포루스 해협을 건널 때, 전 유럽의 선박들이 일제히 기적을 울려 조의를 표했다고 한다. 서구인에게는 한때 경멸의 대상일 뿐이던 한 나라 지도자의 마지막 길에 주어진 그러한 예우, 그것이 그에 대한 역사적 평가를 대변해 주지 않을까. 2000년 아타튀르크 기념식에서 행한 터키 대통령 아흐메트 네즈데트 세제르(Ahmet Necdet Sezer)의 아타튀르크 리더십에 대한 표현은 터키인들의 생각을 압축해 주는 문구다.

"아타튀르크는 인류 역사를 통틀어 가장 위대한 지도자 중의 한 사람이다. 그는 지식이 뛰어나고, 사랑과 긍정적 사고, 평화애호주의와 민주주의에 심취한 지도자였다. 모든 인류의 존경을 받을 만한 사람이다."(Dilek 2007, 3)

2. 결단과 실천의 리더십

99%가 이슬람을 믿고 있는 터키에서 차도르 전통과 코란 언어인 아랍어를 근원적으로 금지하는 조치를 과감하게 실천에 옮기고 이를 헌법에 명문화한 지도자가 터키의 국부 무스타파 케말 아타튀르크다. 그는 결단과 실천의 리더십으로 터키의 근대화라는 상상조차 하지 못했던 성취를 이루어냈다.

후일 터키 공화국의 초대 대통령이 된 무스타파 케말 아타튀르크는 왕정과(1922년) 칼리프제(1923년)를 버리고 공화정을 선포했으며(1923년), 헌법에 명시된 이슬람교 국교조항을 폐지했다(1928년). 1924년에는 스위스 민법이 도입되면서 이슬람 율법(샤리아)이 효력을 정지되었고, 종교재단, 종교학교, 코란 교실, 이슬람 신비주의 교단 등이 강제로 문을 닫았다. 1931년 서구식 미터법이 도입되고, 1937년 탈종교적 세속주의가 헌법의 가치로 공표되었다. 그리고 1934년에는 서구식 성씨법이 통과되어 모든 터키인들이 성(姓)을 가질 수 있도록 했다(Tapper 1991, 6). 모든 개혁 조치들이 연이어 숨 돌릴 틈도 주지 않고 몇 년 안에 이루어지고 실행되었다. 많은 개혁정책 중에 으뜸으로 꼽을 수 있는 것은 역시 1928년에 단행한 문자 개혁이다. 아시아·아프리카·유럽 3개 대륙에 걸친 광활한 영토를 600여 년간 유지해 왔던 오스만 대제국이 어이없이 일순간에 무너져 버린 가장 커다란 이유가 백성이 무지했기 때문이라고 생각한 것이다. 그는 터키어를 아랍 문자 대신에 라틴 문자로 표기하게 하고, 스스로 전국을 순회하면서 직접 가르치는 열정을 보였다. 오늘날 터키 국민의 거의 대부분이 문맹 상태에서 벗어나 자유로운 문자생활을 할 수 있게 된 것은 그의 이러한 열정과 노력이 밑받침된 것이다(Tapper 1991, 6).

물론 엄청난 저항이 따랐다. 특히 이슬람 보수층의 좌절과 조직적 반발은 너무나 격렬하고 끈질겼다. 그러나 케말 아타튀르크는 세 가지 확신을 가졌다. 첫째, 터키가 진정으로 발전하고 유럽과 어깨를 맞대는 선진국가가 되기 위해서는 종교가 정치에 간여하지 말아야 한다는 원칙이었다. 둘째는 국가를 넘어서는 이슬람적 연대보다는 철저히 국민국가 중심주의로 가야 된다는 믿음이었다. 셋째는 사회의 절반을 차지하는 여성들의 능력 발휘와 사회참여에 대한 완전한 양성평등지향이었다. 그리고 그는 투철한 사명감과 흔들리지 않는 원칙으로 이를 관철해 내었다. 실제로 터키에서는 탄수 칠레르라는 최초의 민선 여성 수상을 배출했으며, 간통죄와 사형제까지 폐지하면서, 이슬람과 서구식 발전의 조화와 공존이라는 새로운 가능성을 증명해 보이고 있다.

3. 조국을 향한 불꽃같은 열정과 사랑

무스타파 케말이 처음으로 세상 사람들의 관심을 끌기 시작한 것은 제1차 세계대전의 동맹국으로 참전한 오스만 제국의 젊은 장교로서 여러 전투에서 혁혁한 전공을 세우면서부터였다. 특히 터키영토를 점령한 외국군을 몰아낸 독립전쟁의 영웅으로 그는 시대적인 요청에 따라 1923년 터키공화국을 건국했다. 1938년 사망할 때까지 케말 아타튀르크는 터키사회의 모든 분야에서 일관되게 개혁정책을 주도했다. 그 결과 오늘날 터키가 유럽연합(EU)의 일원이 되고자 할 정도로 서구화되고 현대적인 모습을 갖추게 되는 기틀을 마련했다. 그것은 조국을 향한 불꽃같은 정열과 사심 없는 헌신의 리더십이 있기에 가능했다. 그는 재산을 남겨놓지도 않았고, 조국 터키와 결혼하여 자식을 두지도 않았다. 무스타파 케말이 주창한 6개의 기본 원칙, 즉 공화주의·민족주의·국민주의·국가주의·세속주의·개혁주의는 많은 제3세계 국가의 통치원칙이 되었으며 서구와 공존하면서 근대화를 이룰 수 있다는 성공사례는 이슬람 국가의 근대화에 큰 기폭제가 되었다.

물론 오늘날 아타튀르크는 일부 비판에 직면해 있다. 지나친 우상화와 강요된 신비화가 가져다주는 사회의 경직성과 종교적 전통에 대한 억압이 자주 논쟁에 휩싸인다. 정치지도자의 우상화가 거의 사라지고 있는 오늘날 북한의 김일성과 함께 아타튀르크 개인 숭배주의를 우려하는 목소리도 높다. 그럼에도 아타튀르크는 지금 터키가 추구하고 있는 EU 가입 문제와 함께 터키가 걸어가야 갈 미래에 대한 확고한 길잡이로서 터키인의 마음속에 살아 세계적인 선진 무슬림 국가로 나아가는 정신적 표상이 되고 있다.

❖ 참고문헌

손주영 외, 2000, 『20세기 중동을 움직인 50인』, 가람기획.
엘버트 후라니 지음, 김정명·홍미정 역, 2010, 『아랍인의 역사』, 심산.
아이라 라피두스 지음, 신연성 역, 2008, 『이슬람의 세계사』 2, 이산.
이희수 외, 2001, 『이슬람: 9·11 테러와 이슬람 세계이해하기』, 청아.

Lord Kinross, 1964, *Ataturk, The Rebirth of a Nation*, Nicosia.
Jorge Blanco Villalta, 1979, *Ataturk, Turk Tarih Kurumu*, Ankara.
Richard Tapper, 1991, *Islam in Modern Turkey*, London.
Zeki Dilek, 2007, *Ataturk'u Anmak ve Anlamak, Ataturk Arastirma Merkezi*, Ankara.

인도네시아 수하르또 체제시기 근대화의 의미
탈권위주의체제와 비판적 발전국가의 재구성을 위하여

최 경 희(한국동남아연구소)

I. 문제제기

인도네시아에서 초대 대통령 수카르노(Sukarno)를 '독립(independence)'의 아버지라고 부른다면, 수하르또(Soeharto)는 '개발(development)'[1])의 아버지라고 부른다. 식민지배로부터 '독립', 그리고 근대적 국가를 만들기 위해 '발전'은 제3세계 정치지도자들이 극복했어야 하는 두 가지 정치 현실 속에서, 세계사적으로 수카르노와 수하르또는 주목할 만한 인물임에는 틀림없다. 그중에서도 특별히 수하르또는 인도네시아를 1966년에서 1998년까지 '32년간' 집권하였다. '32년의 집권'이 갖는 의미는 무엇인가? 1949년 네덜란드와 독립전쟁 이후에 인도네시아 근대 독립국가가 형성되었다고 본다면,[2]) 그때부터 올해 2011년까지 총 62년의 시간이 흘렀다. 그 62년 기

---

1) 본 논문에서는 development를 발전 또는 개발로 문맥에 맞게 사용하고자 한다. 물론, 의미론적으로 발전과 개발은 뉘앙스의 차이를 갖고 있지만, 그 의미의 차이는 development 뒤에 붙는 용어에 따라 달라진다고 보는 것이 필자의 생각이다. 예를 들면, development dictatorship은 발전독재보다 개발독재로 사용하고, development state를 개발국가보다는 발전국가로 통상적으로 사용하는 그 이유와 같다. development를 둘러싼 정치경제적 의미의 복잡성이 이 단어 자체 안에 있다고 생각한다.
2) 물론 1945년 제2차 세계대전 일본이 패망하고, 8월 17일 인도네시아도 독립을 선포했으나 네덜란드가 다시 인도네시아를 재식민지화 하려고 하였기에 인도네시아 독립운동세력은 1949년까지 네덜란드와 전쟁을 치르면서 독립을 쟁취했다. 인도네시아 역사에서 이 시기를 '혁명기'라고 명명한다.

간 동안 수하르또는 32년간 집권하였다. 인도네시아 현대사의 반이 수하르또 집권시기이다. 21세기에 다시 수하르또 집권시기를 목도하는 것은 그가 집권하는 시기 동안에 '근대(Modern) 인도네시아'라고 말할 수 있는 기본적인 정치적 경제적 시스템이 형성되었다고 보아도 과언이 아니기 때문이다.

본 논문은 '수하르또 체제'를 어떻게 이해해야 할 것인가 또는 어떻게 평가할 것인가라는 큰 질문에 대한 답을 찾고자 한다. 즉, 21세기 현재, 20세기 군부권위주의를 왜 평가해야 하는가, 그 체제적 경험으로부터 무엇을 얻어낼 수 있는가, 취할 것이 있는가? 이 질문들에 대한 답을 찾기 위해 지나온 20~30년간 정치경제적 변화의 두 가지 맥락에서 논쟁점을 형성하고자 한다. 첫째, 1970년대 초 남부유럽의 권위주의 체제가 붕괴되고 '민주주의'로 정치체제가 변동된 제3의 민주화 물결이라는 정치적 변화의 맥락에서 보았을 때, 수하르또의 권위주의 체제가 붕괴되고, 인도네시아에 민주화의 봄이 찾아와서 1998년 이후 현재까지 '민주주의'로의 체제로 변동되었다고 했을 때, '수하르또' 권위주의 체제는 매우 부정적인 의미, 다시 말하자면 극복해야 할 대상으로 설명되었다. 기존의 연구들은 '민주주의'로의 체제변동 측면에서 수하르또 권위주의 체제를 연구하였다(Forrester and May eds. 1998 ; Forrester eds. 1999 ; Singh 2000 ; Manning and Diermen 2000 ; O'Rourke 2002). 그러나 10여 년이 지난 민주주의가 완벽히 승리하였다고 보기에는 석연찮은 부분이 있다고 생각한다.[3] 왜냐하면, 민주주의는 '따라가야 할 바람직한 체제'라는 것을 알지만, 민주주의가 '능력 있는 체제'라고 보기에는 어려움이 있다는 것이다.[4] 둘째, 1998년 IMF 외환위기를 인도네

---

[3] 민주주의의 무능력이라고 표현할 수 있을 것이다. "가난한 민주주의(poor democracy)는 왜 빈곤을 제거하지 못하는가?"(Varshney 2000) 도전적으로 질문한다. 예를 들면, 제3의 민주화 물결에 성공한 나라들이 시장지향적 경제개혁의 시기 동안에 빈곤을 제거하지 못했던 민주주의의 취약성을 지적할 수 있다.

[4] 2008년 인도네시아 여론조사(Lingkaran Survei Indonesia)에 따르면, 탈권위주의 시기의 삶의 조건과 신질서체제 시기의 삶의 조건을 비교해 보았을 때, 응답자의 58%가 신질서체제시기의 삶의 조건이 더 좋았다고 밝히고 있다(Mietzner 2009, 148).

시아도 경험하게 되었다는 것은 인도네시아 경제도 세계경제와 긴밀히 연관되었다는 것을 반증한다. 1970년대 경제개발 5개년 계획과 1980년대 자본시장의 개혁과 개방정책으로 자본주의적 발전전략을 수행한 수하르또 정권 동안 대략 7~9%에 육박하는 경제성장과 발전을 이루었고, 전 국가적 보건시스템과 교육체계를 형성한다거나, 국가는 국민들에게 삶의 제 조건을 마련하고 제공하는 역할을 하였다. 이러한 역할을 이론적으로 '발전국가'라고 한다. 수하르또 정권 동안 인도네시아 국가는 경제발전전략을 추동하는 주체로서 제 역할을 해왔다. 그러나 수하르또 체제는 체제 말기로 가면서, 국가가 경제성장과 발전을 주도했던 '발전'국가적 면을 넘어서 수하르또 일가로 국부가 집중되는 '가산제'적 국가(patrimonial state) 또는 '지대국가'(rentier state)의 특징으로 변화하였다는 것을 반드시 주목해야 할 것이다. 그리하여 1998년 세계외환위기로 아래로부터의 저항이 거세지자 정치위기가 가시화되면서, 수하르또는 권좌에서 내려오게 되었다. 그러면서 수하르또 체제=권위주의 체제=발전국가는 부정적 도식이 성립되면서, 권위주의와 함께 국가론도 약화되는 경향을 보였다.

　본 논문은 첫 번째와 두 번째의 요소를 기존의 연구에서 별개로 다루었던 한계를 극복하고자 한다. 다시 말하자면, 수하르또 체제를 권위주의 체제로 규정하면서, 그 체제를 이끌어왔던 발전국가의 모습조차도 부정적으로 평가하는 입장에 대한 반론을 제기하고자 한다. 왜냐하면 '권위주의'와 '발전국가'는 조건에 따라서는 선택적 친화성을 갖는 것이긴 하지만, 같은 개념은 아니라는 이유에서이다. IMF 외환위기 이후 발전국가론은 동남아시아에 불어 닥친 세계경제 위기와 함께, 역시도 '권위주의 극복'과 함께 극복해야 할 국가의 모습인 것으로 묘사되었고, 시장으로부터 개입하지 않는 국가를 제3세계 신생 민주국가에서도 요구하게 되면서 취약해진 개념인 것이다. 이론적으로 '권위주의 체제'가 비판받는다고 해서 '발전국가'의 면모까지도 비판받을 필요가 없다고 생각한다. 왜냐하면, 21세기 민주주의가 '능력 있는' 체제로 기능하기 위해서는 국가론과 연계되어야 한다고 생각하기 때문이다.

따라서 본 논문은 '민주주의와 발전국가'의 재구성이라는 맥락에서 인도네시아 수하르또 체제를 분석하고자 한다. 수하르또 체제가 독립 이후 제약된 내외적 환경에서 어떻게 권위주의 체제로 특징화하게 되었는지, 그 중에서도 '근대 국가'(modern state)로서는 기본틀을 형성하게 되었는지, 그러한 근대국가 중에서 경제의 핵심적 요소의 역할을 한 발전국가적 요소를 수하르또 체제는 어떻게 선택하게 되었는지를 분석해보고자 한다. 그 궁극적 목적은 전 세계적으로 존재해왔었던 '권위주의 체제'와 '발전국가'의 특징을 갖고 있던 정권에 대한 21세기적 해석을 새롭게 구성해보고자 하는 것이다. 다시 말하자면, '발전국가'를 해체했던 신자유주의적 시장논리, 신자유주의적 정치논리가 비판의 대상이 되었다. 현재의 시점에서 "민주적으로 보강된" 발전국가적 요소는 현재 제3세계 국가에게 매우 중요한 정치적 모델을 제공할 수 있다고 보기 때문에, 인도네시아 수하르또 집권기에 나타난 정치적·경제적 근대화의 긍정적 요소와 부정적 요소를 분석하고자 한다.

II. 이론적 검토

1. 국가론과 정치체제론 결합의 의미

국가론(The theory of State)과 정치체제론(Political regime theory)의 결합은 무엇을 의미하는가? 국가론과 정치체제론 모두 매우 광범위한 이론적 지평을 갖고 있기 때문에, 본 논문에서는 전면적으로 모두 다루지는 못하는 한계를 먼저 언급해 두고자 한다. 우선 두 이론영역의 결합은 현 시점에서 볼 때, '민주주의'론은 대세이지만, '국가론'은 약세라는 현실, 그리고 '민주주의론'이 대세이지만, 약점을 갖고 있다는 점에서 그 이론적 공백을 '국가론'으로부터 보강되어야 한다는 인식 때문이다. 우선 주지하는 바와 같이, 국가론의 약세는 1970년대 전세계자본주의 위기, 그 위기를 극복하기 위한 1979년 영국의 대처와 미국의 레이건과 같은 신보수주의 정권이 집권하면서, 이러한 경제위기를 극복하기 위해서는 '국가의 실패'를 인정하고, 소위 '자기조절인 시장'을 자유롭게 내버려 두라는 '신자유주의 경제정책'이 지배적으로 나타나면서 시작되었다. 그래서 20세기 초반부터 전 세계적으로 사회주의적 국가개입, 사회민주적 국가개입, 발전국가적 국가개입 등 다양한 형태의 국가개입은 부정적인 것으로 공격받아왔다. 이러한 이론적 공격과 현실적인 변화로 정치학의 고유한 학문적 대상인 '국가의 역할론'은 사라지고, 정치학은 경제학에 종속된 담론으로 오랜 시간 지나왔다. 그러나 국가개입론이 신자유주의 정치경제론의 공격으로부터 무력했던 이유가 역사의 현실에서 전혀 없었던 것은 아니기 때문이다. 사회민주적 국가개입은 차치해 두더라도 사회주의적 국가개입 또는 발전국가적 국가개입을 했던 나라와 지역이 '비민주적 정치체제' 배경을 갖고 있었기 때문이라고 생각한다. 그래서 권위주의 또는 전체주의를 공격하는 것이 '국가의 역할'을 공격하는 것과 동일시되었다. 이러한 비민주적 정치체제들이 민주적으로 변화하는 것만을 매우 긍정적으로 높이 평가한 나머지, 국가의 역할이 경시 또는 무시되는 또 하나의 극단적 경향을 선택하고 있었다는 것을 인식할 수 없게 만들었다. 그래서 1970년대 초반부터 2011년 중동의 민주화까지 40여 년간 '민주주의'로의 체제변동에 대한 현실은 있지만, 빈곤극복, 인권과 정의 실현, 양극화해소 및 복지실현 등 더 나은 사회적 결과를 맺지 못함으로써 '민주주의'는 다시 그 능력을 충분히 인정받지 못하고 있는 것도 현실이다. 왜냐하면, 민주주의라는 것이 '국가'의 역할과 긴밀히 논의되어야 하는데, 국가론이 죽고 난 이후 민주주의는 부분적으로만 기능할 수밖에 없었다고 생각된다. 그래서 국가론의 부활은 '약한' 민주주의론을 '강한' 민주주의론으로 바꿀 수 있는 매우 중요한 지점이라고 생각한다.

이러한 인식의 전환의 지점에서 최근 케임브리지 대학(University of Cambridge) 경제학부 장하준(張夏準) 교수의 주장은 많은 것을 뒷받침해 주고 있다. 그의 저작으로 『사다리 걷어차기』(2004), 『국가의 역할』(2006), 『그들이 말하지 않는 23가지』(2010) 등등에서 정치학의 고유한 연구대상이었던 국가를 부활시키고 있다는 것이 매우 흥미롭다. '신자유주의 경제정책'으로 인해 논의의 중심에서 사라졌던 국가를 다시 '제도주의' 경제학자가 부활시키고 있다는 측면에서 환영할 만하다. 서구 선진국 어느 나라나 국가가 정교하게 개입하지 않은 시장은 없고, 경제위기를 조절하는 국가, 경제발전 전략을 세우는 국가, 시장도 하나의 제도로서 국가의 조절이 필요한 영역이라는 주장 등등 신자유주의 시장경제논리로 정치를 해석해왔던 기존 논의, 그 이데올로기적 환상에 대한 일침을 가하고 있기 때문이다. 그는 "보다 업그레이드된 국가개입론"(장하준 2006, 65)을 주장한다. 그가 제기하는 "보다 업그레이드된 국가개입론", 제도주의의 개입론이다. 첫째, 기업가로서의 국가이다. 둘째, 갈등조정자로서의 국가의 역할이다. 셋째, 산업정책으로서 국가, 사회조합주의자로서의 국가의 역할 등이다(장하준 2006). 그러나 필자는 경제학자 장하준 교수가 부활시킬 '국가론'에서 그가 인식하지 못한 부분으로서 '민주주의 체제론'이 결합되어야 한다고 생각한다. 물론, 장하준 교수도 신자유주의자들이 국가개입을 비판하는 그 내용에 대한 타당성이 전혀 없다고 주장하지 않는다. 신자유주의 이론들이 국가개입이 실패하는 이유로 주장하는 내용들은 경제운영에 필요한 정보를 충분히 수집하는 것이 국가로서는 원천적으로 불가능하다는 점, 관료조직의 자기 이익추구, 조직화된 이익집단의 자기 이익추구 등을 거론한다(장하준 2006, 65). 바로 이 지점이 '국가론'에 민주주의가 결합되어야 하는 이유이다. 국가권력 자체는 매우 중립된 개념이다. 그래서 좀 더 정치한 개념이 필요한 것이다. '권력'이 '민주적'이거나 '비민주적'인지 형용사가 수식으로 쫓아가는 것처럼, 국가개입의 역할도 같은 맥락에서 평가받을 수 있어야 하기 때문이다. 제3세계 발전국가가 비판받았던 지점은 바로 국가의 개입의 '비민주적 동기, 과정, 결과'를 만들어 냈기 때문이다. 예를 들자면, 수하르토 시절 발전국가에 의한 국가의 개입이 문제인 이유는 그 국가의 개입이 '민주적'이지 않았기 때문이다. 많은 경우 제3세계 발전국가는 권위주의 체제라는 배경하에 있었기 때문에, 그 한계가 있었다고 보는 것이 맞다. 국가가 개입하는 것이 문제가 아니라 권위주의적 요소가 문제였고, 권력에 대한 비민주적 통제가 문제인 것이다.

그래서 이론적으로 '민주적 국가개입론'이 필요하다. 다시 말하자면, '국가개입'에 대한 정치체제에 관한 이론적 논의가 결합되어야 한다. 비민주적 정치체제로서 과거 지난 20세기 역사에서 군부권위주의, 개인독재, 관료적 권위주의, 전체주의 등등 다양한 하부적 형태로 나타났다. 그렇기 때문에 같은 한 국가이지만, 군부권위주의 체제에서 선거민주주의 체제로의 변동이 일어났다면, 국가개입의 성격 또한 권위주의적 성격에서 민주적 성격으로 변화되었다는 것을 의미한다. 따라서 국가개입의 성격을 논하는 것이 무엇보다 중요하고, 이 자체가 민주주의 체제론과의 연계성이다. 결과적으로 경제학자가 부활시킬 '국가론'을 정치학 이론인 '민주주의 정치체제론'으로 새롭게 재탄생할 필요가 있는 것이다.

2. 근대화, 발전국가와 권위주의 정치체제와의 상호작용

립셋(Seymour Martin Lipset)의 사고는 경제발전과 민주주의에 관한 고전적 논의를 제공하고 있다. 우선 1959년 American Political Science Review에 출간된 논문은 그 시작이라고 볼 수 있다. "Some Social Requisites of Democracy: Economic Development and Political Legitimacy"에서 나타나듯이, 민주주의를 가능케 하는 사회적 조건에 관한 연구이다. 여기서 "사회적 조건"이라고 말하여지는 것이, 전통사회에서 근대사회로의 변화를 포착하는 것이고, 우리는 그것을 근대화(Modernization)라는 개념에서 정치이론적으로 다루어왔다. 도시화, 산업화, 교육의 확대, 중간계급의 등장, 시민사회의 발달, 매스미디어의 보급 등등 말이다. 이러한 주장은 1981년 『Political Man: The Social Bases of Politics』와 1994년 American Sociological Review에 "The Social Requisites of Democracy Revisited"로 새롭게 탄생하면서, 민주주의 논의에서 주요한 위치를 차지해오고 있다. 립셋은 민주주의 기초를 좀 더 넓은 정체(polity)뿐만 아니라 자발적인 조직들에 있다고 강조한 것(Marks 1995, 767)을 주목해야 할 것이다. 하지만 이러한 그의 풍부한 논의와는 별개로 "경제발전과 민주주의" 상관성 연구는 좀 더 단순한 테제로 해석되곤 한다. 그리하여 "경제발전이 민주주의를 추동시킨다"는 기본가설을 중심으로 검증, 반박, 수정, 확대, 잠식, 소생되면서(Przeworski and Linongi 1997, 156) 비교정치학 주제 안에서 가장 논쟁적인 주제로 자리 매김해오고 있다.

그러나 이러한 논의가 서구와는 다른 근대화의 길을 걸어온 그 외의 지역에게는 예외성을 갖고 있다는 것을 우리는 잘 알고 있다. 또한 이러한 논의는 앞에서 제기한 '근대국가형성'과 '민주주의 정치체제'라는 맥락에서도 서구와는 다른 제3세계에서의 근대적 경험을 논해야 하기 때문이다. 서구에서는 근대국가(Modern State)를 '민주적'으로 형성시킨 반면에, 서구의 식민지를 경험한 제3세계에서는 '국가'를 형성할 때, '민주적'으로 형성하기 어려웠다는 역사적 배경으로부터 논의는 다시 전개된다고 볼 수 있다. 서구에서의 근대국가는 16세기에서 18세기까지 존재했던 절대국가(Absolutist State)를 붕괴시키면서, 만들어진 '자유주의 국가'라는 성격을 갖는다. '상업화된 지주' 또는 '부르주아지'의 출현에 따른 자본주의 경제구조의 태동은 절대주의라는 정치적 상부구조를 변화시키게 되었다(Opello and Rosow 1999 ; Moor 1966). 이러한 이유 때문에 서구에서 근대국가는 아래로부터의 사회구조의 변화, 새로운 시민적 주체의 정치적 선택이라는 맥락에서 국가가 만들어졌기 때문에, 시민 또는 시민사회로부터 규정력을 갖고 있는 '민주적' 국가의 의미를 갖는다고 한다면, 인도네시아를 포함하여 제3세계에서는 '국가'는 외부로부터 이식된 경우이기 때문에, 그 출발 자체가 '비민주적 요소' 다시 할하자면 '권위주의적 요소'가 내장되어 있었다고 볼 수 있다. 민주주의가 능력 있는 체제로서 기능하기 위해서는 '국가형성'이 전제되어 있어야 하는데, 제3세계에서는 전혀 그렇지 못하였다. 제3세계에서 국가는 '억압'적 형성의 기원을 갖고 있었기 때문에, 제3세계에서 '민주적' 국가로서 그 능력을 기대하는 데는 '억압성', '권위성', '비민주성'을 제거하는데 많은 시간이 소요되었다.

그래서 동남아 국가들의 권위주의적 기원을 설명하는 크라우치(Harold Crouch)의 연구는 이러한 측면에서 중요하다고 볼 수 있다. 그는 연구대상으로 삼는 동남아 5개 국가 인도네시아, 태국, 필리핀, 말레이시아, 싱가포르의 권위주의의 역사적 기원을 19세기 식민지 시기로부터 찾고, 그로부터 사회구조적 변화에 따른 계급구조의 특징과 결과로서 권위주의 체제의 기원을 잘 설명하고 있다(신윤환·전제성 2009).

이러한 맥락에서 '인도네시아'라는 근대국가는 네덜란드의 식민지에 의해 형성된 '식민국가'(The Colonial State)(Opello and Rosow 1999, 172)로부터 기원한다.[5] 그 역사적 기원은 1619년 네덜란드 동인도회사로부터 시작된다. 그 회사는 영국의 동남아시아 진출을 좌절시키고, 바타비아(현 자카르타)에 본부를 세운 후 동남아시아 무역을 지배하기 시작하였다(조흥국 2007, 14). 인도네시아에 대한 네덜란드 식민지배가 본격화되기 시작한 것은 1825년부터 1830년까지 일어난 소위 자와(Java) 전쟁 이후부터이다. 자와 전쟁이 끝난 후 자와 전 지역에 대한 실질적인 통제를 확보하게 된 네덜란드는 강제재배 제도(Culture System)를 도입하여 자와의 토지와 노동력을 본격적으로 착취하기 시작했다(조흥국 2007, 33). 즉 19세기 중반이 되면서 인도네시아는 본격적인 네덜란드 식민지배 체제하에서 국가형성이 시작된다. 이러한 식민지배를 통한 근대국가의 형성은 '국가' 성격의 측면에서 보았을 때, '민주성'보다는 '억압성'에 기초하고 있고, 이러한 식민지배를 경험한 저항적 주체들은 독립이후 '독립국가'를 만드는데 있어서, 모방적 효과를 만들어내고, 독립운동에서 형성된 '강력한 카리스마'는 이후 국가를 운영하는데 있어서도, 자연스럽게 표출된다. 또한 식민지로부터

---

5) 인도네시아는 네덜란드인들에 의해 식민화되기 전에는 하나의 영토로 통합된 국가가 아니었다. '인도네시아'라는 개념조차 '필리핀'과 마찬가지로 유럽인들에 의해 도입된 것이다. '인도네시아'는 1850년경 로건이라는 한 영국인 인류학자가 동인도의 도서 세계를 지칭하기 위해 '인도(indo)'와 '섬'을 뜻하는 '에시아(esia)'를 합성하여 만든 조어이다. 이 용어는 그 후 유럽의 여러 학자들에 의해 사용되었다. 20세기 들어서서 토착 원주민들도 "인도네시아"를 자신들의 나라에 대한 개념으로 받아들였으며, 이 개념을 중심으로 인도네시아라는 민족과 문화에 대한 정체성이 점차 형성되어 나갔다(조흥국 2007, 16).

독립되는 과정에서 '전쟁'을 치르는 경우에 있어서는 '독립군'을 중심으로 강력한 군사력이 형성되기 때문에, '신생독립국가'에서 가장 강력한 세력 중의 하나가 '군대'라는 사실도 '신생독립국가'의 억압성을 더해주곤 한다.

또한 본 논문에서 다시 고찰하고자 하는 것이 '발전국가'개념이다. 발전국가개념은 존슨(Chalmers Johnson)이 1982년 일본연구를 통해 만든 개념이다. 제2차 세계대전 이후 일본의 발전국가(developmental state)는 놀라운 경제성장이 원동력이었다(Johnson 1982). 그리고 발전국가론은 동남아시아와 동북아시아를 포함한 동아시아 지역에 적용된 중범위 차원의 이론적 개념이기도 하였다(Hoogvelt 1997). 또한 에반스(Peter Evance, 1995)는 발전국가 개념은 경제에 대한 국가개입의 동아시아적 특수성을 넘어, 경제수행에 있어 국가개입의 일반적 현상으로 설명하였다. 다시 말하자면, 발전국가를 경제에 개입하는 국가의 역할이라는 측면에서 보편성을 갖고 있다고 확대해석하는 입장이다. 어쨌든 발전국가는 국가주도의 계획중심적 시장경제를 특징으로 공공-민간부문 내 엘리트간 협력을 토대로 하는 것이 특징이며, 국가관료와 민간부문의 엘리트가 맺는 특수한 관계가 경제성장의 핵심적 역할을 한다. 경제발전을 위한 후발주자는 물론이고, 경제발전을 향한 신생독립국가들이 후후발주자로서 경제성장 및 발전을 위해서 '국가'가 매우 주도적인 역할을 해왔다는 것은 주지의 사실이고, 그것을 이론화한 개념이 '발전국가론'이다. 위에서 언급하였듯이, 신자유주의 정치경제논리가 지배력을 갖게 되면서, 발전국가론 또한 사라지게 되었다. 하지만 장하준 교수는 "진보와 발전의 경제학"을 꿈꾸기 위해서는 동아시아 발전모델을 이끌어온 발전국가론을 주목할 것을 언급하고 있다(장하준 2006). 또한 신자유주의 심화가 덜 된 동남아시아가 가장 최근 2008년 미국발 세계경제위기에도 영향을 적게 받았다는 것을 보았을 때, 이것은 매우 시사적인 부분이다. 그러나 문제는 역사적으로 경험된 발전국가가 딛고 있었던 국가와 사회관계에서의 '억압성'인 것이다. 다시 말하자면, 군부권위주의 체제에 장착된 발전국가라는 사실에 주목해야 하는 것이다.

그리하여 에반스와 벌린이 구별한 개념은 이러한 문제의식과 기반을 같이하고 있다고 생각한다. 에반스는 발전국가와 약탈국가(predatory state)로 구분하고, 벌린(Eva Bellin, 2000)은 발전국가와 가산제 국가(patrimonial state)로 구분하기도 한다. 에반스는 발전국가와 약탈국가를 관료의 역할에 따라 구분한다. 약탈국가의 관료는 전통적, 비합리적, 개인적 역할을 수행하고, 발전국가의 관료는 자본주의 국가에서 나타나는 합리성에 기반한 역할을 한다. 약탈국가는 가부장적 전통에 따라, 국가 기구의 통제가 사인화된 그룹에 의해 귀속되는 특징을 갖고 있다(Evans 1995). 동아시아의 국가는 약탈국가는 아니었을지라도 관료의 역할은 장기적인 권위주의 정치체제의 유지와 깊은 관련성을 갖고 있다. 따라서 동아시아 발전모델의 발전국가는 경제성장이 장점도 있지만 국가와 기업관계에 있어서 강력한 비민주적 시스템과 사회 전반적인 부패구조와 연관되어 있다. 바로 이러한 맥락에서 권위주의 체제 시기에 형성되었고, 발전되었고, 변형되고 사라진 인도네시아 발전국가의 전형인 수하르또 정권시절을 다룸으로써, 경제에 대한 국가개입의 정치체제적 논의를 전개해 보고자 한다. 왜냐하면, 주지하는 바와 같이 억압적 정치체제인 권위주의 정치체제에서 국가는 경제성장을 통하여 정통성의 취약성을 극복하였다. 하지만 아이러니한 것은 이러한 위로부터 경제성장을 통하여 사회구조변화를 일으켰고, 사회구조변화는 권위주의 체제를 극복하게 되는 기본적인 동력을 만들어 낸 것도 사실이다. 그래서 근대화, 경제발전이 민주주의를 추동시킨다는 것이 '수정되어' '다시' 제3세계에 나타나는 것이다. 다시 말하자면, 근대화 및 경제발전의 주체가 시민사회가 아니라 권위주의 국가였지만, 이러한 경제성장과정을 통해 시민사회는 대중교육의 확산, 도시화, 산업화, 미디어의 보급 등을 통해 다시 민주주의를 추동시킬 수 있는 내재적 요소를 만들었다. 즉, 제3세계 후발국가에서 경제성장을 국가주도형으로 발전시키면서, 그 후속적 변화인 사회구조의 변화, 근대화에 따른 사회구조의 변화는 다시 억압적인 권위주의 체제를 변화시킬 또 다른 동력이 되었다는 점을 간과할 수 없는 것이다.

III. 수하르또 체제 시기 정치적 근대화

식민지 시절부터 시작된 인도네시아 근대적 국민국가형성(Nation-State Building)은 독립이후 더욱 구체화되었다. 국민국가형성이란 맥락에서[6] 수하르또 체제 또한 '국민'을 구성하고, 영토성을 확립하고, 통치구조를 구축하고, 국민경제의 틀을 형성하는데 특정한 역할을 수행했다고 볼 수 있다. 그러나 수하르또 체제 시기 동안 형성된 인도네시아 국가는 매우 '억압적' 성격을 드러낸다. '억압적' 국민국가 형성 맥락으로 수하르또 체제가 갖는 특징을 수카르노체제와의 연속과 불연속이란 측면에서 관료적 권위주의 체제의 등장을 설명하고, 이후 이 체제 안에서의 정당정치의 구조와 특성을 논하고자 한다.

1. 수카르노와 수하르또 체제의 연속성과 단절: 관료적 권위주의 체제 형성

1998년 인도네시아가 민주화된 이후 그 이전 수카르노와 수하르또 지배체제는 '민주주의 체제'와 구별되는 맥락에서 '권위주의 체제'라는 하나의 시대구분 안에 함께 자리를 차지하고 있다. 하지만, 수카르노 집권시기를 '구질서(Old Order)'로, 수하르또 집권시기를 '신질서(New Order)'라고 구분하는데, 전체 권위주의 체제 시기 동안 두 체제는 연속적인 측면과 단절적인 측면을 동시에 보유하고 있다.

---

6) 인도네시아의 혁명기(1945~1949년)는 국민국가형성이라는 맥락에서 중요한 기능을 하였는데, 첫째로, 이 시기를 통하여 다양성 속의 통일성이 함축하고 있는 인도네시아 사회의 인종족·역사적·종교적·문화적·지리적 요소를 포함한 모든 비(非)통일적 요소에 민족주의 의식을 주입하여 '국민적 통합'을 이끌어 내는데 적지 않은 기여를 하였다. 둘째로, 혁명기간 동안에 전개된 마디운(Madiun) 공산 혁명 사건은 역설적으로 인도네시아의 국가적 통일에 긍정적으로 작용하였다. 2차 세계대전 이후 미국을 중심으로 재편된 세계 질서 구도 속에서 인도네시아의 공화국 정부가 공산 반란을 진압함으로써 유엔을 무대로 한 미국의 적극적인 외교적 지원을 받을 수 있었다(양승윤 1998, 106~107).

우선, '구(Old)'와 '신(New)'을 가르는 가장 큰 특징은 '혁명'에서 '발전'으로의 국가전략목표의 변화이다(Mohamad 2007). 먼저, 수카르노 정치지도자가 가장 먼저 해결되어야 하는 것이 네덜란드 식민지로부터의 완전한 독립과 불안정한 국내외 정세 속에서 안정적 독립 국가를 형성하는 것이 정치적 목표가 중심이었고, 그리하여 수카르노 시기 '혁명'적 담론이 대세였다면, 수하르또에게는 그렇지 않았다. 수하르또는 '인도네시아 공산당(Communist Party, Partai Komunis Indonesia: PKI)'[7]과 관련된 일명 1965년 9·30 사태[8]를 지휘·관리하는 과정에서 "Army Strategic Reserve Command"의 지휘관으로서 정치적 영향력을 발휘하게 되었다. 수하르또는 이 사건을 해결하는 과정을 통해 자신의 최고 정적인 PKI도 완전히 제거하고 군부 내에서도 매우 중요한 위치에 서게 되었다(McGlynn et al. 2007, 24). 따라서 이 체제의 출범은 이 체제가 붕괴할 때까지 치명적인 약점인 '폭력'에 기반 한 정권이었다는 것을 결코 떨쳐버릴 수가 없었다. 따라서 가장 극렬한 국가폭력을 감행한 이후 수하르또는 권좌에 오를 수 있었기 때문에, 이

---

7) 1912년 이슬람 신앙을 배경으로 한 근대적 민족주의 운동단체인 '사르캇 이슬람(Sarekat Islam, 이슬람 동맹)'이 결성되었고, 이 조직이 식민정부의 강경한 탄압으로 약화되자, 여기에서 사회주의자들이 떨어져 나와 1920년에 PKI를 결성하였다(조흥국 2007, 58). 1965년 '9·30 사태'가 있는 그 해는 PKI가 창당 45주년을 맞이하는 해로서, 자카르타에서 그해 5월 23일 거대한 기념식이 있었다. 그만큼 매우 국제적으로 국내적으로 영향력 있는 정당이었다.

8) 인도네시아 근대사에서 '9·30 사태'는 민주화 이전까지 금기시되었던 사건 중에 하나이다. 이 사태로 인해 얼마나 사람들이 죽었는지 정확한 통계가 잡히지 않을 정도로 이 사건은 미궁 속에 있었다. 발단은 인도네시아 군대의 최고리더들이 죽임을 당하면서 시작되었는데, 누가 왜 죽였는지 명확하게 밝혀지지 않은 상태에서 이 죽음이 PKI가 쿠데타를 일으키려다가 죽이게 되었다는 군부의 판단으로, 수하르또를 중심으로 한 군부는 PKI를 이 사태의 주범으로 몰아가면서, PKI 당원과 지지자를 죽이게 되었다. 많은 역사가들은 5만가량 죽은 것으로 믿지만, 그 숫자는 정확하지 않다(Abdullah 2007). 이 사건으로 국가폭력, 국가테러리즘 등으로 인도네시아 사회에서 폭력이 사회적 실체가 되었다. 이 사건을 해석하는 다섯 가지 가설이 있다. 첫째, PKI 배후설, 둘째 PKI는 장군들을 죽일 이유가 전혀 없기 때문에, 군대 내부의 쿠데타라는 설, 셋째 대통령 수카르노가 '9·30 사태'의 배후자라는 설, 넷째 수하르또 장군의 구상이라는 설, 다섯째 미국 또는 중국 정보기관과 연계된 인도네시아 군부 정보기관과 연계된 설이다(Sulistyo 2007, 6~8).

체제의 정통성의 취약성을 '발전'이라는 담론으로 전환시키지 않을 수 없었다. 그렇기 때문에, 1997년 IMF 경제위기로 인도네시아가 광풍처럼 흔들렸을 때, 그가 서 있는 권좌의 위상은 매우 취약할 수밖에 없었다. 어쨌든 수하르또는 1968년 실질적인 집권시기 이후부터 '발전' '프로그램' '경제' 그리고 '사회정의' 등이 인도네시아를 움직이는 슬로건이 되었다(Abdullah 2007).

그러나 '질서(Order)'가 갖고 있는 연속성의 의미는 더 크다고 볼 수 있다. 1958년 수카르노 대통령은 "교도 민주주의(Guided Democracy)"라는 정치체계를 도입하였다. 이 정치체계의 경로를 결정하는 것은 정치 리더십이고, 리더십은 수카르노를 의미하는 것이다. 이때부터 인도네시아 공화국의 중심은 수카르노였던 것이다. 이러한 특징은 정당과 같은 다른 정치제도들의 자율성이 훼손된다는 것을 의미하고, 수카르노의 의지에 의존하는 정치시스템을 양산하게 된 것이다. 이것이 수카르노가 지배했던 구질서의 핵심적 특징을 의미한다면, 수카르노 옆에서 젊었을 때부터 정치를 배운 수하르또는 이러한 정치적 발상의 연속선상에서 본인의 정치체제를 '신질서'라고 했던 것이다. 그러나 '일인 지배체제'(autocracy)라는 맥락에서 연속성을 갖고 있으면서도, 신질서는 이후 '관료'의 역할을 중요시했다는 측면에서 차이를 갖는다(Mohamad 2007). 또한 수하르또가 '질서'를 강조하는 맥락은 위에서 언급했듯이, 9·30 폭력사태를 통해 권력을 찬탈한 상황이기 때문에, 또 다른 저항과 폭력을 관리해야 하는 정치적 현실이기도 하였다. 그러나 수카르노가 입법부, 행정부, 사업부 권력이 분립된 것을 전적으로 무시했다고 한다면, 수하르또의 정치적 스타일은 삼권분립을 현상적으로 인정하면서, 그 장막 뒤에서 실질적으로 움직이는 것을 더 선호하였다(Abdullah 2007).

수하르또 정권은 수카르노 집권 마지막 시기에 '9·30 사태' 이후에 권력이 이양되었다는 측면에서 매우 큰 연속성을 갖는다. '9·30 사태'를 계기로 수카르노의 정치력은 큰 손실을 보았고, 경제가 어려워지는 상황에서 수카르노를 비판하고 수하르또를 지지하는 세력이 등장하게 되었다(McGlynn et al. 2007, 30). 이러한 맥락에서 수카르노는 수하르또에게 권력을 이양하는 수순을 선택하였다고 볼 수 있다. 그래서 수하르또 신질서체제의 기원은 1966년인데, 수카르노 대통령이 1966년 3월 11일 행정령(March 11 Executive, Surat Perintah Sebelas Maret, Supersemar)에 사인을 하였기 때문이다. 이 행정령은 수하르또에게 인도네시아 정치구조를 움직일 만한 힘을 실어준 것이다. 수카르노가 사인한 이 행정령에는 수하르또의 권한을 기술하고 있다. 혁명의 지도자로서, 안보와 질서를 위해 조치를 취할 수 있는 능력, 정부와 혁명을 이끌어갈 수 있는 능력, 대통령의 안위를 통합할 수 있는 능력, 군부의 최고 지휘권자로서의 능력, 국민협의회를 이끌 수 있는 최고의 능력 등 인도네시아를 움직이는 모든 권력행사 권한 등이 쓰여 있었다. 또한 이 행정령에는 PKI를 금지할 뿐만 아니라 그와 관계된 모든 조직과 단체를 금한다는 내용까지 있었다(Soemantri 2007, 28).[9]

마지막으로 수카르노 체제와 수하르또 체제와 차이라고 한다면, 집권주체범위가 달라졌다는데 있다. 1966년 8월 25일에서 31일 동안 반둥에서 수하르또 장군, 국방부, 군의 주요 요직들이 모여서 세미나를 개최하였는데, 주제는 "Broad Policy Outlines and Implementation Plans for Political and Economic Stability"로 민주주의, 국가통합, 사회정의에 관한 논의였다. 본 세미나에서는 군부와 인도네시아 국립대학(University of Indonesia)의 경제학자들이 주요한 역할을 수행하였고, 이들은 이후 관료로서 중요한 역할을 수행한다. 세미나 참석자들은 수카르노 구체제가 PKI에 의해 통제되었거나, PKI에게 너무 많은 동조를 보냈기 때문에, 이것은 1945년 인도네시아 헌법 이념과 인민주권원칙으로부터 이탈된 것이라고 지적하였다. 따라서 PKI는 신질서체제의 적이 될 수밖에 없었다고 주장하였다. 왜냐하면, 1945년 헌법의 정신, 국가통치이념인 빤짜실라(Pancasila)[10] 제1의 원칙이

---

9) 1966년에는 수하르또는 지지하는 학생들이 퍼레이드를 할 정도였다. 수하르또를 지지하는 몇몇 학생단체들이 기원이 되어 '66세대' 학생운동이 출범하기도 하였다 (McGlynn et al. 2007, 33).
10) 빤짜실라를 둘러싼 논의는 논쟁적이라고 생각한다. 우선, 건국이념이냐 국가철학이냐 시민종교냐 하는 본질적 성격의 규명에 관한 논쟁이고(고우성 1998, 34), 다른 하

"전능하신 신에 대한 믿음"이기 때문이다. 신질서는 1945년 헌법과 빤짜실라에 표현된 원칙을 수행하면서 정치적 경제적 민주주의를 수행하는 것을 다시 원칙으로 제시하였다(Nasution 2007, 34-35). 그리하여 수하르또 집권 체제의 중요한 두 가지 요소가 결정된 것이다. 하나는 관료의 역할이고, 다른 하나는 군부의 역할이다. 이것은 군부의 이중기능(dual function, dwi fungsi)과 연계된다. 군부의 이중기능이란 국가통합, 치안과 안보를 유지하기 위한 기능뿐만 아니라 군부가 사회적 정치적 역할도 해야 하는 것을 의미한다. 특히 수하르또의 장기적인 지배는 군부의 국가안보적 기능보다 사회적·정치적 기능으로 강화되었다. 군부의 사회적 기능은 국가목표를 달성하기 위하여 국가의 정책 수행과 국민의 복지증진을 위한 노력과 행동 과정에 적극적으로 참여하여 최대한의 성과를 거둘 수 있도록 하는 기능으로, 군부를 사회 직능집단으로 보는 시각에 기초하고 있고, 군부의 정치적 기능은 군부가 고정적으로 국회의 20% 의석을 차지하도록 임명직 의원으로서 제도적으로 보장하였다(양승윤 2003).[11]

위와 같이 수하르또 체제는 이전 수카르노 구체제와 연속성과 단절의 두 가지 측면 모두를 공유한다고 볼 수 있다. 수하르또 체제를 군부권위주의 체제가 아니라 관료적 권위주의 체제라고 규정하는 이유는 첫째, 군부

나는 1998년 인도네시아가 민주화되기 이전까지는 수카르노와 수하르또 체제를 '빤짜실라 민주주의'라고 명명할 만큼 정치 체제적 차원에서도 논쟁이 가능하다. 마지막으로, 인도네시아 민주주의의 내용성에 관한 논쟁에 있어서도, 빤짜실라는 현재적 논쟁적 지위를 갖는다고 생각한다. 이러한 논쟁적인 빤짜실라는 인도네시아 독립 준비 위원회 회의 마지막 날인 1945년 6월 1일 수카르노에 의해 소개되었다. 빤짜실라는 인도네시아가 독립국가가 되기 위하여 반드시 달성해야 할 5가지의 건국원리-민족주의, 국제주의, 민주주의, 사회정의, 신에 대한 믿음-를 일컫는다(고우성 1998, 34). 그 이후 수카르노가 제안한 빤짜실라는 독립준비위원들 간에 3단계 의사결정과정을 거쳐서 1945년 헌법전문의 일부가 되었다(고우성 1998, 36). 또한 여기서 주목할 것은 헌법전문의 일부가 되면서, 5가지 원리의 배열순서가 재조정되어 신에 대한 믿음이 첫 번째로 그리고 국제주의, 민족주의, 민주주의, 사회정의의 순서로 되었다. 그다음 수하르또 신질서 정권시절에는 국제주의를 반공의 맥락에서 인도주의로 대치되었다(고우성 1998, 37).

11) 이러한 군부의 정치적 기능은 1999년에서 2002년까지 '민주적' 신헌법이 형성되면서, 삭제되게 되었다.

가 정치적 지배에 중요한 한 부분으로서 기능할 때, 군부의 국가안보적 기능이 아니라 사회정치적 기능이라는 맥락에서 역할을 수행했기 때문이고, 이는 '군사위원회'와 같은 조직을 중심으로 군부의 직접적인 지배와는 차이를 갖고 있기 때문이다. 둘째, 무엇보다 뒤에서 더 구체적으로 논의하겠지만, 수하르또 체제 특징 중에 하나는 관료의 경제적 수행기능이 두드러진 체제이기 때문에, 체제의 군부 기반보다는 관료적 기능특징이 더 두드러진다고 볼 수 있다.

2. 정당정치와 정치구조

신질서체제의 정치적 지배구조는 수카르노 구체제의 기본틀을 유지하면서도 더욱더 권력 장악적 요소를 갖는데, 뒤에서 설명하겠지만 그 방법은 위로부터의 정당정치구조의 변화를 통해서 얻어진 것이다. 우선, 수카르노는 독립 이후 1950년에서 57년까지 의회민주주의의 실험기를 거치면서, "서구식 의회민주주의"가 인도네시아 토양에 적합하지 못하다는 구실을 통하여 "교도 민주주의(guided democracy)"라고 명명한 "인도네시아식 민주주의" 즉, 수카르노 구질서체제를 형성하였다(양승윤 1998, 150). 이러한 맥락에서 인도네시아 헌법 안에서 권력구조의 핵심적 부서가 있다면, 국민협의회(the People's Consultative Assembly, Majellis Permusyawartan Rakyat)이다. 왜냐하면, 국민협의회는 헌법을 제정하고, 주요국가정책을 결정하는 권력조직이었고, 국민협의회 구성원은 국회의원과 법률에 의해 정해진 지역 및 직능대표로서 구성되었다(양승윤 1998, 152). 다시 말하자면, 인도네시아 1945년 헌법 제1조에 인도네시아는 공화제 형태를 갖춘 단일국가, 주권은 국민에게 있고, 국민협의회가 이를 전적으로 행사한다고 되어 있기 때문에, 국민협의회가 갖는 위상은 높다고 볼 수 있다. 이러한 맥락에서 1998년 인도네시아가 민주화 이전에 형식적으로는 삼권분립의 형태를 갖고 있었지만, 그 이후에 실질적인 삼권분립과 인민주권에 기초한 민주주의로의 진입을 헌법적 차원에서도 충분히 설명가능하고, 1999~2002

년 민주적 신헌법에 기초한 인도네시아 권력구조의 변화는 그 전후의 정치구조의 변화를 가늠하는 명확한 기준이 된다. 국민협의회는 민주화 이후에도 그 존재를 유지하지만 구성원과 기능의 질적인 변화를 가져왔다(최난경 2002 ; 최경희 2008, 2010).

수하르또는 구질서체제에서의 정적들을 하나씩 제거하면서, 1968년 선거를 앞두고, 1967년부터 대통령으로서 활동을 시작한다. 왜냐하면 1966년 수카르노가 발표한 1966년 행정령(Supersemar) 때문이다. 1968년에 국회에서 만장일치로 대통령으로 선출되었고, 1971년이 되면, 의회, 행정부, 사법부 내에서 그를 반대하는 실질적인 정치세력은 전혀 없게 된다.[12] 1966년 행정령(Supersemar)에 따라 국회(House of Representatives, Dewan Perwakilan Rakyat-Gotong Royong, DPR-GR)와 임시국민협의회(the Provisional People's Consultative Assembly, Majellis Permusyawartan Rakyat Sementara, MPRS)의 통합이 명시되어 있었다(Soemantri 2007, 8). 따라서 1966년 이후 1998년까지 인도네시아에서의 국민선거(national election) 즉, 총선거(general election)는 MPR 안에서만 이루어졌다.

그리고 이러한 위로부터의 정치통합의 흐름에서 1955년 민주적 정당체계도 위로부터 정리의 수순을 밟게 되었다. 1950년에서 1957년까지 진행된 인도네시아 의회민주주의 실험기 동안 1955년 총선거는 인도네시아 정치사에서 제1차 자유민주선거로서 52개 정당이 자유롭게 경쟁한 최초의 선거로 기록된다. 당시 정당의 정치활동은 매우 자유로운 편이었으나 수하르또 집권 과정과 맞물려, 기존의 정당들은 1973년 통폐합된다. 그래서 수하르또가 집권한 32년 동안 정당체계는 '패권적 일당우위 정당체계'로 분류된다. 1955년 자유로운 다당체계가 일당의 지배적 정당체계로 변화되는 데는 다음과 같은 정당통폐합의 작용과 골까르 정당의 출현과 긴밀한 관련성을 갖고 있다.

---

[12] 1970년 6월 21일 인도네시아 초대 대통령이었던 수카르노가 69세의 나이로 죽는다(McGlynn et al. 2007, 42). 그의 죽음은 수하르또 권력이 더욱 강해지는데 작용하였을 것을 예측하기란 어렵지 않을 것 같다.

첫째, 인도네시아는 12~13세기 아랍으로부터 이슬람 종교가 전파되고, 이슬람 왕국이 꽃피웠던 경험, 그리고 인도네시아 인구가 세계 4위로 2억 2천 명가량을 차지하고, 그중에서 약 85%가 무슬림이기 때문에, 무슬림이 정치세력화하는 것은 어쩌면 너무나 당연한 현실이었음에도 불구하고, 민주화 이전까지는 영향력 있는 정치세력은 아니었다. 물론 1955년 선거에서도 이슬람 세력은 마슈미(Masyumy)와 나흐다뚤 울라마(Nahdatul Ulama NU)를 합쳐서 38%로 어느 정도 높은 지지율을 얻기도 하였다. 그러나 수하르또는 1967년 이슬람 공동체 의회(Congress of the Islamic Community)를 폐지시킨다. 수하르또 본인도 무슬림이었지만, 이것을 폐지한 이유는 이슬람 공동체가 본인의 권위를 위협하는 것을 용납할 수 없었기 때문이다. 그리하여 1973년 기존 이슬람 정치세력—NU, 인도네시아 이슬람 연합당(Party of the Indonesian Islamic Union, Partai Sarikat Islam Indonesia, PSII), 인도네시아 무슬림당(Partai Muslimin Indonesia, Parmusi), 이슬람교육협회(Islamic Education Association, Persatuan Tarbiyah Islamiyah, Perti)—을 모두 통폐합하여 '통일개발당(The Development Unity Party, Partai Persatuan Pembangunan, PPP)'을 만들었다(Saidi 2007, 122).[13] 둘째, 수하르또 집권의 핵심적 집권세력의 역할을 한 골까르 정당(Partai Golkar)은 1964년 섹베르 골까르(Sekber Golkar)로부터 기원한다. 1971년 선거를 위해 Golongan Karya (GOLKAR)로 명칭을 바꾸었다. 섹베르 골까르는 PKI의 확장을 막고, 1945년 인도네시아 독립헌법과 빤짜실라 이념을 강화시킬 수 있는 직능단체—청년, 여성, 학자, 노동자, 농민, 어민 등등—의 총연맹조직의 형태로 출범하였다. 61개 조직으로 시작되어 291개 조직으로 확대되었다. 이러한 골까르는 그의 집권기간 동안 가장 지배적인 정당의 위치를 1997년 선거까지 유지한다. 셋째, 그리고 다른 정당들도 인도네시아 민주당(Indonesian Democratic Party, Partai Demokrasi Indonesia, PDI)으로 통합된다. 즉, 인도네시아 민족당

---

13) 따라서 민주화 이후 인도네시아 정당정치의 변화 중의 하나가 바로 이슬람의 정치세력화와 이슬람을 기초로 한 정당의 다수 출현이다. 또한 중동과 다른 인도네시아 무슬림은 무슬림 민주주의(Nasr 2005)의 좋은 사례이다.

(Indonesian Nationalist Party), 인도네시아 크리스챤 정당(Indonesian Christian Party), 카톨릭 정당(The Catholic Party), 인도네시아 독립 지지연맹(the League of the Supporters of Indonesian Independence) 그리고 프롤레타리아 정당(Tan Malak's Proletarian Party) 등이 PDI로 통합되었다(Sirait 2007, 126). 이러한 강제된 정당통합 이후, 신질서 체제 시기 동안 총선결과는 〈표 1〉과 같다.

〈표 1〉 신질서 체제 시기 총선 결과

년도	Golkar		PDI		PPP	
	득표율(%)	의석수	득표율(%)	의석수	득표율(%)	의석수
1977	62.11	232	8.60	29	29.29	99
1982	64.34	246	7.88	24	27.78	94
1987	73.16	299	10.87	40	15.97	61
1992	67.98	282	14.97	56	17.05	62
1997	74.51	325	3.07	11	22.42	89

출처: 양승윤(2001)의 〈표 4〉와 〈표 7〉까지를 재구성

수하르또의 신질서체제의 정당체계의 특성은 다음과 같다. 첫째, 정당의 설립과 정치활동은 법률로서 엄격하게 제한되었으며, 정규적으로 실시된 국회의원선거 또한 그 공정성과 자율성이 무시된 채 비경쟁적 선거과정이 이루어짐으로써 정당정치의 경쟁성이 축소되었다. 둘째, 1973년 정당 통폐합, 1975년, 1977년 정당법 개정, 1985년 선거법과 국회 및 국민협의회 구성법, 지방의회법, 정당 및 직능단체법, 대중조직법 등을 통해 정당정치의 경쟁성은 더욱 악화되었다. 셋째, 이 시기 정당정치 안정성 수준은 유효정당수는 1971년 2.28에서 1997년 1.89로 나타나면서 높은 편이다(윤성이·이동윤 2002). 다시 말하자면, 권위주의 체제시기 전형적인 정당정치의 특징으로서 선거경쟁도는 매우 취약하고, 지배적인 정당을 중심으로 한 정치적 안정성은 높은 특징을 인도네시아도 보여주고 있다.

수하르또는 왜 정당을 통폐합하였을까? 수하르또의 생각은 이것이 정치

의 근대화라고 판단하였다. 정치의 근대화는 경제의 근대화를 위해 절대적인 조건이라고 그는 확신하였다. 또한 정당의 이념들이 종교적으로 나누어져 있는 것은 수카르노 시절부터 결코 바람직하지 않다고 인식하였다. 오히려 그는 정당의 이념들이 중립화되는 것이 바람직하다고 판단하였다(Saidi 2007, 124). 그래서 그는 당시 집권당과 야당의 형태를 갖는 미국의 양당제 제도가 정치안정을 꾀하기 위해서 바람직한 정당체계라고 보았다(Sirait 2007, 126).

결론적으로, 수하르또는 경제발전을 위해서 정치가 이념적, 종교적, 지역적 균열에 기초하여 복잡한 정당구도를 갖기 보다는 안정성을 선택한 것이다. 실제로 수하르또가 집권하던 시기만 3개의 정당들이 경쟁구도를 갖고 있었고, 1955년 선거는 52개 정당, 1999년 선거에서는 48개 정당, 2004년 선거는 24개 정당, 2009년 선거는 38개 정당이 각축전을 벌이고, 민주화 이후 의회에 진출한 정당은 6~7개 정당으로 다당제 형태를 뚜렷이 보여주고 있다. 그렇기 때문에, 인도네시아에 바람직한 정당체계는 무엇인가에 관한 논쟁은 지금까지도 지속된다고 볼 수 있다. 수하르또는 경제발전을 위해 정치적 민주주의의 두 가지 요소 중에 경쟁성보다는 안정성을 선택하였고, 정치인들의 영향보다는 국가를 운영하는 관료들의 정치적 영향을 더 우선시하였다고 볼 수 있다. 이러한 정치구조를 만들어내면서, 의회에 견제를 받지 않는 '관료'지배적인 정치체제를 배타함으로써, 국가주도적인 경제성장을 가능케 한 것이다.

IV. 수하르또 체제의 경제적 근대화

본 논문은 정치적으로 수하르또 신질서 체제를 관료적 권위주의 체제로 그 특성을 분석하고 있다. 그러한 권력구조의 배경을 만들어 놓은 것 또한 바로, 수하르또 자신이 집권목표를 상정한 '경제발전'을 이루려고 하는 이유에서였다. 이러한 인도네시아 경제발전에 있어서 관료의 역할은 긍정적이든 부정적이든 매우 중요하였다. 본장에서는 이러한 국가주도형 경제발전이라는 맥락에서 인도네시아 신질서체제를 분석하려고 한다. 우선 인도네시아 관료는 경제발전전략의 변화를 위하여 친서방적 외교의 방향을 선택한다. 1967년 다시 미국과의 외교를 재개하고 중국과의 외교를 동결시킨다. 그리고 말레이시아, 태국, 필리핀, 싱가폴과 함께 동남아국가연합(Association of Southeast Asian Nations: ASEAN)을 창설하는데 힘을 더한다(McGlynn et al. 2007, 46). 즉, 친서방적 외교노선[14]은 수하르또의 경제발전 전략과 맥을 같이하고 있다. 관료적 권위주의에 기초한 경제발전은 외적인 성장에도 불구하고 '정실자본주의(crony capitalism)'라는 경제구조의 특징을 배태시켰다.

1. 경제개발 5개년 계획과 발전국가

수카르노 체제가 국민으로부터 신뢰를 얻지 못한 결정적인 이유는 충분한 먹을거리를 제공하지 못한 경제실패에 있었다. 수하르또 집권초기부터 인도네시아는 식량위기(food crisis)에 노출되어 있었다. 수하르또는 국가적 차원에서 이 문제를 해결하기 위해 1967년 조달청(the State Logistics Agency, Badan Urusan Logistik, 이하 Bulog)을 만든다. Bulog를 통하여, 인도네시아 국민들의 9가지 생활필수품—쌀, 소금, 연료(cooking fuel), 식용류(vegetable oil), 옥수수, 달걀, 설탕, 고기, 우유—에 대한 가격 안정을 명령했지만, 쌀 생산량이 국내적으로 부족한 상태에서 당시 인도네시아 경제는 쌀을 수입할 만큼 외화가 없었던 것이고, 재정압박도 받고 있는 상태였다. 수하르또 정부는 이로부터 '식량자급자족 프로그램(food self-sufficiency program)'을 착수하였다(Dillon 2007, 59). 즉, 수하르또에게 경제발전은 배고픈 인도네시아 현실로부터의 탈출을 위해 절박한 문제였다.

---

[14] 1970년대와 80년대는 인도네시아는 유엔을 통해서 외교를 하는 것에 주력하지는 않았고, 오히려 전 세계적으로 다차원적으로 세계적 협력을 추구해오다가, 1990년대가 되면 UN을 중심으로 한 외교를 더욱 집중한다(McGlynn et al. 2007, 46).

가난한 나라가 경제발전을 꾀하는데 있어서 처음 직면하는 문제는 돈이 없다는 것이다. 그래서 원조와 차관은 후후발 경제국가가 수행하는 첫 수순인데, 수하르또는 신질서 출범 이후 가장 열심히 한 것이 바로 해외투자 유치였다. 그래서 신질서지배 30여 년간 국내투자 총량보다도 해외투자가 더 많았다. 수하르또는 장군으로 있었던 1967년부터 IMF의 제안을 기초로, 탈출 프로그램(1966), 회복 프로그램(1966), 공고화 프로그램(1967)을 만들면서, IMF의 협조를 요청했다. 1년 후 IMF는 거시경제안정화정책을 통하여 인도네시아 정부를 지원했고, 1968년이 되면 세계은행(World Bank)이 제공하는 인도네시아 제1차 경제개발 5개년 계획(Indonesia's first five year development plan, Rencana Pembangunan Lima Tahun Ⅰ, Repelita Ⅰ)을 수립하였다(Sadli 2007, 94). 이것으로 인도네시아 경제는 세계 경제와 밀접한 관련을 맺으며 전개되기 시작했고, 이러한 경제정책변화는 수카르노 교도민주주의 시절 경제정책과는 질적으로 다른 것이다. 신질서 시기 해외직접투자에 의해서 활성화된 분야는 광산업, 제조업, 호텔산업 분야 등이다. 1967년에 인도네시아가 3만 4천백만 달러가 해외투자로 들어왔다면, 5년 후 1972년은 10배에 해당되는 3억 4천백만 달러가 투자되었다. 1990년대가 되면, 20억 달러가 투자된다(Sadli 2007, 96).

1969년부터 시작된 Repelita Ⅰ은 Ⅱ, Ⅲ, Ⅵ, Ⅴ단계를 거쳐 1994년까지 총 25년간 전개된다. 그렇다면 과연 경제개발 5개년 계획이 실질적인 성공을 거두었는가? 수하르또 집권 첫 10년 동안 강조한 것은 중공업 산업의 발전을 강조함으로써, 인도네시아의 산업구조를 변화시켰다. 이 시기 동안 만들어진 가장 대표적인 기업이 뻐르따미나(Pertamina) 국영 석유회사이다. 그래서 인도네시아는 가장 빠르게 아시아에서 주목받는 Dragon Economy 군단에 합류하게 되었다(McGlynn et al. 2007, 75). 우선 양적인 측면에서 인도네시아 GDP 경제성장률을 보면 다음과 같다. 자료의 제약 상 1985년을 시작으로 경제위기 전후로 비교해 보면, 80년대 중후반 높은 경제성장률을 보이다가 1998년 IMF 외환당시 −13%라는 엄청난 경제하락을 경험한다. 일단, 양적으로는 IMF 외환위기가 있기 전까지 성장에 성공했다고 해도 과언이 아닐 것이다.

〈표 2〉 GDP 성장률(%)

구분	1985	1986	1987	1988	1989	1990	1991	1992	1993	1994	1995	1996	1997	1998	1999	2000
In	3	6	5	6	9	9	9	7	7	8	8	8	5	-13	1	5
Ma	-1	1	5	10	9	9	10	9	10	9	10	10	7	-7	6	8
Ph	-7	3	4	7	6	3	-1	0	2	4	5	6	5	-1	3	4
Th	5	6	10	13	12	11	9	8	8	9	9	6	-1	-11	4	4

In: 인도네시아, Ma: 말레이시아, Ph: 필리핀, Th: 태국
출처: World Development Indicators 2002 CD-Rom(World Bank 제공)

그렇다면 인도네시아 경제성장은 질적으로 좋은 경제체제인가? 위에서 언급한 '식량자급자족 프로그램'을 통해서 보자. 우선, 국내 쌀 생산량이 부족하였기 때문에, 1969년 인도네시아는 태국과 미얀마로부터 쌀을 수입하였다. 당시 미국과 일본도 쌀, 밀, 생필품을 구매하는 목적으로 낮은 이자율로 인도네시아에게 돈을 빌려주었다. 그 이후 인도네시아 정부는 농약, 살충제 값을 안정화하고, 쌀 생산성을 높이고, 쌀 소비자 가격을 안정화하였다. 또한 1970년대 오일가격이 오르면서 얻은 수익을 인도네시아 정부는 농업기술기반을 확충하고, 제도를 구성하는데 투자하였다. 이 당시 가장 큰 도전은 쌀에 대한 국제시장가격보다 국내시장의 가격이 더 높다는 것이다. 1974년에는 인도네시아 쌀 가격이 국제 쌀 가격보다 높았기에, Bulog는 이윤을 얻기 시작했다. 그러나 결과적으로 식품에 대한 인도네시아 국민에 대한 권리는 '식량자급자족' 프로그램을 통하여 안정적인 식량공급정책을 추구하려 하였으나 정부는 실패하였다. 1980년대 말이 되면 1970년대 녹색 혁명으로 있어서 일시적 성공을 거두었던 생산성은 떨어지기 시작하였다. 그리고 1990년대가 되면 쌀 개량은 실패를 맛본다(Dillon 2007, 59). 그리하여 1990년대 초가 되면, 쌀 수입이 다시 시작하게 되었고, 1996년 그 양은 46만 톤으로 그 지불된 가격도 15억 달러에 육박한다. 주지하는 바와 같이 1997년 세계경제위기가 있었고, 1998년이 되면, 쌀 수입에 대한 가격지불도 압박을 받는 상황이 되었다. 따라서 1998년 약 3

천 2백만 인도네시아 국민들이 배고픔을 느껴야 했었다. 1998년 IMF로부터 구제 금융을 받으면서, Bulog는 전국적인 쌀 공급체제에 대한 독점을 포기했다(Dillon 2007, 62). 일련의 과정에서 가장 핵심적인 정치적 결과는 수하르또 체제의 몰락이다. 1998년 IMF 외환위기시에 쌀 1kg 당 1,660루피아 가격이 오른 것은 수하르또 체제를 붕괴시킨 결정적인 원인이다. 왜 1970년대, 1980년대 중반까지 대략 성공적이라고 평가할 수 있는 식량자급자족 프로그램은 1980년대 중후반 그리고 수하르또 체제를 붕괴시킬 만큼 결정적으로 실패한 정책이 되었는가? 첫째, 식량자급자족프로그램을 활성화하였다기보다는 국가보조금을 고착화하는 한계를 갖고 있었다. 1981년 경제 관리자들은 석유생산에 대한 국가보조금(1981~82년 동안 1.5조 루피아)과 비료와 식료품에 대한 국가보조금(0.6조 루피아)이 너무 커지고, 국가예산안에 고착화되기 때문에 그리고 삭감하기가 어려워지면서 우려를 금치 못하게 되었다. 국가보조금은 식료품 그리고 다른 요소에 대해서도 매우 중요한 부분이 되었다. 식량자급자족프로그램을 창출하기 위한 국가지원은 1984년이 되면 피크를 이룬다. 둘째, 정부의 농업정책의 문제는 도시 편향적이었다는 한계를 갖는다. 다시 말하자면, 소비자 가격을 안정화 시키는데 너무 집중하였고, 농촌 쌀 생산성을 높인다거나, 농촌에 대한 지원과 같은 것은 오히려 상대적으로 약했다고 볼 수 있다(Dillon 2007, 62). 셋째, Bulog 조직의 부패구조이다. 국제시장가격보다 인도네시아 쌀이 상대적으로 가격이 높을 때 아프리카에 내다 팔고, 베트남으로부터 쌀을 더 비싸게 수입하면서 국가관료가 중간에 그 이윤을 착복하였다. 이러한 Bulog 부패사건은 민주화 이후 반부패개혁을 둘러싼 정치이슈 중의 하나였다(최경희 2008).

경제발전을 주도한 발전국가적 면모에서 수하르또 체제의 밝은 면은 다음과 같다. 1976년 10월이 되면, 인도네시아는 캐나다(1972년), 미국(1974년)에 이어 국내 통신을 위해 인공위성을 띄운 세 번째 국가가 된다. 40억 달러 초기비용을 들여, 인도네시아 인공위성 시스템을 만들었다. 이것으로 국영통신기업(The State Telecommunication Corporation, Perusahaan Umum Telekommunikasi, Perumtel, Telkom으로 알려짐)을 세우기도 한다(Barker 2007, 107). 수하르또 정권에서 사회인프라 구축 사업으로 1970년대가 되면, 인도네시아 국가를 횡단하는 교통시스템을 구축하였다. 주지하는 바와 같이 인도네시아는 세계 최대 다도 국가로서 원활한 교통체계를 구축하는 것은 매우 어려운 일이다. 교통시스템으로서 도로, 다리, 해상 또는 항공 교통을 구축하기 시작한다(McGlynn et al. 2007, 70). 현재 인도네시아를 대표하는 가루다(Garuda)라는 항공회사는 이때 만들어진 것이다. 수하르또는 낙후된 경제를 발전시키기 위해, 인도네시아 빈곤층의 가장 큰 필요인 음식, 옷, 집에 대한 국가정책을 입안하였다. 위에서 언급한 식량자급자족 프로그램이 식량정책에 해당된다고 한다면, 수하르또 정부는 섬유산업(textile industry)을 투자하였다. 그리고 도시개발협의회(the National Urban Development Corporation, Perusahaan Umum Perumnas)를 만들어 저비용 주택을 제공하는 국가적 주택정책을 1974년에 실시하였다. 수하르또 신질서 체제 동안 가장 성공적인 프로그램이 국민건강에 대한 국가적 차원의 지원을 처음 시작한 것이다. 국민건강센터프로그램(the People's Health Center Program, Pusat Kesehatan Masyrakat, Puskesmas)이 그 시작이다. 438 지역에 7,300개 보건소를 만든 것이다. 1970년이 되면, 산아정책도 실시한다(McGlynn et al. 2007, 93). 국민보건 및 산아정책은 the National Family Planning Coordinating Board(Badan Koordinasi Keluarga Berencana Nasional, BKKBN)에 의해서 집행된다. 유아사망률이 1971년 1,000명당 142명이었던 것이 1980년에 112명, 1985년에 71명으로 감소한다. 15년 동안 50%가 감소한 것이다(Mohamad 2007, 132). 또한 인도네시아 교육체계도 수하르또 신질서 시절 만들어졌다. 1980년대가 되면 약 4만 개의초등학교가 만들어지고 보강된다. 1990년대가 되면 중학교까지 확대되고, 1997년까지 총 92%가 초등학교를 졸업하게 된다. 그래서 1990년대가 시작되면, 성인의 문자 해독률은 77%에 이른다(McGlynn et al. 2007, 136).

2. 가산제적 국가로의 전환과 정실자본주의

1997년 6월 수하르또가 권좌에서 물러나기 1년 전에, 포브지(Forbes)는 세계에서 가장 부자 중의 한 사람으로서 수하르또를 지목했다. 그의 재산은 160억 달러로 추정하였다. 또한 그의 가족까지 포함하여 재산을 측정하는 것도 거의 어렵다고 보았다. 한 달에 1500달러를 받는 봉급자로서 대통령을 생각한다면, 이 숫자는 거의 상상하기 어려운 숫자인 것이다. 그러나 신질서가 시작할 때만도 대부분의 인도네시아 국민이라면 상상할 수 없는 숫자이다. 하지만 수하르또 대통령 일가와 연관된 거대 독점 기업이 출현하게 됨에 따라 이 일은 가능하게 되었다. 특히 1985년 이후 중앙은행에 대통령 가족이 연관되고, 정실관계의 관료가 진출하게 되면서 천문학적인 숫자로 재산이 불려졌다(Bujono 2007, 158).

즉, 대통령 일가가 돈을 버는 수단은 정부기관과 기업을 통해서 이루어진다. 예를 들면, 국가기관인 Bulog와 수하르또 자녀와 연관된 쌀 수입 회사와 계약을 맺는다거나, 석유를 수입하고 수출하는 과정에서 국영기업인 Pertamina와 수하르또 자녀 회사와 계약을 한다거나, 해외투자자도 수하르또 자녀를 통해 계약을 한다거나 하는 방식이다(Bujono 2007, 158). 수하르또의 첫째딸 시티(Siti Hardiyanti Rukmana)는 Citra Lamtoro Gung Group(CLG)를 통하여 사회기간산업과 연관되었고, 특히 도로사용료를 접수하고 있다. 망가라이(Manggarai) 지역에 버스 정류장 사업, 수라바야 딴중 쁘락(Tanjung Perak) 항구를 확장하는 사업, 통신시설의 기초를 만드는 기간사업 등등을 수주하였다. 큰아들 시깃(Sigit Hardjojudanto)은 1970년대 말에 Hanurata Group을 만들어서 사업에 뛰어들었지만, 크게 성공하지는 못하였다. 둘째 아들 밤방(Bambang Trihatmodjo)과 그리고 첫째 딸의 남편, 인드라(Indra Rukmana)는 수하르또가 젊었을 때부터 광범위한 차원에서 사업과 연관되어 있었다. 그들은 Bimantara Group을 통하여 1984년 폴리스테르(polystyrene)를 생산한 것으로 유명하고, 그 이후 플라스틱 생산 독점체로 성장하게 되었다. 이 회사는 홍콩에 본사가 있는 Panca Holding 주식회사의 자사가 되었고, 4명의 대표 중에서 3명이 수하르또 일가이다. 일명 토미(Tommy)로 불려지는 막내아들 후또모(Hutomo Mandala Putra)는 Humpuss Group을 만들어서 석유화학, 자산, 화학, 교통 등 그 외 사업을 하고 있었다. Bimantara Group과 Humpuss Group은 어디서 돈을 모았는가? 바로 국영회사인 뻐르따미나(Pertamina)에서이다. 또한 수하르또가 발리 출신이기 때문에 발리 일가들을 통해서도 발리의 리조트 산업에도 관여하게 된다. 수하르또는 두따 은행(Bank Duta)과 부꼬뻰 은행(Bank Bukopin)의 설립부터 관여하였다(Bujono 2007, 159).

이러한 수하르또 일가의 재산 축적과정은 발전국가적 성격을 '가산제적 국가(patrimonial state)'로 퇴행시키는데 결정적인 역할을 한 것이다. 즉, 국부를 집권세력의 가문에 집중하는 권위주의적 모습을 보였다. 그리고 이러한 가산제적 국가의 특징을 보이게 된 것은 발전국가로서 거대한 국책사업이 갖는 부정적인 결과는 부패와 연고주의(nepotism)에 기초하고 있기 때문이다. 즉, 수하르또 정부가 경제회복을 향한 성공적인 단계를 진행하는 긍정적인 면과 함께 반대로 부패를 창출할 수 있는 기회도 동시에 형성되었다. 예를 들면, 뻐르따미나(Pertamina)는 국영석유회사이면서도, 회사의 이익을 국가적 차원에서 사용하지 않는다는 것이다. 1970년대 중반에 회사는 막대한 금융적 이득을 거두었을 때, 뻐르따미나(Pertamina) 기업 대표 입누(Ibnu Sutowo)는 회사를 100억 달러 전체 빚을 지게 하면서 파산직전까지로 몰아갔다. 왜냐하면, 순이익을 착복하였기 때문이다(McGlynn et al. 2007, 78). 이러한 예는 수하르또 시절, 국가가 경제발전의 주체가 되면서 건전하지 못한 구조와 관계, 네트워크를 만들어내지 못한 대표적인 사례이고, 이렇게 형성된 자본주의 특징을 정실자본주의(crony capitalism)라고 할 수 있다. 이러한 정실자본주의는 인도네시아 경제구조의 심각한 모순을 만들어 내었고, IMF 외환위기시 폭발적으로 증폭되어 체제를 결정적으로 변화시키는 구조적인 원인도 제공한 것이다. 즉, 정실자본주의의 특징은 부패(Corruption, Korupsi), 공모(Collusion, Kolusi), 연줄(Nepotism, Nepotisme)이고, 이것은 오랫동안 인도네시아 사회에 침투되어져 왔다(Sharma 2002).

정실자본주의의 가장 큰 특징은 부패지수가 높다는 것이다. 인도네시아 부패의 심각성을 동남아 국가 중에서 가장 깨끗한 싱가폴과 비교해 보자. 아래의 〈표 3〉을 보면, 10에 가까울수록, 투명성이 높은 사회라는 것을 의미하는 부패인식지수(CPI)이기에, 싱가폴과 인도네시아를 비교해 본다면, 인도네시아 부패상태는 매우 심각한 상태라고 볼 수 있다. 그리고 더 큰 문제는 이러한 구조가 민주화 이행 이후에도 큰 변화가 없다는 사실이다 (최경희 2008).

〈표 3〉 인도네시아와 싱가폴의 부패인식지수(CPI)

	1996	1998	2000	2002	2004	2006	2008	2010
인도네시아	2.7	2.0	1.7	1.9	2.0	2.4	2.6	2.8
싱가폴	8.8	9.1	9.1	9.3	9.3	9.4	9.3	9.3

출처: http:www.transparency.org/cpi (검색일: 2011. 5. 2)

이러한 맥락에서 수하르또 집권기간 동안 형성된 인도네시아 자본가 계급 유형에 관한 신윤환의 연구(2001)는 이러한 특징을 명확하게 개념화하고 있다. 그는 신질서체제하에서 형성된 부패한 정실체계를 7가지 유형으로 분류하고 있다. 첫째, 쭈꽁형(cukong)형[15]이다. 주요 후견인들은 대통령·고위관료·장성·정치인 등이며, 수혜자들은 화인재벌이 절대다수를 이루지만 토착인도 다수 발견된다.[16] 둘째, 소수주주형이다. 재벌기업에 소수주주로서 참여하여 이윤이나 배당금을 받는 자들이 여기에 속한다. 이 유형은 부패한 정실체계의 구조와 다소 차이를 보이는데, 후견인은 정

---

15) 쭈꽁(主公)은 복건방언으로 원위는 주인 또는 할아버지를 뜻하는데, 인도네시아에서는 토착정치인들에게 정치자금을 대는 중국인이라는 의미로 널리 쓰였다. 신질서 하에서 이 개념은 확대되어 국가 엘리트와 유착하여 축재한 모든 화인을 지칭하게 되었다(신윤환 2001, 18).
16) 가장 대표적인 예로서, 인도네시아 최대 재벌인 림 시우리옹(Liem Sioe Liong), 1992년에 몰락한 윌리암 수리야자야(William Soeryaduaya), Pertamina 대표 입누 수또오(Ibnu Sutowo)이다. 그리고 수하르또의 아들들이 운영하는 회사와 전 공공복지조정장관 알람사(Alamsjah Ratu Prawiranegara)의 아들 회사 등이다(신윤환 2001, 19~20).

치엘리트이며 수혜자는 쭈꽁형에 속하는 재벌기업들이고, 여기에 소주주로서 참여하는 자들은 엄격한 의미에서 후견인의 대리이이라고 볼 수 있다. 셋째, 전문경영인형이다. 국영기업이나 "관료기업"을 사실상 경영하면서 이윤을 분점하거나, 그 기회를 이용하여 개인기업을 키운 화인들이 이 유형에 속한다. 국영기업이나 관료기업들은 갖가지 독점적 권리를 향유함에도 불구하고 전문경영능력을 결여하고 있는 탓에 화인들을 실제적인 경영권자로 활용하는 경우가 많기 때문이다. 넷째, 독점기업형이다. 정부로부터 독과점적 채벌, 채굴, 생산, 유통, 무역의 권리를 획득한 기업체에게 사실상 사전에 이윤을 보장해 주는 확실한 측적 유형이다. 다섯째, 공사합작형이다. 국가의 법령에 근거하여 설립되는 점에서 무역부의 부령에 의해 독점권을 부여받는 독점기업과 유사하지만, 대개 대기업을 합작 파트너로 선정한다는 점과 민간파트너는 국가의 권위와 재원에 기생하여 축적한다는 점에서 특징을 보인다. 여섯째, 수의계약자형이다. 정책결정권자와 연계를 가진 토착기업인들이 가장 흔히 이용하는 방식이다. 또한 이들은 인도네시아 정부가 시행한 갖가지 토착기업지원책의 산물이기도 하다. 일곱째 정책수혜자형이다. 국가발전전략의 정책수단이 수혜자들로 주로 수입대체산업분야에 참여한 산업자본가, 수입독점업자 등이 여기에 속하고, 1980년대 후반에 구조조정이 이루어진 이후에는 수출지향적인 산업체들도 혜택을 받고 있다(신윤환 2001, 18~27).

V. 결론

1998년 수하르토 하야 이후 13여 년간의 인도네시아 사회의 변화는 주목할 만하다. 인도네시아 민주주의는 먼저 민주화 이행을 시작했던 동남아 이웃국가인 태국과 필리핀보다도 민주주의 이행성과가 상대적으로 높다고 할 수 있다. 전 세계적으로 네 번째로 규모가 큰 인도네시아 민주주의가 어떻게 성장할지 귀추가 주목되는 이유이다. 그 변화의 길목에서 여전히 인도네시아 사회발전을 가로막는 '과거' 유산은 그 자체로 유의미한 분석대상이다.

본 논문은 수하르또 체제가 21세기 인도네시아 정치발전에 있어서 어떠한 의미를 갖고 있는가라는 질문에 대한 답변을 찾고자 하였다. 국민국가를 형성하는 도정에서 수하르또 체제는 매우 '억압적'이었다는 그 한계를 지적하지 않을 수 없다. 인도네시아 정치학자인 타우픽(Taufik Abdullah 2007)은 수카르노와 수하르또가 그들의 탐욕에 의해 국가를 지배해왔다고 비판한다. 이 상태는 정치권력을 유지하거나 경제적 후원수혜 시스템을 소유하는 것만으로 만족하지 않았다. 국가의 집합적 기억까지 그리고 담론 및 의미의 헤게모니를 소유하고자 하는 것이다. 교도민주주의는 쇠뇌프로그램(indoctrination program)을 도입했고, 신질서 시기에는 빤짜실라(Pancasila)를 국가 이데올로기화하였기에 그는 이 체제의 억압성과 탐욕성을 지적한다. 또한 국민경제시스템을 형성하는 과정에서 부패와 담합, 연고를 기초로 한 정실자본주의 구조를 수하르또 체제에서 강력하게 형성하였기 때문에, 경제성장 이면에 인도네시아 경제구조의 비민주성, 부패연결구조는 분명한 극복 대상이다.

우리는 역사가 진공상태 안에서 작동되지 않는다는 것을 안다. 그렇기에 수하르또 체제도 특정한 구조적 배경 안에서 배태된 정치적 결과라는 것을 본문에서 설명하였다. 경제적 피폐, 가난과 빈곤이 만연된 경제구조에서 민주주의는 꽃피울 수 있었던가. 제2차 세계대전 이후 탈식민화된 제3세계에서 '권위주의'는 왜 일반적인 정치체제였는가. 그리고 무엇보다 지적하고 싶은 것은 유럽에서도 '민주주의'란 전근대에서 근대로 이행한 모든 정치권력 싸움의 최종적인 결과라는 점이다. 그리고 이러한 정치권력 투쟁 과정이 '국민국가' 탄생이라는 것과 맞물려 있었다는 측면에서 인도네시아도 예외는 아니라고 생각한다. 탈식민지 이후 '국민국가형성'과 '자본주의 경제시스템'이라는 권력투쟁의 시기동안 존재할 수 있었던 하나의 체제였고, 그 결과가 인도네시아에서 권위주의를 넘어 민주주의라는 체제로 도달할 수 있는 근대적 요소를 가능케 하였던 체제였다는 것 또한 간과하지 않을 수 없다. 다시 말하자면, 그가 집권하는 시기 동안 인도네시아는 중앙권력의 영향력이 영토 안에서 미치는 중앙집권화된 근대국가 시스템을 형성하였으며, 그리하여 전국적 교육, 보건, 의료, 주택 시스템을 형성하였다는 것은 지적하지 않을 수 없다. 또한 인도네시아의 전근대적 경제시스템을 근대적 세계경제 시스템의 한 부분으로 작동하게 하였다.

무엇보다도 수하르또 체제에서 만들어낸 '억압적' 국민국가시스템과 정실자본주의에서의 문제점은 바로 '억압성', '비민주성'이다. 사회 안에서 창출된 부가 사회공동체 구성원이 잘 살아갈 수 있도록 그 자원을 배분할 수 있는, 그 정당성을 갖고 있는 단위가 지금까지 정치역사상 '근대적 국민국가' 밖에 그 역할을 감당할 수 없다는데 주목하고자 한다. 권위주의 정치체제에 기초한 국가는 그 역할을 매우 소홀히 하였거나 전혀 관심을 두지 않았다는데 문제가 있다. 따라서 민주주의로의 정치변동은 그러한 국가역할의 민주성을 강조하는데 있어서 매우 중요한 전제이자 출발인 것이다. 그래서 초국가적 거버넌스의 역할이 아무리 강조된다고 하더라도, 21세기에도 여전히 국가의 역할은 중요하고, 다시 부활되어야 한다고 생각한다. 특히 국가의 공공서비스 요소—교육, 주택, 보건 및 의료, 일자리—는 제3세계에서 민주주의를 강화시키기 위해서 다시 주목해야 하고, 주기적으로 전개되는 경제위기를 극복하기 위해서도 국가의 민주적·공공적 경제개입은 여전히 중요하다고 판단한다.

❖ 참고문헌

고우성, 1998, 「정치적 이데올로기로서의 빤짜실라: 수카르노와 수하르토체제 하에서의 활용방법 비교」, 『동남아시아연구』 제6호.
신윤환, 2001, 『인도네시아의 정치경제: 수하르또 시대의 국가, 자본, 노동』, 서울대 출판부.
양승윤, 1998, 『인도네시아 현대정치론』, 한국외대 출판부.

_____, 2001, 「인도네시아의 정당과 정당정치: 골까르의 성격과 역할을 중심으로」, 고우성 외, 『동남아의 정당정치』, 오름.
_____, 2003, 「인도네시아의 군부와 정치」, 『인도네시아』, 한국외대 출판부.
윤성이·이동윤, 2002, 「인도네시아의 정당정치와 민주주의 공고화」, 『국가전략』 제8권 4호.
장하준, 2004, 『사다리 걷어차기』, 부·키.
_____, 2006, 『국가의 역할』, 부·키.
_____, 2010, 『그들이 말하지 않는 23가지: 더 나은 자본주의를 말하다』, 부·키.
조흥국, 2007, 「제1부 동남아시아의 역사와 문화」, 조흥국·이광수·이희수·박구병·이한규 공저, 『제3세계의 역사와 문화』, 한국방송대학교출판부.
최경희, 2008, 「인도네시아 유도요노 정부의 반부패전략과 성과에 대한 중간적 평가」, 『국제정치논총』 제48집 1호.
_____, 2008, 「제4장 민주화 이후 인도네시아이 선거와 정치구조의 변화」, 신윤환 엮음, 『동남아의 선거와 정치사회적 변화』, 서강대학교 출판부.
_____, 2010, 「민주주의 심화과정에서 본 2009년 인도네시아 선거에 관한 연구」, 『한국정당학회보』 제9권 제2호.
최난경, 2002, 「인도네시아 민주화와 헌법개정」, 『동아연구』 43.
해롤드 크라우치 지음, 신윤환·전제성 옮김, 2009, 『동남아 권위주의의 역사적 기원』, 이매진.

Abdullah, Taufik, 2007, "Introduction The New Order: A Historical Reflection", John H. McGlynn, Oscar Motuloh, Suzanne Charl, Jeffrey Hadler, Bambang Bujono, Margaret Glade Agusta, Gedsiri Suhartono. eds, *Indonesia in the Soeharto Years: Issues, Incidents and Images*, Singapore: The Lontar Foundation.
Barker, Joshua, 2007, "Footprint of the State: Satellite Communications", McGlynn, John H. et al., eds, *Indonesia in the Soeharto Years: Issues, Incidents and Images*, Singapore: The Lontar Foundation.
Bellin, Eva, 2000. "Contingent Democrats: Industrialists, Labor, and Democratization in Late-Developing Countries", *World Politics* 52.
Dillon, H. S, 2007, "The State Logistics Agency", McGlynn, John H. et al., eds, *Indonesia in the Soeharto Years: Issues, Incidents and Images*, Singapore:

The Lontar Foundation.
Evance, Peter, 1995, *Embeded Autonomy: States and Industrial Transformation*, Princeton, New Jersey: Princeton University Press.
Forrester, Geoff and R. J. May. eds, 1998, *The Fall of Soeharto*, Australia: Crawford House Publishing.
Forrester, Geoff. ed, 1999, *Post-Soeharto Indonesia: Renewal or Chaos*, New York: ST. Martin's Press.
Hoogvelt, Ankie, 1997, *Globalization and the Postcolonial World: The New Political Economy of Development*, Baltimore, Maryland: The Johns Hopkins University Press.
Johnson, Charlmers, 1982, *MITI and Japanese Miracle: The Growth of Industrial Policy, 1925~1975*, Stanford: Stanford University Press.
Lawson, Stephanie, 1993, "Conceptual Issue in the Comparative Studies of Regime Change and Democratization", *Comparative Politics* 25, No. 2.
Lipset, Seymour Martin, 1959, "Some Social Requisites of Democracy: Economic Development and Political Legitimacy", *American Political Science Review* 53 (March).
Lipset, Seymour Martin, 1981, *Political Man: The Social Bases of Politics*, Baltimore: Johns Hopkins University Press.
Lipset, Seymour Martin, 1994, "The Social Requisites of Democracy Revisited", *American Sociological Review* Vol 59.
Manning, Chris and Peter Van Diermen, 2000, *Indonesian in Transition: Social Aspects or Reformasi and Crisis*, Singapore: ZED Books.
Marks, Gary. 1995. "Lipset, Seymour Martin" Seymour Martin Lipset eds., *The Encyclopedia of Democracy*, London: Routledge.
McGlynn, John H., Motuloh, Oscar., Charl, Suzanne., Hadler, Jeffrey., Bujono, Bambang., Agusta, Margaret Glade., and Gedsiri Suhartono. eds, 2007, I*ndonesia in the Soeharto Years: Issues, Incidents and Images*, Singapore: The Lontar Foundation.
Mietzner, Marcus, 2009, "Indonesia in 2008: Youdohyono's Struggle for Reelection", *Asian Survey* Vol. 49, No. 1.
Mohamad, Kartono, 2007, "Family Planning", McGlynn, John H. et al., eds, *Indonesia*

in the Soeharto Years: Issues, Incidents and Images, Singapore: The Lontar Foundation.
Moore, Barrington, 1966, *Social Origins of Dictatorship and Democracy: Lord and Peasant in the Making of the Modern World*, Boston: Beacon Press(진덕규 옮김, 1985, 『독재와 민주주의의 사회적 기원』, 까치).
Nasr, Vali, 2005, "The Rise of Muslim Democracy", *Journal of Democracy* Vol. 16, No. 2.
Nasution, A. H, 2007, "The Birth of a New Order", McGlynn, John H. et al., eds, *Indonesia in the Soeharto Years: Issues, Incidents and Images*, Singapore: The Lontar Foundation.
O'Rourke, Kevin, 2002, *Reformasi: The struggle for power in post-Soeharto Indonesia*, Singapore: Allen and Unwin.
Opello, Jr., Walter C, and Stephen J. Rosow, 1999, *The Nation-State and Global Order: A Historical Introduction to Contemporary Politics*, Boulder and London: Lynne Rienner Publishers.
Przeworski, Adam and Fernando Limongi, 1997, "Modernization: Theories and Facts", *World Politics* Vol. 49 No. 2.
Przeworski, Adam, Alvarez, Michael E., Cheibub, Jose Antonio., and Fernando Limongi, 2000, *Democracy and Development: Political Institutions and Well-Being in the World, 1950~1990*, Cambridge: Cambridge University Press.
Sadli, Mohamad, 2007, "Foreign Investment", McGlynn, John H. et al., eds, *Indonesia in the Soeharto Years: Issues, Incidents and Images*, Singapore: The Lontar Foundation.
Saidi, Ridwan, 2007, "The Fusion of Islamic Political Parties", McGlynn, John H. et al., eds, *Indonesia in the Soeharto Years: Issues, Incidents and Images*, Singapore: The Lontar Foundation.
Sharma, Shalendra D, 2002, "Beyond Crony Capitalism: From Banking Crisis to Financial Crisis in Indonesia", *A. J. S. S*, Vol. 30, No. 2.
Singh, Bilveer, 2000, *Succession Politics in Indonesia: The 1998 Presidential Elections and the Fall of Sueharto*, London: Macmillan Press.
Sirait, Sabam, 2007, "The Fusion of Christian Political Parties", McGlynn, John H. et

al., eds, *Indonesia in the Soeharto Years: Issues, Incidents and Images*, Singapore: The Lontar Foundation.

Soemantri, Sri, 2007, "The March 11 Executive Order and Sukarno's Accountability Speech", McGlynn, John H. et al., eds, *Indonesia in the Soeharto Years: Issues, Incidents and Images*, Singapore: The Lontar Foundation.

Sulisto, Hermawan, 2007, "Theories Behind the Events of 1965~1966", McGlynn, John H. et al., eds, *Indonesia in the Soeharto Years: Issues, Incidents and Images*, Singapore: The Lontar Foundation.

Varshney, Ashutosh, 2000, "Why Have Poor Democracies Not Eliminated Poverty?", *Asian Survey* Vol. 40. No. 5.

World Development Indicators 2002 CD-Rom (World Bank 제공).
http:www.transparency.org/cpi (검색일: 2011. 5. 2).

'조국근대화'이념과 박정희, 그리고 5·16
개념적 접근과 비교사적 검토

김 석 근(아산서원)

I. 머리말

"5·16의 기치는 영원히 퇴색하지 않을 것이며, 그 의기와 기백은 앞으로도 길이 솟구치고 번져서 새로운 민족의 진로를 밝혀줄 것이다."(박정희, 5·16민족상 시상식. 1965년 5월 16일)

5·16이 한국현대 정치사에서 중요한 한 사건이자 동시에 한국현대사의 전환점이었다는 점에 대해서는, 그 누구도 이의를 제기하지 않을 것이다. 그렇기 때문에 현대 한국인이라면 누구나 비켜갈 수 없으며, 각자 생활 세계에서 겪은 자신의 체험을 가지고 있다고 하겠다. 그와 관련해서 각자의 생각과 나름대로의 평가도 가지고 있을 것이다.

하지만 그 여파와 영향이 지금까지도 그리고 여전히 이어지고 있기 때문에, 그 평가에서는 견해가 여전히 나뉘고 있으며, 때로는 5·16과 주역으로서의 박정희(朴正熙, 1917~1979)에 대한 평가 자체가 일종의 '편가르기'의 잣대처럼 되어버리기도 한다. 심하게 말하면 정치의 세계에서 '적과 동지'(Freund und Feind)를 나누는 리트머스 종이 같은 역할을 하기도 한다. 아직도 그는 정치적 갈등의 한가운데 그 깊은 곳에 자리하고 있는 것이다. 한쪽에서는 야유와 비판이 있는가 하면, 다른 한쪽에서는 향수와 신드롬도 동시에 일고 있다.[1) 그런 만큼 객관적인 평가가 어렵고 또 그만큼 조심스럽다는 얘기도 되겠다.

　그렇다고 같은 논의를 계속 재생산해내는 것은 바람직하지 않으며, 오히려 그렇기 때문에 더욱 열띤 논의를 거쳐야 하지 않을까 한다. 그 같은 토론과 논의를 거쳐서 어느 정도 일치된 평가와 합의가 이루어지게 될 때, 비로소 일정한 역사적인 의미를 부여할 수 있을 것이기 때문이다. 5·16과 박정희에 대해서는 이미 적지 않은 연구가 다양한 형태로 이루어져 왔다. 하지만 기존의 연구들 사이의 평가들 역시 정반대되는 입장을 취하거나 아니면 여전히 평행선을 달리고 있는 것처럼 여겨진다.

　지금까지는 주로 박정희 집권 18년에 대해서 전체적인 평가를 둘러싸고 논의가 이루어져온 듯하다. 하지만 그에 앞서 각 국면과 분야에 대한 검토와 논의 역시 필요하다고 해야 하지 않을까 한다.[2] 어쩌면 각 분야별 평가가 이루어진 다음에야 비로소 전체적인 조망과 총체적인 평가가 가능할 것이라 할 수도 있겠다. 본격적인 연구가 이루어져야 할 것이며, 여전히 많은 분야와 주제들이 기다리고 있는 듯하다.[3] 또한 박정희 시대 18년이라는 기간을 통째로 다루기보다는 시기별로 세분해서 보는 것 역시 하나의 방편이 될 수 있지 않을까 한다. 이 글에서는 박정희 집권 18년에 대해서, 1972년의 '10월유신'을 기점으로 삼아 그 이전과 이후로 갈라 보는 입장을 취하고자 하며, 일차적으로 그 전반기에 초점을 맞추고 있다는 점을 미리 밝혀두고자 한다.

　바야흐로 5·16이 있은 지 반세기가 지나고 있는 지금으로서는, 대상과 평가 그 자체에 지나치게 얽매이기보다는 다소간의 거리를 두고서 되짚어가면서 조명해보고 이론적으로 분석해가는 작업, 말하자면 역사정치학적

---

1) 〈효자동 이발사〉나 〈그때 그 사람들〉 같은 영화가 만들어졌는가 하면 사이버박대통령기념관 〈박정희대통령기념관〉(www.presidentpark.or.kr), 〈박정희대통령 인터넷기념관〉(www.516.co.kr)도 있다. '박정희대통령기념사업회' 역시 구성되어 있다.
2) 그런 측면에서 5·16 50주년을 맞아 한국정치외교사학회가 개최한 학술회의가 갖는 의미의 일단을 확인할 수 있겠다.
3) 예컨대 5·16에서 박정희가 핵심적인 주체임에는 분명하지만, 과연 어느 정도의 역할과 비중을 지녔는가에 대한 논의 역시 필요하다고 본다.

인 관점에서 바라보는 작업이 필요하지 않을까 한다.

이 글에서는 그 같은 작업 시도의 일환으로, 개념적 접근과 비교사적 검토라는 부제가 말해주듯이 5·16과 박정희, 그리고 조국근대화 이념이 어떤 성격과 의미를 지니고 있었는지, 그리고 또 지닐 수 있는지에 대해서 살펴보고자 한다. 또한 그런 사안들에 대해서 박정희 자신이 어떻게 생각하고 있었는가, 그리고 어떤 말로써 자신의 행위를 변호하고 있었는가 하는 점에 대해서도 유념해서 보고자 한다.[4] 개념과 비교 그리고 역사라는 렌즈를 통해서 비추어보려는 이 글이 균형 잡힌 역사 인식에로 한 걸음 나아가는데 조금이나마 도움이 될 수 있었으면 좋겠다.

II. '성공한 쿠데타'(Successful Coup d'état)

> 친애하는 애국 동포 여러분!
> 은인자중해온 군부는 오늘 새벽을 기해서 일제히 행동을 개시, 국가의 행정·입법·사법의 3권을 완전히 장악하고 이어서 군사혁명위원회를 조직했습니다. 군부가 궐기한 것은 부패하고 무능한 현정권과 기성 정치인들에게 조국을 맡겨둘 수가 없다고 단정하여 백척간두에서 헤매고 있는 조국의 위기를 극복하기 위해서였습니다. (〈5·16 군사혁명포고문〉)

1961년 5월 16일 오전 5시 30분, 국영 서울방송에서는 인용문 구절로 시작하는 〈군사혁명포고문〉을 낭독하고, 군사혁명위원회의 6개 공약[이른바 '혁명 6공약'][5]을 군사혁명위원회 의장 육군중장 장도영(張都暎, 1923~)의

---

[4] 박정희가 쓴 책으로는 『우리 민족의 나아갈 길』(동아출판사, 1962), 『국가와 혁명과 나』(향문사, 1963), 『民族의 底力』(광명출판사, 1971), 『민족중흥의 길』(광명출판사, 1978) 등이 있다. 이 글에서, 앞의 두 권은 『하면 된다! 떨쳐 일어나자』(동서문화사, 2005)에 수록되어 있는 것을 참조했다. 구분을 위해서 『우리 민족의 나아갈 길』, 『국가와 혁명과 나』로 적고 동서문화사의 페이지를 덧붙이기로 했다.

[5] "① 방공을 국시(國是)의 제일의(第一義)로 삼고 지금까지 형식적이고 구호에만 그친 반공태세를 재정비 강화한다. ② 유엔 헌장을 준수하고 국제협약(國際協約)을 충

이름으로 전하고 있다.

하지만 엄격하게 말하자면 그것은 '독단거사'(獨斷擧事)로서 장도영의 '사전승인'을 얻은 것은 아니었다. 1961년 5월 12일자 박정희의 일기는 이렇게 적고 있다. "존경하는 참모총장 각하. 각하의 충성스러운 육군은 금 16일 3시를 기하여 해·공군 및 해병대와 더불어 국가의 위기를 극복하기 위하여 궐기하였습니다. **각하의 사전승인을 얻지 않고 독단거사(獨斷擧事)하게 된 것을 죄송하게 생각하옵니다.** 그러나 백척간두(百尺竿頭)에 놓인 국가민족을 구하고 명일(明日)의 번영을 약속할 수 있는 유일한 방도는 오직 이 길 하나밖에 없다는 확고부동한 신념과 민족적인 사명감에 일철(一徹)하여 결사감행(決死敢行)하게 된 것입니다."[6] 그 마지막에 "5월 16일 소장 박정희"라는 구절이 있는 걸로 보아, 5월 16일 보낼 편지의 문구를 4일 전에 미리 적어놓았던 것이다.

성격에서 솔직담백한 측면을 보여주었던 박정희는 훗날 이렇게 토로하고 있다. "나의 구국의지는 사실은 **4·19 훨씬 이전의 자유당 말기부터 싹텄었다.** 그리하여 군사혁명(軍事革命)에 대한 최초의 구체적인 계획은 3·15 선거 전후에 세워 가지고 있었으나, **4·19 학생 의거의 발발로 이를 백지화(白紙化)**하고 말았다."[7] 그리고 "같은 목적을 가진 혁명이 군인 아닌 학생과 시민에 의하여 성취된 것을 도리어 다행으로 생각"했으며, "정치와 사회가 정화(淨化)되어 모든 부패세력(腐敗勢力)이 일소되고, 숙망인

실히 이행할 것이며 미국을 위시한 자유우방과의 유대를 더욱 공고히 한다. ③ 이 나라 사회의 모든 부패와 구악(舊惡)을 일소하고 퇴폐한 국민도의와 민족정기를 다시 바로잡기 위하여 청신한 기풍을 진작시킨다. ④ 절망과 기아선상(飢餓線上)에서 허덕이는 민생고(民生苦)를 시급히 해결하고 국가자주경제 재건에 총력을 경주한다. ⑤ 민족적 숙원인 국토통일(國土統一)을 위하여 공산주의와 대결할 수 있는 실력 배양에 전력을 집중한다. ⑥ 이와 같은 우리의 과업이 성취되면 참신(斬新)하고도 양심적인 정치인들에게 언제든지 정권을 이양하고 우리들 본연의 임무에 복귀할 준비를 갖춘다." 그런데 흥미롭게도 『하면 된다! 떨쳐 일어나자』(동서문화사, 2005), 257쪽에는 ⑥이 빠져 있다.
6) 이 일기는 『나라가 위급할 때 어찌 목숨을 아끼리』(동서문화사, 2005), 368~369쪽에 실려 있다. 강조는 인용자, 이하 마찬가지.
7) 박정희, 1971, 『민족중흥의 길』, 광명출판사, 118쪽.

군의 정화도 성취될 것을 기대"했지만, 그 기대는 깨져버리고 말았다. 그래서 "결국 나와 동지들은 1961년 5월 16일을 기해 **군사혁명**을 결행했다"8)고 한다.

그러면 5·16은 '군사혁명'인가 아니면 '쿠데타', 다시 말해서 '군부 쿠데타'인가. 5·16에 대한 평가와 위상은 헌법에, 특히 그 전문에 잘 나타나고 있다. 헌법이란 법 자체가 지극히 정치적인 성격을 띠고 있는 만큼, 헌법의 개정 특히 그 전문은 그 시대의 인식 자체를 반영하지 않을 수 없다. 5·16에 대한 언급과 위상 자체가 현대정치사의 파란만장한 굴곡을 여실히 반영해주는 셈이다.

우선 제3화국 헌법(1962년 12월 26일) 전문에서는 "悠久한 歷史와 傳統에 빛나는 **우리 大韓國民은 3·1運動의 崇高한 獨立精神을 계승하고 4·19 義擧와 5·16革命의 理念에 입각하여 새로운 民主共和國을 建設함에 있어서**, 正義·人道와 同胞愛로써 民族의 團結을 공고히 하며 모든 社會的 弊習을 타파하고 民主主義 諸制度를 확립하여 政治·經濟·社會·文化의 모든 領域에 있어서 各人의 機會를 균등히 하고 義務를 완수하게 하여, 안으로는 國民生活의 균등한 向上을 期하고 밖으로는 항구적인 世界平和에 이바지함으로써 우리들과 우리들의 子孫의 安全과 自由와 幸福을 영원히 확보할 것을 다짐"9)한다고 했다. 4·19는 '의거'(義擧), 5·16은 '혁명'(革命)이라 규정한 것이다.

흔히 말하는 '유신헌법'(제4공화국 헌법, 전문개정 1972.12.27)에서도 '4·19의거'와 '5·16혁명'이란 표현과 의미부여는 그대로 유지되고 있었다.10) 하지만 제5공화국 헌법(전문개정 1980.10.27)에 이르러서는 4·19와 5·16이

---

8) 박정희, 『민족의 저력』, 118쪽.
9) 헌법재판소 홈페이지 http://www.ccourt.go.kr/ 참조. 이하 헌법 전문에서의 인용은 이와 같음.
10) "悠久한 歷史와 傳統에 빛나는 우리 大韓國民은 3·1運動의 崇高한 獨立精神과 4·19義擧 및 5·16革命의 理念을 계승하고 祖國의 平和的 統一의 歷史的 使命에 입각하여 自由民主的 基本秩序를 더욱 공고히 하는 새로운 民主共和國을 建設함에 있어서…"

빠지고 3·1운동 부분만이 남아 있을 뿐이다. "悠久한 民族史, 빛나는 文化, 그리고 平和愛護의 傳統을 자랑하는 우리 大韓國民은 3·1運動의 崇高한 獨立精神을 계승하고 祖國의 平和的 統一과 民族中興의 歷史的 使命에 입각한 第5 民主共和國의 출발에 즈음하여…"라고 했다.

여전히 한 켠에 혁명이냐 쿠데타냐 하는 논란이 없지는 않지만, 대체로 정치학적 시각에서 보자면 일단은 '군사쿠데타'라고 해야 할 듯하다. 박정희 체제가 갖는 긍정적인 의미에 주목했던 김일영 교수 역시 "박정희와 김종필을 중심으로 한 청년 장교들이 1961년 5월 18일 군사쿠데타를 일으켰다"고 적고서, "쿠데타가 '혁명'으로 '둔갑'해갔다"는 식의 논평을 가하고 있다.11) 결과적으로는 '성공'한 것이다.

유사 이래로 쿠데타 시도는 줄곧 이루어져 왔으며, 그중에는 성공한 그것들(successful coups d'état)도 많이 있다.12) 그런데 쿠데타 시도 리스트를 보면 1950년대와 1960년대, 특히 제3세계 지역에서 유난히 두드러진다. 비서구사회의 저개발 국가에서 쿠데타에 의한 군부의 집권이 유행병처럼 퍼지기 시작한 것은 주지하는 바와 같다. 박정희 자신이 지적하고 있듯이 '후진국과 쿠데타' 사이에서 몸부림치는 각 민족의 진통상은 일정한 단계에서 치르는 홍역과도 같은 것이었는지도 모를 일이다.13) 2차 대전 이후

---

11) 김일영, 2004, 『건국과 부국: 현대한국정치사 강의』, 생각의 나무, 318·322~331쪽 참조. "박정희를 위시한 군부 세력은 쿠데타를 통해서 집권함으로써 처음부터 물리력은 어느 정도 장악할 수 있었다"(318쪽), "1961년 5월 16일 불과 3,600여 명을 동원하여 일어나 군사쿠데타는 주한미국 대사관과 유엔군의 즉각적인 발발에 직면했다"(322쪽).

12) 이에 대해서는 Wikipedia(the free encyclopedia)[http://en.wikipedia.org]의 List of coups d'état and coup attempts, List of successful coups d'état를 참조할 수 있다. 성공한 쿠데타들 중에는 South Korea in 1961 under Park Chung Hee, South Korea in 1979 under Chun Doo-hwan도 보인다.

13) "'후진국과 쿠데타' 이 사이에서 몸부림치는 각 민족의 진통상(陣痛相)을 비유하면 마치 월세계 이주 이전, 즉 지구 하반기의 결산 과정을 전시하는 것 같기도 하다. 이는 또한 전 인류가 하나의 울타리 안에 한 가족으로 살고자 하는 지구 균형 과정일는지도 모른다. 하여간 이 진통을 올바른 홍역으로 치르고 정확한 궤도에로 진입하는 자는 적자생존의 원칙에서 살아나갈 것이요, 그러지 못한다면 결국은 파멸의 비참을 맛보고 말 것이 아닌가"(박정희, 『국가와 혁명과 나』, 348쪽).

등장한 신생독립국, 더구나 '시민사회'(civil society)의 전통이 약한 비서구 사회에서 잘 훈련된 인력과 더불어 '물리적 강제력'을 점유하고 있는 군부, 특히 중추세력을 이루고 있는 젊은 과격한 장교들이 쿠데타의 유혹을 느끼는 것은 충분히 있을 수 있었다. 내심 그들은 스스로 '엘리트 집단'이라는 생각도 갖고 있었다.[14]

5·16 주도세력, 특히 박정희는 "5·16혁명이야말로 죽음을 바로 앞에 놓았던 겨레를 건져내는 역사적 거사"[15]라고 단언했다. "두말할 것 없이 **5·16혁명은 당초 순수한 군사혁명**이었다. 그리고 이 혁명은 본디 그 성격이 명확하였고, 그 목표에 있어 한계가 분명하였다."[16] "한마디로 요약하면, 군은 어디까지나 냉엄한 객관적 입장에 서서 파멸의 위기에서 허덕이는 국가의 현실에 대하여 그 위험한 과거를 청산케 하고, 현재의 터전을 확고히 하여 미래의 방향을 정확히 설정하되, 이 일이 끝나면 군은 군 본연의 위치로 되돌아가겠다는 것이다."[17] 또한 "5·16혁명이야말로 국권을 농단(弄斷)하려던 부패된 기성층과 이를 밀어 내리는 시민적 국민층과의 투쟁에 있어 사회 정의를 발동하여 이를 심판하는 제3의 증인이라고도 할 수 있을 것"[18]이라 했다.

한민족의 역사라는 거시적인 맥락에서 다음과 같이 정리하기도 했다. "5·16 군사혁명은 8·15에서 비롯된 민주 혁명과 자립 경제 건설의 민족적인 과제가 4·19혁명으로 각성이 촉구되어 그 기초 공사를 시작하는 출발점으로 이해되는 동시에 동학의 농민혁명이나 3·1의 민족독립선언, 그리고 대한민국 건국이념을 꿰뚫고 흐르는 한 가닥 민족사의 거창한 흐름

---

14) 한국의 군부 역시 예외는 아니었다. "우리야말로 멀리는 유구한 민족정기(民族精氣)를 이어받고, 가까이는 우리 국민들의 성원 속에 오랜 시련의 역사에 종지부를 찍고, 조국 근대화의 민족적 숙원을 선도(先導)해 나가갈 기수로서, 그 성취를 보장하는 결실자로서, 가장 적합한 '엘리트 집단'이라는 신념 아래 혁명과업(革命課業)의 완수를 위해 매진해 나아갔던 것이다"(박정희,『민족의 저력』, 121쪽).
15) 박정희,『우리 민족의 나아갈 길』, 16쪽.
16) 박정희,『국가와 혁명과 나』, 406쪽.
17) 박정희,『국가와 혁명과 나』, 407쪽.
18) 박정희,『국가와 혁명과 나』, 312쪽.

의 하나로서 이해되어야 할 것이다."19) 이 같은 인식은 줄곧 유지되었으며, 이는 그가 남기고 있는 〈일기〉를 통해서도 확인되고 있다.20)

그런데 훗날 박정희의 강력한 정치적 라이벌이자 비판자가 되는 장준하(張俊河, 1918~1975)가 곧바로 5·16에 대해서 '5·16 군사혁명' 내지 '5·16 혁명'으로 자리매김했었다는 사실은 흥미롭다. 일단 그 점을 지적해두고자 한다. 『사상계』 1961년 6월호 '권두언'에서 그는 이렇게 말하고 있다.

> "그러는 동안 국민 경제는 황폐하고 대중의 물질생활은 더 한층 악화되고, 사회적 부(富)는 소수자의 수중으로만 집중하였다. 그 결과로 절망, 사치, 퇴폐, 패배주의의 풍조가 이 강산을 풍미하고 있었으며, 이를 틈타서 북한의 공산도당들은 내부적 혼란의 조성과 붕괴를 백방으로 획책하여 왔다. **절정에 달한 국정의 문란, 고질화한 부패, 마비 상태에 빠진 사회적 기강 등, 누란의 위기에서 민족적 활로를 타개하기 위하여 최후 수단으로 일어난 것이 다름 아닌 5·16 군사혁명이다.** 4·19혁명이 입헌정치와 자유를 쟁취하기 위한 민주주의 혁명이었다면 5·16혁명은 부패와 무능과 무질서와 공산주의의 책동(策動)을 타파하고 국가의 진로를 바로 잡으려는 민족주의적 군사혁명이다. 따라서 5·16혁명은 우리들이 육성하고 개화시켜야 할 민주주의의 이념에 비춰 볼 때는 불행한 일이요 안타까운 일이 아닐 수 없으나 **위급한 민족적 현실에서 볼 때는 불가피한 일**이다. …… 따라서 이러한 의미에서는 5·16혁명은 4·19혁명의 부정이 아니라 그 계승·연장이 되어야 하는 것이다."21)

우리가 육성하고 개화시켜야 할 민주주의의 이념에 비춰 볼 때는 불행한 일이요 안타까운 일이 아닐 수 없으나 위급한 민족적 현실에서 볼 때는 불가피한 일이라는 것이다. 말하자면 5·16은 (뒤에서 보듯이) '위로부터의 혁명'이라 할 수 있다는 것으로 읽어도 크게 틀리지 않겠다. 뿐만 아니라

---

19) 박정희, 『우리 민족의 나아갈 길』, 90쪽.
20) 예를 들자면 "1976년 5월 16일 (일) 흐림. 5·16혁명 15주년 기념일이다. 15년 전 오늘 새벽에 이 나라의 젊은 군인들이 기울어져 가는 국운을 바로잡기 위하여 구국의 햇불을 높이 들고 궐기했다."
21) 장준하, 「권두언: 51·6혁명과 민족의 진로」, 『사상계』 1961년 6월호, 34쪽.

그 전해(1960년)에 있었던 4·19와의 관계에 있어서도 "5·16혁명은 4·19혁명의 부정이 아니라 그 계승·연장이 되어야 하는 것"이라는 식으로 자리매김하고 있다. 그런데 이 같은 인식은 5·16 주도 세력의 기본적인 인식과 거의 일치하는 것이기도 하다.

한편 5·16의 주역 박정희는 동서고금의 혁명(과 쿠데타) 사례에 대해서 많은 관심을 가지고 있었다(『국가와 혁명과 나』 참조). "세계 각국의 혁명사나 그 배경, 그리고 이념에 대하여 강의하려는 것은 결코 아니"라는 말을 할 정도였다. 그리고 "이러한 거울들을 우리의 경우에 비추어 봄으로써 우리들의 위치를 재확인하고 그 방향을 결정하는 데 참고로 삼으려 할 뿐"[22]이라 했다. 역사와 비교를 통해서 자신들의 행동에 대해서 자각적인 의미부여를 시도하고 있다는 것이다. 세계 각국의 혁명에 대해서는 다음 장(위로부터의 혁명)에서 살펴보기로 하고, 여기서는 한국사에서의 혁명 사례에 대한 그의 생각을 정리해두고자 한다.

첫째, 이성계의 고려 왕조 타도와 새 왕조로서의 조선 건국에 대해서 '군사쿠데타'였다는 식의 부정적인 평가를 내리고 있다.[23] "군사쿠데타를 통해서 정권을 잡은 이성계는, 1392년 고려 왕조를 무너뜨리고 조선 왕조를 건설"했다는 것,[24] 그리고 "이성계의 쿠데타는 단지 **왕씨의 지배 체제를 이씨의 세습 왕정으로 바꾸었을 따름**이며, 오히려 형식적인 헛된 예절만 성해서 후세 자손들에게 정신적 유산도 민족적 자주 이념도 남기지 못했던 것"[25]이라 평가했다. 결국 "**이성계의 군사쿠데타는 하나의 정권 교체**

---

22) 박정희, 『국가와 혁명과 나』, 348쪽.
23) 필자의 경우, 박정희가 이성계에 의한 조선 건국이야말로 5·16에 가장 가까운 사례로 긍정적으로 평가하지 않았을까 하는 막연한 생각을 하고 있었다. 그가 조선 건국에 대해서 군사쿠데타라고 평가한 것은 아마도 그의 '우리 민족의 과거를 반성한다'는 맥락과 무관하지 않을 듯하다.
24) "조선사는 먼저 전기와 후기로 갈라 생각하는 것이 편리하다. 이를테면 이성계가 군사쿠데타를 계기로 나라의 체제를 정비한 시대를 전기로 하고 대원군이 정권을 잡았을 때, 유럽이나 일본 등의 강한 나라가 한반도에 침략의 손을 뻗치기 시작한 때를 기점으로 해서 후기로 삼는 것이 좋을 것이다. 군사쿠데타를 통해서 정권을 잡은 이성계는, 1392년 고려 왕조를 무너뜨리고 조선 왕조를 건설했다"(박정희, 『우리 민족의 나아갈 길』, 47쪽).

에 그쳤을 뿐 사회구조의 근본 개혁을 이룩하지 못했다고 할 수 있다."[26] 이 같은 인식의 연장선 위에서, 1971년에 이르면 이성계의 정변이 이른바 '역성혁명(易姓革命)'이었다는 식으로 약간의 변화를 보여주고 있다.[27] 그에게는 그 정변이 사회구조의 근본개혁인가 아니면 단순한 정권교체인가 하는 것이 핵심이었던 셈이다.

둘째, 어쩌면 뒤에서 보게 될 '위로부터의 혁명' 시도였다고 할 수 있는 갑신정변(甲申政變)에 대해서 긍정적으로 평가하고 있다.[28] "갑신정변은 쇄국적이고 보수적이던 위정자들과는 달리 세계를 옳게 파악하고 근대화의 필요성을 뼈저리게 느낀 김옥균(金玉均)을 중심으로 한 진보적인 애국청년들이 개화독립당(開化獨立黨)을 조직하여 일으킨 것"이며 "청국 세력에 의존하는 수구세력(守舊勢力)인 사대당(事大黨)을 소탕하려 한 것"이었다.[29] 그리고 "이들이 내건 14개조의 혁신정책(革新政策)은 바로 조국 근대화를 위한 새로운 구상"이자 동시에 "민족적인 자주적 터전 위에 근대적 민주주의 원리의 정치를 하여 보겠다는 것"으로 "우리나라 근대화 운동에 있어서 기초적인 진일보(進一步)를 내디딘 것"[30]이라 했다. 하지만 "몇몇 선각자들만이 근대적 의욕을 자각하였을 뿐 국민 대중들은 아직도 전근대적인 인식에 지배되어 왔었기 때문에 (中略) **국민대중의 호응을 받지 못했던 것**"[31]이라는 한계점도 지적하고 있다.

---

25) 박정희, 『우리 민족의 나아갈 길』, 48쪽.
26) 박정희, 『우리 민족의 나아갈 길』, 49쪽.
27) "간혹 부패하고 무능한 위정자들을 몰아낸 이른바 **역성혁명(易姓革命)**을 통하여, 신라고 고려로(935), 고려가 이조로(1392), 즉 한 왕조가 다른 왕조로 넘어간 경우는 있었지만, 하나의 통일 민족국가로서의 명맥은 면면히 유지하여 온 것이다"(박정희, 『민족의 저력』, 5쪽).
28) 갑신정변의 성격에 대해서, 북한에서 '부르죠아개혁(운동), 부르죠아혁명, 부르죠아혁명운동' 등으로 자리매김하고 있는 것과 다소 흥미로운 대조를 이룬다고 하겠다. 사회과학원 역사연구소 편, 1990, 『김옥균』, 역사비평사 ; 한국정치외교사학회 편, 1965, 『갑신정변연구』, 평민당 등을 참조.
29) 박정희, 『민족의 저력』, 37쪽.
30) 박정희, 『민족의 저력』, 38쪽.
31) 박정희, 『민족의 저력』, 39쪽.

셋째, 동학농민운동에 대해서, 그는 1962년에 이미 외부의 식민주의에 반기를 든 '**민족혁명**', "우리나라 역사상 처음으로 백성이 일으킨" '민주혁명'으로서 "한국 사회의 재건과 혁명의 본바탕인 주체성을 가진 민중 사상으로 전개되어 우리나라 혁명 사상과 새로운 민주주의를 한국에서 실현하는 데 정신적인 원천이 되었다"고 자리매김하고 있다.32) 이런 인식은 거의 그대로 이어지고 있다. 그래서 '갑오동학혁명(甲午東學革命)'이란 표현도 쓰면서, "1884년(고종 31년 갑오) 3월 21일 전봉준(全琫準) 등이 전라도 고부(古阜)에서 일으킨 동학혁명(東學革命)은 **우리 역사상 드물고도 놀라운 민중의 자발적인 항거운동(抗拒運動)**이었다. (中略) 동학혁명은 반서구적(反西歐的)인 근대화를 지향했다."33)고 했다. 아울러 동학에는 '두 가지 정신', 즉 "그 하나는 서구 열강과 신흥 일본의 세력에 의해서 침략을 당할 위기에 있는 조국을 수호하겠다는 **강력한 민족적 주체정신(民族的主體精神)**이었고, 다른 하나는 귀족층의 압정에 시달린 서민 계급, 특히 농민에게 만민평등(萬民平等)의 복음을 주자는 **민주적 자유정신(民主的自由精神)**의 강조"34)가 있었다고 했다.

넷째, 4·19에 대해서는 처음에는 '혁명'이라 했다가 점차로 '의거' 내지 '학생봉기'라는 식의 미묘한 그러나 분명한 인식의 변화를 보여주고 있다. 『국가와 혁명과 나』에서는 "수많은 희생자를 내야 했던 광영(光榮)의 4·19

---

32) "이때 농민 반란의 지도자인 전봉준은 서양이나 왜나라를 물리치고 난폭한 장치를 없이 해서 백성을 구한다는 커다란 슬로건을 내걸고 억압적인 정치 밑에서 백성을 해방하고 외부의 식민주의에 반기를 든 **민족 혁명**을 전개했던 것이다. 동학농민운동은 조선의 관인이 지배하는 정치를 백성의 힘으로 거꾸러뜨리지는 못했으나, 그것이 우리나라 민주 혁명과 근대화의 계기가 된 의의는 자못 큰 바 있다. 다시 말하면 동학농민운동은 **우리나라 역사상 처음으로 백성이 일으킨 민주혁명**으로서 새로운 사회 건설을 위한 지도 세력이 농민 대중 속에서 싹텄으며, 한국 사회의 재건과 혁명의 본바탕인 주체성을 가진 민중 사상으로 전개되어 우리나라 혁명 사상과 새로운 민주주의를 한국에서 실현하는 데 정신적인 원천이 되었다. 이를테면 3·1운동이나 4·19, 5·16혁명과 같은 민주 혁명의 밑바닥을 흐르는 정신적인 요소가 되었던 것이다"(박정희, 『우리 민족의 나아갈 길』, 87쪽).
33) 박정희, 『민족의 저력』, 40쪽.
34) 박정희, 『민족의 저력』, 41쪽.

혁명"이라 했으나,[35] 앞에서 본대로 제3화국 헌법(1962년 12월 26일) 전문에서 이미 '4·19의거'로 규정한 바 있다. 이어『민족의 저력』(1971)에서도 "이러한 자각이 국민의 호응을 거둔 첫 번째 구국행동(救國行動)으로 표현된 것이 부정과 무능으로 상징되는 근대 한국의 압축판(壓縮版) 자유당 정권을 넘어뜨린 **1960년 4·19의 학생 봉기**였고, 4·19의 학생 의거가 민주당 정권의 실정(失政)으로 허사로 돌아갔을 때, 국가재건을 위한 결정적인 행동으로 나온 것이 그다음 해인 1961년 **5·16의 군사혁명(軍事革命)**"[36]이라 했다. 그러면서도 4·19가 갖는 의미와 중요성에 대해서는 결코 부정하지 않았다."[37]

III. '위로부터의 혁명'(Revolution From Above)

"본인은, 이 같은 우리의 혁명 과정과, 이상 각 민족의 혁명 과정을 비교하여 민족적 노력, 투쟁, 인내 등에 있어 과연 위대한 결과를 기약할 수 있는 당연한 대가를 지불하고 있는가 없는가를 언제나 자성(自省)하고 있다"(박정희,『국가와 혁명과 나』, 354쪽).

혁명의 종류에 대해서는, 흔히 그 주체의 사회적 성격에 따라서 위로부터의 혁명, 아래로부터의 혁명, 그리고 옆으로부터의 혁명으로 나누어보기도 한다. 위로부터의 혁명은 지배층의 일부에 의해서 이루어지는 정치적 사회적 변화를 가리킨다고 할 수 있으며, 위로부터의 혁명'이란 말은, 19세기말 스페인 작가 호아킨 코스타(Joaquín Costa)에 의해서 만들어졌다고 한

---

35) 박정희,『국가와 혁명과 나』, 247쪽.
36) 박정희,『민족의 저력』, 19~20쪽.
37) "4·19는 진정 민족의 불행한 운명을 극복하고 국민의 권리가 보장되고, 국민의 민생(民生)을 우선적으로 생각하는 참된 정치를 요구하는 **일대민권운동(一大民權運動)**이었다"(『민족의 저력』, 114쪽). 그리고 "민주당 정권의 속수무책은 **모처럼의 혁명**을 유산시키지 않으면 안 되었을 뿐 아니라 이러한 혼란을 틈타서 용공세력(容共勢力)이 대두하기 시작하였다"(박정희,『민족의 저력』, 115쪽)고 하기도 했다.

다.38)

제2차 세계대전 이후, 특히 제3세계에서 '위로부터의 혁명'이라는 용어가 유명하게 된 것은 엘렌 케이 트림버거(Ellen Kay Trimberger)가 그것을 자기 책의 타이틀[Revolution From Above: Military Bureaucrats Development in Japan, Turkey, Egypt and Peru]로 사용하면서부터라고 할 수 있겠다.39) 그녀에 의하면 '위로부터의 혁명'은 특별한 형태의 혁명 과정에 대해 정의될 수 있으며, 그것은 다음과 같은 다섯 가지 특징들을 갖는다고 한다.

① 정치 권력의 불법적인 장악과 경제적·사회적·정치적 변동의 개시는 구체제의 일부 고위 관료들과 때로는 민간 관료들에 의해서 조직되거나 주도된다.
② 혁명적인 정권 장악이나 변동에서는 대중들의 참여가 거의, 또는 전혀 없다. 대중 운동과 대중 폭동은 위로부터의 혁명보다 먼저 발생할 수도 있고, 동시에 발생할 수도 있지만, 혁명적인 행동을 하는 군부 관료들은 그런 운동과는 관계없이 하거나, 때때로 그런 운동에 반대하여 행동을 취한다.
③ 정치 권력의 불법적인 장악과 변동의 개시는 폭력, 처벌, 추방 혹은 반혁명 등을 거의 수반하지 않는다.
④ 변동은 실용적이며 과격한 이데올로기에 호소하지 않는 점진적인 (step-at-a-time) 방법으로 시작된다. 세 번째와 네 번째 특징은 과격한 목표에 대해서는 관료 기구를 통제하여 이용하는 것이다.
⑤ 위로부터의 혁명―쿠데타와 대조되는―을 주도하는 군부관료들은 귀족

---

38) A revolution from above refers to major political and social changes that are imposed by an elite on the population it dominates. http://en.wikipedia.org/wiki/Revolution_from_above.
39) 그렇지만 트림버거가 구사한 개념이 그대로 보편적으로 학계에 통용되는 것인가에 대해서는 여전히 의문이 없지는 않다. 예컨대 '위로부터의 혁명' 사례로는 Enlightened Despotism in 18th-century Europe, Stalin's Collectivization of agriculture, White Revolution in Iran 등도 포함된다는 지적도 있다. 또한 앤드루 고든, 2005, 『현대 일본의 역사』, 도서출판 이산에 의하면, 메이지 유신은 '위로부터의 혁명'으로 보기 어렵다는 주장을 펼치고 있다. 특히 그는 메이지 유신이 '중하급' 무사들에 의해 주도되었으며 그들은 하층 엘리트에 불과했다는 점을 강조하고 있다.

사회나 상층 계급의 경제적·정치적 기반을 파괴시킨다. 이런 파괴적인 과정은 위로부터의 혁명이나 아래로부터의 혁명에서 다 같이 기본이 된다."[40]

그러면 5·16은 과연 '혁명'인가, 더 정확하게 말한다면 '위로부터의 혁명'이라 할 수 있을까. 다시 말해서 5·16은 메이지 유신, 터키의 케말 파샤, 이집트의 나세르, 그리고 페루의 벨라스코 정권과는 어떻게 같고 또 어떻게 다른가. 앞에서 보았듯이 5·16을 주도했던 세력은 자신들의 행위가 '군사혁명'(Revolution)임을 분명하게 선언하고 있다. 실제로 쿠데타를 감행하는 사람들이 과연 자신들의 행위가 '쿠데타'라고 드러내놓고 솔직하게 말할 것인가, 그리고 그럴 수 있을까.[41]

흥미롭게도 엘렌 케이 트림버거의 '위로부터의 혁명'이라는 개념을 원용해서, 5·16에 대해서 위로부터의 혁명이라 자리매김히려는 시도가 있다. 하야시 타케히코(林建彦)의 『박정희의 시대: 한국, 위로부터의 혁명 18년』가 대표적인 그것이라 하겠다. 1989년 10월 26일, 그러니까 박정희 사후 10주년이 되는 날, 한양대학교 정치외교학과 오명호 교수가 그에게 "5·16혁명으로 시작되는 박정희 정치의 시대는 '위로부터의 혁명'의 18년이었다"고 하면서 트림버거의 책을 소개해주었다고 한다(8쪽).[42]

하야시 타케히코는 그 책을 읽음으로써 "5·16혁명으로 시작되는 박정희 정치의 18년이 트림버거가 열거한 '위로부터의 혁명'의 여러 조건과 상황에 기가 막히게 합치된다는 사실이 분명하게 나타남에 따라 그의 18년을 '위로부터의 혁명 18년'으로 일관해서 짚어보고자 하는 필자의 시점이

---

40) 엘렌 케이 트림버거 지음, 김석근 옮김, 1986, 『위로부터의 혁명: 일본·터어키·이집트·페루의 군부관료와 발전』, 학문과 사상사, 15쪽.
41) 일부 인사들의 경우 사석에서는 '쿠데타를 일으키겠다'는 식의 과감하고 솔직한 발언도 했던 듯하다. 예컨대 박정희는 훗날 외무부장관이 되는 이동원에게 "나 쿠데타 할 거요. 그럴 경우 미국이 어떻게 나올 것 같소?"라고 했다 한다. 조우석, 2009, 『박정희 한국의 탄생』, 살림 참조.
42) 하야시 타케히코 지음, 선우연 옮김, 1995, 『박정희의 시대: 한국, 위로부터의 혁명 18년』, 월드콤.

더욱더 확실한 윤곽을 갖추어 가게 되었다"(8~9쪽)고 토로한다.

이어 하야시 타케히코는 나름대로의 연구와 검증을 거쳐서 마침내 "5·16혁명을 발단으로 했던 박정희 정치 18년을 국민국가의 형성을 향한 '위로부터의 혁명' 18년으로 정의하는 작업이 가능해진다"(98쪽)고 결론짓는다. 그리고 "5·16 군사혁명은 (엘렌 케이 트림버거의) '위로부터의 혁명'의 다섯 가지 지표를 기가 막히게 충족시키고 있다. 5·16혁명은 드물게 보는 무혈혁명이어서, (3)의 지표 그대로이다. 그리고 무엇보다도 혁명적 행동으로 나서는 군부관료는 대중운동, 대중봉기와는 독립되어 있으며, 흔히 그러한 운동과는 적대적이기도 한다는 (2)의 조목은 18년 동안의 박정희 정치를 검증하는데 있어서 핵심적인 부분이 되는 것이다. 5·16혁명에 대한 시민·대중은 오히려 방관적이면서 그러나 '올 것이 왔다'고 받아들이고 평온한 모습이었던 사실을 다시금 여기에서 되새겨 보지 않으면 안 된다"(102쪽)고 한다.

동시에 하야시 타케히코는 박정희의 '위로부터의 혁명'이 지닌 제약과 한계도 있다고 덧붙인다. "박정희가 지향한 '위로부터의 혁명'은 일원적으로 지배하는 집권적인 정부의 형성과 국민통합을 성취함으로써 서구형의 국민국가를 이룩하는데 목적이 있었다. 서구형 국민국가는 국민의 '동의'에 의한 지배체제의 형성을 의미하고 있다. 그러나 박정희 정치의 18년은 혁명의 제도화에 의한 지배체제에는 훌륭하게 성공을 거두었지만, 국민의 동의에 의한 지배를 가능케 하는 국민적 기반조성까지는 도달하지 못했다. '위로부터의 혁명'이 본질적으로 안고 있는 제약이었으며 한계이기도 했다"(103쪽). 또한 5·16혁명은 그 성격에 있어서는 "동아시아의 혁명에 공통되는 반(反)식민지·완전독립혁명의 측면을 농후하게 지닌 혁명"(104쪽)이기도 했다고 한다.[43]

---

[43] 나카노 미노루의 『혁명』에 근거해서, 그는 다음과 같은 혁명의 유형을 들고 있다. "(1) 근대혁명: 17~19세기 서구 각국의 혁명, (2) 농민·민족 이중(二重) 해방혁명: 19세기 동구(東歐) 각국의 혁명, (3) 반(反)식민지·완전독립혁명: 20세기 아시아, 중동, 아프리카의 혁명, (4) 민족주의적 사회혁명: 라틴 아메리카의 혁명, (5) 민주화·반(反)패권주의 혁명: 현대의 혁명", 『박정희의 시대: 한국, 위로부터의 혁명 18년』, 103

다소 길게 살펴본 것은 5·16에 대해서 분명한 어투로 '위로부터의 혁명'이라 규정하고 있을 뿐만 아니라, 그 같은 주장에 대해서 동의하는 사람들 역시 적지 않은 것으로 보이기 때문이다. 하지만 필자의 논평을 미리 덧붙인다면 박정희 집권 18년 전체를 '위로부터의 혁명'이라 자리매김하는 데에는 다소 무리가 있지 않을까 한다. 특히 '10월유신 체제'에 대해서 '진전되는 혁명의 관료제화'라는 식으로 파악하고 있는 부분(제3장)이 그렇다.[44] 3선개헌과 1971년 대통령선거에서의 승리는 일정한 범위 내에서 국민적인 기반을 조성하는데 성공한 것으로 볼 수 있지 않을까 한다. 일단 그 점은 접어두기로 하자.

하야시 타케히코와 거의 비슷한 관점에서 엘렌 케이 트림버거를 언급하면서 '위로부터의 혁명'을 언급한 학자로는 명쾌한 논리를 전개했던 정치학자 김일영 교수를 들 수 있겠다. 그는 어느 한 좌담에서 이렇게 말하고 있다.

> "'위로부터의 혁명(Revolution from above)'이라는 말이 있습니다. 근대화되지 않은 국가에 군인 등 쿠데타 세력이 개입해 정권을 잡은 후 근대화 과정을 이끄는 혁명이란 뜻이에요. 1978년 엘렌 케이 트림버거(Ellen Kay Trimberger)라는 학자가 쓴 동명의 책으로 더 유명하죠. 터키 케말 파샤 정권이나 이집트 나세르 정권 등이 전부 여기에 해당합니다. **우리나라야말로 '위로부터의 혁명'을 거쳐 근대화를 이룬 대표적 국가이거든요**. 그런데 1980년대 '위로부터의 혁명'을 열심히 읽고 공부했던 이들조차 그 공식에 우리나라를 대입하는 데 거부감을 느낍니다."[45]

"쿠데타 세력이 개입해 정권을 잡은 후 근대화 과정을 이끄는 혁명"이라

쪽 참조.
44) 예를 들자면 "유신체제는 박정희로서 정녕 '위로부터의 혁명'의 중단없는 전진과 혁명의 제도화 과정의 효율화를 최대한으로 보장하는 것이었다"(134쪽) 등.
45) Weekly Chosun 2001호. http://news.chosun.com/site/data/html_dir/2008/04/12/2008041200259.html 〈한국 근·현대사 대안교과서' 필자들에게 듣는다〉 참조. 2011년 5월 8일 검색.

는 말에 쿠데타와 혁명이 동시에 들어 있다. 헤아려 보자면 형식적으로는, 일단은 '쿠데타'였지만 근대화 과정을 이끎으로써 내용적으로는 '혁명'이 될 수 있다는 식의 함의를 던지고 있다고 하겠다.

박정희의 경우 '위로부터의 혁명'이라는 개념이나 용어를 구사하지는 않았지만, 거의 비슷한 생각을 가지고 있었던 것으로 여겨진다. 앞에서 본 것처럼 한국 역사에서는 '갑신정변'(1884년)을 높이 평가한 것도 그렇지만, 트림버거가 위로부터의 혁명 사례로 든 네 개의 혁명 중에서 일본의 메이지 유신, 터키의 케말 파샤 혁명, 그리고 이집트의 나세르 혁명에 대해서 깊은 관심을 가지고 있었다. 페루의 벨라스코 정권이 빠져 있는 것은 5·16 이후에 일어난 것(1968년)이기 때문에 당연한 것이라 할 수 있겠다. 나아가 박정희는 그들 혁명에 대해서 적절한 논평을 가하고 있다. 박정희가 각국의 혁명에 대해서 어떻게 생각하고 있었는지에 대해서는 다음과 같이 정리할 수 있겠다.

우선, 박정희는 "한마디로 혁명이라고 쉽게 불려지기는 하지만, 그 광범위한 의미를 가진 단어 속에는 이념이나 목적과 방법, 그리고 그 결과에 있어서는 실로 천태만상이 내포되고 있다. 그 속에는 찬성할 것도 있고 비난할 것도 있으며, 성공한 것도 실패한 것, 그리고 이것도 저것도 아닌 중성적인 것으로 유산된 것도 있는 것"[46]이라 했다. 실제로 그는 세계 각지의 다양한 혁명의 양태를 들고 있다.[47] 하지만 "적색 독재, 백색의 혁명은 하등 우리와 영원히 상관할 수 없는 것"[48]이라 하면서, "**한 국가, 한 민족 사회의 발전을 위한 혁명**으로서 우리는 프랑스의 민권 혁명, 중국의 손일선(손문)혁명, 일본의 메이지 유신, 터키의 케말 파샤 혁명, 이집트의 나세

---

46) 박정희, 『국가와 혁명과 나』, 315쪽.
47) "레닌의 11월 혁명을 항목으로 한 세계 도처의 붉은 공산 혁명, 히틀러의 나치스 혁명, 무솔리니의 파시스트 혁명, 그리고 스페인의 프랑코와 같은 백색 혁명이 있는가 하면, 중국의 손일선(孫逸仙)혁명이나 일본의 메이지 유신(明治維新), 그리고 터키의 케말 파샤와 같은 순수한 민족 재건을 위한 혁명이 있고, 아시아·아랍·아프리카 지역에서 끊임없이 되풀이되고 있는 후진극복의 자각(自覺)혁명 등, 이렇듯 혁명은 일괄적으로 한마디로 설명할 수 없이 각양각태이다"(『국가와 혁명과 나』, 316쪽).
48) 박정희, 『국가와 혁명과 나』, 316쪽.

르 혁명, 그리고 산업 혁명으로서 영국의 경우는 우리에게 주는 바가 크다 할 것"이라 했다.[49] 영국의 산업혁명과 프랑스의 민권혁명은 선진 서구 사회의 그것들인데 비해서 중국의 손일선(손문)혁명, 일본의 메이지 유신, 터키의 케말 파샤 혁명, 이집트의 나세르 혁명은 비서구사회의 그것들이라 할 수 있으며, 자연히 그들에 주목하고 있다. 그들 혁명은 "민족의 재기와 발전을 위한 거룩한 거사"[50]였다고 한다.

둘째, 시대별로 보자면 메이지 유신, 신해혁명, 터키 케말 파샤 혁명, 이집트 혁명 순이지만, 박정희는 손일선(손문)의 신해혁명에 제일 먼저 주목하고 있다. 삼민주의와 5권헌법에 대해서 살펴본(322~323쪽) 다음 "'중국의 국부(國父) 손일선!' 분명히 중국 대륙에 새 태양이 솟은 것이다."[51] "이 혁명은 세계 혁명 사상 오래도록 빛날 금자탑이라 할 것"[52]이라 했다. 마찬가지로 그는 메이지 유신과 일본의 근대화에 대해서 긍정적으로 평가한다. 일본은 "메이지 유신이란 혁명 과정을 겪고 난 지 10년 내외에는, 일약 극동의 강국으로 등장하지 않았던가. 실로 아시아의 경이요, 기적이 아닐 수 없다"[53]고 했다. 그는 메이지 유신의 배경과 경과, 특징, 입헌 군주제도의 국가재건, 근대화 원인을 나름대로 살펴본(324~328쪽) 다음, 이렇게 결론짓는다. "시대나 사람의 사고방식이 그 당시와 지금이 같을 수는 없지만 일본의 메이지 혁명인의 경우는 금후 우리의 혁명 수행에 많은 참고가 될 것은 부정할 수 없을 것이기 때문에 **본인은 이 방면에 앞으로도 관심을 계속하여 나갈 것이다.**"[54]

셋째, 이어서 박정희는 '케말 파샤와 터키 혁명'과 '나세르와 이집트 혁명'에 대해서 비교적 자세히 살펴보고 있다. 터키에 대해서 그는 "케말 파샤! 그는 터키의 국부다. 우리는 터키를 머리에 그릴 때 이 혁명의 영웅을

---

49) 박정희, 『국가와 혁명과 나』, 316쪽.
50) 박정희, 『국가와 혁명과 나』, 348쪽.
51) 박정희, 『국가와 혁명과 나』, 321쪽.
52) 박정희, 『국가와 혁명과 나』, 323쪽.
53) 박정희, 『국가와 혁명과 나』, 324쪽.
54) 박정희, 『국가와 혁명과 나』, 327쪽.

잊을 수가 없을 것이다"55)이라는 구절로 시작해서 다음과 같은 구절로 맺고 있다. "이로써 터키 민족은 외국의 지배를 물리치고 민족의 주권을 회복하였으며, 전제군주 제도로부터 민주 정치를 쟁취한 것이다. 이 빛나는 혁명의 역사는 세계 평화와 민족의 독립을 위하여 피로 엮어진 것이다. 이 귀중한 교훈을 어찌 터키 민족의 것이라고만 할 것인가."56) 시기적으로 보자면 터키의 케말 파샤(1922)보다는 이집트의 나세르(1952)가 훨씬 더 가까웠다. 이른바 '자유장교단'이 혁명을 일으키는 과정,57) 명목상의 지도자 나기브(Mohammad Nagiuib)와 실질적인 리더 나세르(Gamal A. Nasser)의 갈등과 나기브의 추방(1954년 4월) 과정 등은 5·16과 그 이후의 주도권 구축과 운영에도 좋은 참고 자료가 되었을 것이다.58) 나세르에 대해서 이렇게 마무리한다: "수천 년 동안의 봉건 아성을 무너뜨리고, 생기 충일하는 현대 이집트를 건설하려는 나세르의 자세와 투지! 동서의 강대 세력, 그 한복판에 서서 실리 외교를 추진하고 '제3의 세계'를 외치며 세계 균형을 조정하고 나서려는 그의 철학은, 확실히 약자가 창조하여 가는 현실의 기적이 될 것으로, 이는 우리의 관심을 모아 마땅하리라 믿는 바이다."59)

넷째, 중근동과 중남미 지역의 혁명 사례에 대해서도 박정희는 두루 관심을 가지고 있었다. "미얀마·스리랑카·이집트·콩고·콩고·에티오피아·이란·이라크·파키스탄·수단·시리아·태국·터키·예멘… 등등의 혁명은… 국정의 쇄신과 민중의 생활 향상, 그리고 정치적 속박에서 해방되려는 사회적 개혁운동을 강령으로 하고 있는"60) **중근동의 혁명이 '자활혁**

---

55) 박정희, 『국가와 혁명과 나』, 328쪽.
56) 박정희, 『국가와 혁명과 나』, 337쪽.
57) 박정희는 자유장교단의 거사에 대해서 '혁명' 이외에 '쿠데타'라는 용어도 쓰고 있다. "1938년 반식민지주의, 반왕제, 반봉건제를 주장하던 나세르의 호소에 호응하여 조직되었던 이 '자유장교단'은 때마침 그 지도자격인 나기브가 국왕으로부터 압력을 거부당한 것을 계기로 하여 제2차 힐라리 내각 성립 2일째인 1952년 7월 23일에 쿠데타를 단행하였다"(박정희, 『국가와 혁명과 나』, 337쪽).
58) 예컨대 장도영과 박정희의 갈등과 일련의 반혁명 등에서 그런 심증(心證)을 얻을 수 있다고 하겠다.
59) 박정희, 『국가와 혁명과 나』, 348쪽.
60) 박정희, 『국가와 혁명과 나』, 349쪽.

명'인 데 반해서, "**중남미의 혁명은 혁명의 명예를 크게 상처주는 것**"들이며, "그들은 마치 혁명을 '복놀이' 삼아 하고"[61] 있다고 한다. 그리고 그런 사례로 "① 아르헨티나 혁명(1955 · 1962), ② 볼리비아 혁명(1958 · 1961), ③ 콜롬비아 혁명(1957), ④ 도미니카 혁명(1961~1962), ⑤ 에콰도르 혁명(1961), ⑥ 과테말라 혁명(1954 · 1957), ⑦ 아이티 혁명(1956 · 1958), ⑧ 온두라스 혁명(1956), ⑨ 파라과이 혁명(1954), ⑩ 니카라과 혁명(1960), ⑪ 파나마 혁명(1955), ⑫ 베네수엘라 혁명(1958 · 1960)을 든 다음, 이들은 "국정 여하를 막론하고, **쿠데타의 본질이 전술한 대로 정권 쟁탈에 불과한 것**이었다"[62]고 덧붙이고 있다.

Ⅳ. 성공한 쿠데타와 위로부터의 혁명 사이:「조국 근대화」

"혁명은 참으로 거사하기도 힘들거니와 그 성공도 여간 어렵지 않은 것이다. 대내적으로 혁명 대상 세력의 숙청, 직접 간접으로 견제하려는 외세, 그리고 혁명 부작용으로 발생되는 여러 사태—예컨대 반혁명 세력의 준동, 혁명의 탄력성에 대한 민중의 몰이해, 자유의 추구 등—를 처리한다는 것은 말이 쉽지 표현하기도 실행하기도 어렵다. 혁명은 이 고난 중의 어느 한 가지라도 견디어 내지 못하면 실패하고 만다."(『국가와 혁명과 나』, 352쪽)

'성공한 쿠데타'는 곧바로 그리고 언제나 '위로부터의 혁명'인가. 그리고 '위로부터의 혁명'이라 주장할 수 있을까. 그렇지는 않다고 해야 할 것이다. 그들 둘은 분명하게 구별될 뿐만 아니라, 또한 그들 둘 사이에 펼쳐져 있는 의미공간은 역사정치학에서의 평가와 해석에서 중요하다고 해야 할 것이다. 다시 말해서 '성공한 쿠데타'를 넘어서 '위로부터의 혁명'이라는 평가를 인정받기 위해서는 역시 그 무언가를 보여주지 않으면 안 될 것이다.

---

61) 박정희,『국가와 혁명과 나』, 350쪽.
62) 박정희,『국가와 혁명과 나』, 351~352쪽.

그 작업은 무엇보다 자신들의 행위가 어디까지나 정당하다는 것, 다시 말해 단순한 정권 탈취를 위한 것은 아니었다는 것을 강조하며, 나아가 자신들이 지향하는 이념을 적극적으로 내세우는 것으로 이어진다. 하지만 그것만으로 충분하지 않다. 역시 그런 이념을 실천, 내지 실현해가는 것, 다시 말해서 실제로 입증해 보이는 작업이 수반되어야 한다. 지향하는 이념과 그것을 구체적으로 구현해가는 작업이 필요하다는 것. 그 자체 어떻게 보면 정권의 정당화 작업임과 동시에 쿠데타를 통해서 집권한 체제가 정당성(legitimacy)을 획득해가는 과정이기도 하다. 그러기 위해서는 어느 정도의 절대적인 시간(time)이 필요하다고 해야 할 것이다.

이미 제2, 3장에서 살펴본 바와 같이, 박정희는 세계 각 지역에서 일어난 혁명과 쿠데타 사례들에 대해서 충분히 인지하고 있었으며, 혁명과 쿠데타라는 범주를 (때로는 애매하게 쓰기도 하지만) 나름대로 구분하고 있었다. 단순한 '정권 쟁탈'에 대해서는 쿠데타라 한 반면, 혁명의 경우 한 국가, 한 민족 사회의 발전을 위한 것으로 사회구조의 근본적인 개혁을 수반하는 것을 지칭했던 듯하다. 그런 측면에서 5・16이 쿠데타가 아니라 '혁명'이며 '군사혁명'임을 믿어 의심치 않았다.

아울러 그는 세계 각 지역의 혁명과 쿠데타 사례에 대해서 주의를 기울이고 있었다. 자신의 행위가 어디쯤에 위치지워질 것인가에 대해서 끊임없이 신경을 쓰고 있었다. 자신이 긍정적으로 평가했던 중국, 일본, 터키, 이집트의 경험에서 각각 교훈을 끌어내고 있다. "손일선 혁명에 있어서는 혁명이란 '무엇보다도 먼저 확고하고도 일관된 이념의 기저가 형성되어야 한다'는 것이고, 일본의 메이지 유신은 '혁명이란 어디까지나 그 개혁의 결과가 자기류(自己流)로 완전 소화되는 결과여야 한다'는 것이고, 터키의 경우, '혁명은 양보 없는 투쟁과 불굴의 전진에서만 얻어질 수 있다'는 것이며, 이집트의 혁명은, '현대의 혁명은 곧 경제 혁명인 동시에 그것은 고도화한 국제 연관성과 항시 직관되어 있다'는 것이다."[63] 그런 혁명들을 5・16

---

63) 박정희, 『국가와 혁명과 나』, 352쪽.

의 직접적인 모델로 삼았다고 할 수도 있겠다.

또한 5·16의 '혁명'성을 강조하기 위해서, 자신들의 행위가 불가피한 것이었다는 점을 강조해마지 않는다. 군대가 정치에 개입하는 것을 원하지 않았지만 도저히 참을 수가 없었다는 것이다. "나는 군인의 몸이었으며, 나도 군이 정치에 관여하는 것을 원하지 않았다. 그러나 감내(堪耐)와 방관에도 한도가 있는 것"이며, "정의로운 우리 군대가 목숨을 걸고 싸워 지킨 우리 국토 속에서 위급한 사태가 조성되고 있는 데도 명분(名分)에 집착하여 좌시만 하고 있을 수는 도저히 없었던 것"[64]이라 했다.

동시에 그는 4·19—5·16 직후 박정희는 4·19 '혁명'이라 평가했다—이후의 혼란상, 특히 제2공화국의 민주당 정권의 무능과 부패에 대해서 신랄하게 비판하고 있다. 민주당 정권은 '불로소득'으로 정권을 차지했다고 한다.[65] 더 거슬러 올라가서, 그러니까 자유당 정권까지 포함해서 "지난 19년의 역사는 두 정권의 부패와 부정으로 말미암아 가난의 악순환에 허덕이는 위험한 판국을 가져오고야 말았다"[66]고 단정한다. "자유당과 민주당은 한국의 정치상 쌍둥이처럼 닮았다"는 것. 그래서 "4·19 학생 혁명은 표면상의 자유당 정권을 타도하였지만 5·16혁명은 민주당 정권이란 가면을 쓰고 망동하려는 내면상의 자유당 정권을 뒤엎은 것"[67]이라 한다.

민주당은 "오랜 파당 싸움의 결과 신파, 구파로 나뉘어 온 국민들의 빈축을 샀고 무능과 부패는 이 나라에 정부가 있는지 없는지조차 알 수 없는 정도에까지 이르러 우리 겨레를 죽음의 구렁텅이로 몰아넣을 지경에까지 이르렀"으며[68], "지나친 자유의 물결이라기보다 걷잡을 수 없이 어지러운 무질서의 상태를 빚어냈으며", "폭력과 데모는 곳곳에서 인권과 자유를 짓

---

64) 박정희, 『민족의 저력』, 117~118쪽.
65) "수많은 희생자를 내야 했던 광영(光榮)의 4·19혁명은 마침내 전 민중이 갈구해 마지않았던 제2공화국의 출현을 보게 되었으나, 불로 소득으로 정권을 차지한 민주당 정권은…"(박정희, 『국가와 혁명과 나』, 247쪽).
66) 박정희, 『우리 민족의 나아갈 길』, 11쪽.
67) 박정희, 『국가와 혁명과 나』, 250쪽.
68) 박정희, 『우리 민족의 나아갈 길』, 21쪽.

밟았고 용공 중립 사상은 북한의 선전에 동조하여, 그야말로 나라 안은 극심한 혼란 속에 빠져 있었다"69)고 했다. 요컨대 민주당은 학생들의 숭고한 정신과 거룩한 피의 대가로 이룩된 4월 혁명을 마침내 '유산 혁명'으로 만들어버렸다는 것이다.70) 그러니까 "제2공화국은 장면 내각 9개월의 무질서와 혼돈, 장씨 개인의 지도력의 부족과 의회가 썩고 국민의 정치의식이 미숙했다는 것 등으로 **의회 민주주의의 실패**를 보여주고야 말았다"71)는 것이다. 심지어 정권하의 혼란을 그대로 방치해 두었다면 '제2의 6·25'라는 겨레의 비극이 다시금 나타났을지도 모르나, 불행 중 다행으로 그것은 군사혁명으로 사전에 방지되었다"72)고 하기도 했다. 그렇기 때문에 "오랜 세월을 참된 자유에 목말라 온 이 겨레를 불안과 가난과 부자유에서 건져내려고 용감하게 일어선 것이 바로 5·16혁명의 큰 뜻"73)이라 했다.

그 당시 이 같은 그들의 비판 논리는 어느 정도의 설득력을 발휘할 수 있었을까. 5·16이 일어나자 '올 것이 왔다'는 식의 반응이나 일부에서도 '혁명'으로 보는 견해마저 없지 않았다. 그들이 취하는 인기영합 정책도 한 몫 했던 듯하다. 훗날 대표적인 반정부 지식인의 한 사람으로 꼽히는 이영희마저 "나는 군인 통치하에서 정치적 파쇼화의 경향을 걱정하면서, 사회경제적으로 '구악 舊惡'이 매질당하는 것에 대한 후련함이 뒤섞인 평가 때문에 흔들리고 있었다"고 토로했을 정도였다.74) 불과 3,600명의 병력을 동원해서 일으킨 쿠데타가 국내외적으로 기정사실로 받아들여지면서 구국의 일념으로 일으킨 "혁명"으로 변신할 수 있었다는 것75) 자체가 역설적으로 제2공화국과 민주당 정권의 무능함을 말해주는 것이기도 했다. 미국 역시 적절한 개입의 명분과 동기를 찾아내기 어려웠던 듯하다.

---

69) 박정희, 『우리 민족의 나아갈 길』, 40쪽.
70) 박정희, 『우리 민족의 나아갈 길』, 151쪽.
71) 박정희, 『우리 민족의 나아갈 길』, 155쪽.
72) 박정희, 『우리 민족의 나아갈 길』, 157쪽.
73) 박정희, 『우리 민족의 나아갈 길』, 40쪽.
74) 김일영, 『건국과 부국: 현대한국정치사 강의』, 333~335쪽 참조.
75) 김일영, 『건국과 부국: 현대한국정치사 강의』, 329쪽.

하지만 문제는 그다음부터였다. 민주당 정권을 쓰러트리는 데에는 성공했지만 새로운 국가를 건설해가는 과제가 기다리고 있었다. "우리의 혁명은 일찍이 세계 혁명 사상 유례를 찾을 수 없는, '일면 청소(淸掃)', '일면 건설'이었으니, 우리 앞에 얼마나 많은 애로와 난관이 있었던 것인가. 이것은 오직 후에 사가(史家)만이 알 수 있는 일일 것"76)이라 했는데, 일리가 없지는 않았다. 민정 이양을 둘러싼 문제와 민정 참여의 번복, 주도 세력들 사이의 갈등과 반혁명,77) 중앙정보부 창설과 4대의혹사건 등이 주도세력에 대한 지지와 호감을 상당히 떨어트린 것도 부인할 수 없었다.78)

역시 자신들이 지향하는 긍정적인 '이념'을 적극적으로 내세우는 것이 필요했다. 아울러 그것을 실현해가는 것, 다시 말해서 실제로 입증해 보이는 작업이 수반되어야 했다. 그것이야말로 정당화 수단이자 동시에 취약한 정당성을 보완해가는 것이기도 했다. 그가 내세웠던 가장 두드러진 이념은 무엇이었을까. "박정희가 집권 기간 중에 가장 고심했고 또 그의 집권의 정당화 수단으로 가장 빈번히 인용된 것은 **조국근대화와 민족중흥의 논리**였을 것이다. 이것은 그의 진심이었고 또 동시에 그의 정치적 선전의 핵심을 이루고 있는 것이었다."79) 한국사의 거시적인 흐름이라는 맥락에서 보자면, 조국 근대화와 민족중흥의 논리는 마치 동전의 양면처럼 이어지고 있었다고 해야 할 것이다.80)

5·16 이후 박정희는 '근대화'야말로 역사적인 과제라고 했으며, 그 과제를 해결해야 '5·16 군사혁명'이 국민혁명으로 성공할 수 있다고 했다. "지

---

76) 박정희, 『국가와 혁명과 나』, 300쪽.
77) "혁명정부의 과감한 개혁이 진행되는 과정에 혁명주체세력 내부에도 다소의 내분이 없지 않아서 고민을 한 적도 한두 번이 아니었다." 1979년 5월 16일자 박정희 일기.
78) 박정희 스스로 이렇게 말하고 있다. "기타 속칭 '사대 의혹 사건'이나 혁명 주체 세력 중 일부의 '반혁명 사건' 등에 대하여는 재판의 결과에 앞서서 국정을 맡은 책임자로서 심심한 유감을 표명하는 바이다"(『국가와 혁명과 나』, 303쪽).
79) 신복룡, 『한국정치사상사』 미간행 '박정희' 부분. "집권 말년이 되면 그는 자신이 조국근대화의 화신이라는 생각에 사로잡히게 된다", "그에게 조국근대화는 신앙이었다".
80) 1978년 1월 18일자 박정희 일기에 다음과 같은 구절이 보인다. "희망과 자신과 의욕에 가득 찬 새해다. 조국근대화와 민족중흥의 그날이 눈앞에 다가선 것 같다."

금 우리 겨레는 우리나라의 근대화를 위한 역사적인 과제를 앞에 놓고 있다. 19세기 말엽에 유럽의 힘센 나라들이 동쪽으로 뻗어 온 이래 아직껏 미완성의 숙제로 남아 있는 우리나라 근대화의 과제를 완수하는 것이 민주 혁명의 목표인 것이다. 이번 **5·16 군사혁명이 국민혁명으로 성공**하려면 이 겨레의 엄청난 과제를 해결해야만 한다."[81] 그리고 구체적으로 근대화의 과제는 "첫째로, 반봉건적이며 반식민지적 잔재로부터 겨레를 해방시켜야 한다. 둘째로 가난으로부터 겨레를 해방시켜 경제적으로 자립을 이룩하는 길이다. 셋째로, 건전한 민주주의 재건이다"[82]고 적고 있다. 현실적으로는 역시 "가난으로부터 겨레를 해방시켜 경제적으로 자립을 이룩하는 길"이 제일 중요한 것이라 할 수 있겠다.[83]

조국의 근대화는 그에게 "민족적인 과업"이었다.[84] 자신의 '소원'이라 하기도 했다. "이 세대에 이 나라 국민으로 태어나서 평생에 소원이 있다면, 우리들 세대에 우리의 **조국을 근대화해서 선진 열강과 같이 잘사는 나라를 한번 만들어 보자**는 것이다."[85] "조국의 근대화는 진정한 우리의 미래상이다."[86] 박정희가 생각한 것은 '가난의 악순환'에서 벗어나 '굶주림이 없는 나라' '잘 사는 나라'를 만드는 것이었다.[87]

그렇다면 그렇게 바라마지 않았던 조국의 근대화는 어떻게 수행되었는가. 구체적인 수치와 지표를 동원해서 근대화 정도를 입증한다거나 하는 것은 필자의 능력을 넘어서고 있다. 하지만 대체적인 윤곽은 파악할 수 있

---

81) 박정희, 『우리 민족의 나아갈 길』, 100쪽.
82) 박정희, 『우리 민족의 나아갈 길』, 100~103쪽.
83) 그가 말하는 '건전한 민주주의' '행정식 민주주의' '한국적 민주주의'에 대해서는 논란의 여지가 많으므로 다음 기회로 미루고자 한다. "나는 혁명 시기에 있어서의 우리가 바라는 민주주의란 서양식의 민주주의가 아니라, 우리 사회와 정치 형편에 알맞은 민주주의를 해 나가야 된다고 생각한다. 즉, 그러한 민주주의란 다름 아닌 바로 **행정식 민주주의**라고 말할 수 있다"(박정희, 『우리 민족의 나아갈 길』, 178쪽).
84) "조국의 근대화라는 민족적인 과업에 힘해서, 역사와 민족과 국가 앞에서 국민으로서의 사명의식을 깊이 간직해야 하며"(1965년 1월 22일. 전국산업인대회).
85) 1964년 8월 3일. 국방대학원 졸업식 축사.
86) 1966년 1월 18일. 연두교서.
87) 박정희, 『우리 민족의 나아갈 길』, 11쪽.

다. 그런데 '백억 불 수출목표 달성 기념행사'를 거행한 1977년 12월 22일 일기에서, 그는 이렇게 적고 있다.

> "1962년 제1차 경제개발계획을 추진하던 해 연간 수출액이 5천여만 불이었다. 그 후 1964년 11월말에 1억불이 달성되었고 거국적인 축제가 있었고 11월 30일을 〈수출의 날〉로 정했다. 1970년에는 10억 불, 7년 후인 금년에 드디어 백억 불 목표를 달성했다. 그동안 정부와 우리 국민들이 피땀 어린 노력과 의지의 결정이요 승리다. 서독은 1961년에, 일본과 프랑스는 1967년에, 네델란드는 1970년에 백억 불을 돌파했다고 한다. 그러나 10억 불에서 백억 불이 되는 데 서독은 11년, 일본은 16년(1951~1967)이 걸렸다. 우리 한국은 불과 7년이 걸렸다. 모든 여건이 우리가 더 불리한 여건 속에 이룩한 성과라는 데서 우리는 크게 자부를 느낀다."[88]

박정희 시대를 다루고 있는 연구서를 보면 '동원된 근대화'[개발동원 체제], '개발독재' 등의 표현이 두드러진다. 한 걸음 더 들어가면 '개발을 위한 독재'로 볼 것인가 아니면 '독재를 위한 개발'로 볼 것이냐는 식의 물음도 제기되고 있는 듯하다. 이 글의 관심사와 관련해서 말한다면, 어느 쪽이든 적어도 '개발'이 이루어졌다는 점에 대해서는 거의 이견이 없는 듯하다고 해도 좋지 않을까 한다.

V. 맺음말

"7년 전을 회고하니 감회가 깊으나 지나간 7년간은 우리나라 역사에 기록될 중요한 시기이기도 하다. 일부 반체제 인사들은 현 체제에 대하여 집요하게 반발을 하지만 모든 것은 후세에 사가(史家)들이 공정히 평가하기를 바랄 뿐."(박정희, 1979년 10월 17일. 마지막 일기에서)

---

88) 1977년 12월 22일자 박정희 일기.

5·16은 한국현대 정치사 나아가 전체 한국사에서 하나의 중요한 전환점이었다. 오늘 이 시점과도 무관할 수 없으므로 5·16과 그 주역 박정희에 대한 평가는 여전히 조심스럽고 어렵다. 그런 만큼 총체적인 평가에 앞서 각 분야별 검토가 필요하며, 또 박정희 집권 18년에 대해서 시기를 나누어 검토하는 작업이 필요하지 않을까 한다. 이 글에서는 1972년의 10월 유신을 기준으로 삼아 그 이전과 이후로 갈라 보는 입장을 취하고자 했다. 아울러 다소간의 거리를 두고서 되짚어 가면서 조명하고 이론적으로 분석해가는 역사정치학적인 관점에서 바라보고자 했다.

종래 5·16은 '군사혁명'인가 아니면 '쿠데타', 다시 말해서 '군부 쿠데타'인가 하는 물음이 제기되어 왔다. 평가 역시 시대에 따라 변화하는 양상을 보여주었다. 제3공화국과 제4공화국 헌법에서는 '혁명'(革命)이라 규정했지만, 5공화국 헌법에서는 5·16 자체가 빠져 있다. 그 자체 상징적이라 하겠다. 절차와 형식이라는 관점에서 보자면, 5·16은 '군사쿠데타'라고 해야 할 것이다. 비서구사회의 저개발 국가에서 유행했던 쿠데타에 의한 군부의 집권 범주에 속한다는 것. 그러니까 '성공한 쿠데타'였던 셈이다.

하지만 단순히 '성공한 쿠데타'는 아니었던 듯하다. 훗날의 반체제 인사들 중에도 초기에는 '혁명'이라 반길 정도였다. 제2공화국과 민주당 정부의 우유부단함과 무능함, 일반인들의 기대와 호응, 그리고 미국의 방관과 묵인 역시 '성공한 쿠데타'를 넘어서게 해주었다. 박정희와 주도 세력은 자신들의 행위를 '혁명' '군사혁명'으로 정의하고서, 줄곧 그것을 정당화하는 논리를 전개했다. 그것을 한국사의 거시적인 흐름 속에서 자리매김하기도 했는데, 동학의 농민혁명, 3·1 민족독립선언, 대한민국 건국이념, 그리고 4·19혁명의 연장선 위에 있다고 주장했다.

한편 5·16에 대해서 엘렌 케이 트림버거(Ellen Kay Trimberger)의 '위로부터의 혁명'(Revolution From Above) 개념을 빌어서 설명하려는 시도도 이루어졌다. 5·16은 메이지 유신, 터키의 케말 파샤, 이집트의 나세르, 그리고 페루의 벨라스코 정권과 같은 범주로 묶여질 수 있다는 것이다. 하야시 타케히코(林建彦)는 박정희 정치 18년을 국민국가의 형성을 향한 '위로부터의 혁명' 18년으로 정의했다. 김일영 교수는 위로부터의 혁명을 "근대화 되지 않은 국가에 군인 등 쿠데타 세력이 개입해 정권을 잡은 후 근대화 과정을 이끄는 혁명"이라면서, 한국이야말로 '위로부터의 혁명'을 거쳐 근대화를 이룬 대표적 국가라고 평가했다.

지금까지 나온 견해들을 수렴시켜 본다면, 5·16은 범주로서는 '성공한 쿠데타'와 '위로부터의 혁명' 사이의 어떤 지점인가에 해당한다고 할 수 있겠다. 아울러 중요한 것은, 5·16을 주도했던 박정희는 세계 각 지역의 혁명과 쿠데타 사례에 대해서 자세히 알고 있었을 뿐만 아니라 자신의 준거틀로 삼았으며, 단순한 정권 쟁탈에 지나지 않는 중남미의 쿠데타 사례에 대해서는 경계하기도 했다는 점이다. 특별히 박정희가 주목한 것은 중국의 손일선(손문)혁명, 일본의 메이지 유신, 터키의 케말 파샤 혁명, 이집트의 나세르 혁명과 같은 비서구사회의 그것들이었는데, 그들 혁명이 민족의 재기와 발전을 위한 거룩한 거사였기 때문이라 했다. 손일선과 케말 파샤에 대해서는 '국부'라는 단어를 쓰고 있는데,[89] 박정희는 내심으로 그 같은 위상을 획득하고 싶었던 것으로 여겨진다.[90] 구체적인 국가 운영에서는 메이지 유신과 이집트 나세르의 선례를 많이 참조한 듯하다.[91]

정권을 잡은 이후, 박정희는 취약한 정당성을 보완해가기 위해서 자신이 지향하는 이념을 적극적으로 내세우게 된다. 그중에서 가장 두드러지는 것은 '조국근대화'에 다름 아니었다. 남기고 있는 글들을 보면 단순한 정치적 구호나 선전을 넘어서고 있음을 알 수 있다. 가난을 벗어나서 경제적으로 자립하는 것, '가난의 악순환'에서 벗어나 '굶주림이 없는 나라' '잘

---

89) 1934년에 터키 의회는 무스타파 케말에게 '아타튀르크'(아버지 터키인, 즉 '국부')라는 명예를 부여하였다. Mustafa Kemal Atatürk(1881~1938).
90) "대통령 박정희의 혁명정치가로서의 가혹한 생애는 일본의 명치유신 위업을 성취하여 근대 일본국가의 기초를 다지고, 이제 앞으로 10년을 걸고 명치국가를 궤도에 올려놓으려던 참에 암살된 오쿠보 도시미치(大久保利通)의 그것에 흔히 비유된다"고 한다(하야시 타케히코, 『박정희의 시대 : 한국, 위로부터의 혁명 18년』, 5쪽). 하지만 박정희의 자아의식은 그보다 훨씬 더 나아가 있었던 것으로 여겨진다.
91) 예컨대 '10월유신'이나 '국민교육헌장' 발포 등은 메이지 유신과 메이지 천황이 발포한 '교육칙어'(敎育勅語)와 대비시켜 생각해볼 수도 있을 것이다.

사는 나라'를 만들자는 것이었다. 조국 근대화가 제대로 이루어져야 5·16 군사혁명이 국민혁명으로 성공하는 것이라 하기도 했다. 그러니까 5·16은 "조국근대화 운동의 출발점"이라 했다.92)

그가 내세웠던 이념으로서의 '조국근대화'와 그 성과에 대해서는 어떻게 평가해야 할 것인가. 시각에 따라 얼마든지 다를 수도 있겠지만, 어느 정도 일치되는 부분도 있지 않나 싶다. 박정희 시대를 다루면서 '동원된 근대화' '개발동원 체제' '개발독재' 식으로 비판하는 연구가 나오고 있지만, 그 같은 평가는 역설적으로 박정희 시대에 개발과 근대화가 어느 정도 이루어졌다는 것을 시사해주고 있는 듯하다. 사실 지난날 한국의 경제 개발과 산업화 성과에 대해서 쉽게 부인할 수 없을 것이다. 일찍이 위로부터의 혁명의 사례로 다루어졌던 터키, 이집트, 페루의 현재와 비교해보는 것도 나쁘지는 않겠다. 나세르와 사다트(Muhammad Anwar el Sadat, 1918~1981)의 뒤를 이어 거의 30년을 집권한 호스니 무바라크(Hosni Mubarak)가 시민혁명으로 물러난 최근의 이집트 사태는 우리로 하여금 많은 것을 생각하게 해준다.

여기서 우리는 중요한 의문을 하나 제기해볼 수 있지 않을까 한다. 그 같은 근대화와 경제 개발 사업을 추진하는데 이른바 '유신체제'는 정말 불가피한 것이었는가 하는 것이다. 3선개헌(1969)을 거쳐 치렀던 제7대 대통령선거(1971)에서 승리했음에도—94만 표 차이라는 근소한 차이이긴 했지만 그래도 정당성(legitimacy)을 담보해주는 것이었다—그 이듬해(1972) 곧

---

92) "돌이켜 보건대, 5·16혁명은 단순히 한갓 군사혁명이었다기보다는 민족적 반성과 자각에 이바지한 하나의 국민운동이었으며, 국민 혁명이었던 것입니다. 그때, 우리 군인 동지들은 우리 온 민족의 염원, 민족의 욕구, 민족의 정열의 불꽃에 다만 점화의 역할을 한 데 불과한 것입니다. 불안과 혼탁의 구질서를 무너뜨리지 않고서는 새로운 질서를 찾을 길 없었던 1961년, 그때의 그 5·16혁명은 민족의 활로를 개척하기 위한 역사발전의 당위였고 필연이었읍니다. 불안보다는 안정, 수구보다는 진취, 침체보다는 발전, 의타보다는 자립을 희구하는 인간 본연의 자기 발전을 위한 몸부림의 민족적인 표현이 바로 5·16혁명 그것이었읍니다. 그것은 또한 남의 원조 없이 자기 힘으로 살아 갈 수 있고, 나아가 남을 도와 줄 수도 있는 자주 자립의 민족이 되어야 하겠다는 강렬한 민족의지의 발현이었으며, 조국 근대화 운동의 출발이었던 것입니다." 〈5·16혁명 제5주년 및 5·16민족상 시상식 치사〉(1966년 5월 16일).

바로 '10월유신'을 단행해야 했을까 하는 것이다. 과연 그 시점에서 취할 수 있는 '대안'(選擇肢, alternatives)은 그것뿐이었을까. 그는 "제2의 5·16혁명이라고 할 수 있는 10월유신은 능력의 극대화와 국력의 조직화를 가장 효율적으로 발휘할 수 있는 제도였다고 확신"[93])했으며, "나를 민족의 제단에 바친다"[94])고까지 했다. 그 같은 확신과 심정 윤리가 어느 정도 설득력을 가질 수 있을까.[95]) 정치는 어디까지나 책임 윤리(Verantwortungsethik)의 세계가 아니던가. 그 같은 정치적 선택이 그 이전 시기의 성과를 제대로 평가받지 못하게 만들지는 않았을까 하는 생각마저도 든다. 이 문제에 대해서는 차후의 과제로 삼고자 한다.

❖ 참고문헌

박정희, 1962, 『우리 민족의 나아갈 길』, 동아출판사.
_____, 1963, 『국가와 혁명과 나』, 향문사(1997년 지구촌에서 재발간).
_____, 1971, 『民族의 底力』, 광명출판사.
_____, 1978, 『민족중흥의 길』, 광명출판사.
_____, 2005, 『하면 된다! 떨쳐 일어나자』, 동서문화사.
_____, 2005, 『한국 국민에게 고함』, 동서문화사.
_____, 2005, 『나라가 위급할 때 어찌 목숨을 아끼리』, 동서문화사.

93) 1978년 5월 16일자 박정희 일기.
94) 『한국 국민에게 고함』(동서문화사, 2005)에 수록되어 있다. "이에 나는 평화통일이라는 민족의 염원을 구현하기 위하여 우린 민족 진영의 대동단결을 촉구하면서, 오늘의 이 역사적 과업을 가력히 뒷받침해주는 일대 민족주체 세력의 형성을 촉성하는 대전기를 마련하기 위해 다음과 같은 약 2개월간의 헌법 일부 조항의 효력을 중지시키는 비상조치를 국민 앞에 선포하는 바입니다"(297쪽).
95) 측근이었던 김정렴도 "개발 독재가 불가피했다고 하지만 권력이 남용된 것도 많지 않습니까"라는 물음에 이렇게 답하고 있다. "유신은 취지도 좋고 경제적으로 성공도 했지만 운용을 잘못한 부분도 있습니다. 대통령의 긴급조치라는 제도를 도입했는데 이 긴급조치를 발동할 필요가 없도록 사전에 잘 대처했어야 했는데 긴급조치만 믿고 안이하게 한 게 있어요. 불필요하게 권력이 쓰인 부분이 있는 거지요." 『중앙일보』 2009년 10월 24일자.

강규형·정성화, 2007, 『박정희시대와 한국현대사』, 선인.
기미야 다다시, 2008, 『박정희정부의 선택: 1960년대 수출지향형 공업화와 냉전체제』, 후마니타스.
김일영, 2004, 『국과 부국: 현대한국정치사 강의』, 생각의 나무.
신복룡, 2006, 『한국분단사연구: 1943~1953』 개정판, 한울.
오원철, 2006, 『박정희는 어떻게 경제강국 만들었나』, 동서문화사.
이대근 외, 2006, 『박정희 시대의 재조명』, 전통과 현대.
이병천 엮음, 2003, 『개발독재와 박정희시대』, 창작과 비평사.
장준하, 1961, 「권두언: 5·16혁명과 민족의 진로」, 『사상계』 1961년 6월호.
전인권, 2006, 『박정희 평전』, 이학사.
정성화 편, 2005, 『박정희 시대 연구의 쟁점과 과제』, 선인.
조우석, 2009, 『박정희 한국의 탄생』, 살림.
조희연, 2007, 『박정희와 개발독재시대: 5·16에서 10·26까지』, 역사비평사.
_____, 2010, 『동원된 근대화: 박정희 개발동원체제의 정치사회적 이중성』, 후마니타스.
한국정치연구회, 1998, 『박정희를 넘어서』, 푸른숲.
시노하라 하지메 지음, 김석근 옮김, 2004, 『역사정치학: 혁명·전쟁·민주주의를 통해 본 근대유럽의 정치변도』, 도서출판 산해.
엘렌 케이 트림버거 지음, 김석근 옮김, 1986, 『위로부터의 혁명: 일본·터어키·이집트·페루의 군부관료와 발전』, 학문과 사상사.
마루야마 마사오 지음, 김석근 옮김, 1997, 『현대 정치의 사상과 행동』, 한길사.
_____, 김석근 옮김, 2011, 『전중과 전후의 사이, 1936~1957』, 휴머니스트.
하야시 타케히코 지음, 선우연 옮김, 1995, 『박정희의 시대: 한국, 위로부터의 혁명 18년』, 월드콤.

Gregory Henderson, 1968, *Korea: The Politics of the Vortex*, Harvard Univ. Press.
Ellen Kay Trimberger, 1978, *Revolution From Above: Military Bureaucrats Development in Japan, Turkey, Egypt and Peru*, Transaction Book.

찾아보기

【ㄱ】

가루다 항공회사 242
가산제적 국가 244
갈등조정자로서의 국가 222
갈리폴리 197, 198, 203
갑신정변(甲申政變) 96, 262, 269
강제재배 제도 225
개념적 접근 255
개발 217
개발국가론 147
개발독재 278, 281
개발독재론 123
개발을 위한 독재 278
개발형 지배연합 151
개인독재 체제 223
거시경제안정화정책 239
경제개발 5개년 계획 239
경제개발원조론 140
경제성장 122
경제협력처 134
계급구조 225
골까르 234
공고화 프로그램 239
공공 서비스 248

공모 244
공사합작형 246
공화제 233
과거 유산 247
관료의 역할 230
관료적 권위주의 체제 223
관료정치 148
관자(管子) 95
광산업 239
교도민주주의(guided democracy) 117, 230
교육의 확대 223
교통시스템 242
구질서 228
국가개입론 221
국가론 220
국가보조금 241
국가유기체설 105
국가의 역할 221
국가이데올로기 247
국가재건최고회의(최고회의) 28, 30, 34, 38, 54, 59, 60, 63, 64, 65, 66, 69, 72, 73, 74, 76, 77
국가통치이념 231

국가통합 231
국민건강센터프로그램 242
국민경제 228
국민교육헌장(國民敎育憲章) 104, 105, 106
국민협의회 233
국악 164, 165, 166, 167, 169, 172, 174, 187
국영통신기업 242
국영회사 239
국제개발국 143
국제분업질서 128
국제음악회 176, 177, 178, 187
국제통화기금(IMF) 100
군부 19, 22, 23, 29, 37, 38, 43, 44, 46
군부 쿠데타 257
군부권위주의 체제 223
군부의 이중기능 232
군사위원회 233
군사정부 53, 54, 69, 72, 77, 83
군사혁명(軍事革命) 256, 257, 259, 264, 266, 273, 275, 276, 279, 281
군사혁명위원회 25, 28, 41, 255
군사혁명포고문 255
군정 43, 44
권력구조 53, 57, 59, 61, 63, 65, 68, 69, 78, 79, 84
권위주의 219
그린(Marshall Green) 114
근대국가 220
근대국가형성 224
근대화 94, 96, 97, 104, 108, 159, 160, 161, 173, 175, 182, 185, 187, 217, 223
글라이스틴(William H. Gleysteen, Jr.) 91
기간산업 육성 141
기업가로서의 국가 222
기타 잇키(北一輝) 91
김석수(金碩洙) 106
김신조 사건 114
김옥균(金玉均) 96, 262
김일영(金一榮) 101, 258, 268, 280
김종필(金鍾泌) 38, 39, 40, 41, 43, 113, 114, 258

【ㄴ】

나기브 271
나는 기러기 모델 128
나세르 266, 269, 269, 270, 271, 279, 281
나토(NATO) 193
나흐다툴 올라마 235
내생적 성장이론 125
내포적 산업화전략 142
네덜란드 동인도회사 225
농업정책 241
뉴룩 135

【ㄷ】

다당제 237
다르다넬스 197
다리 242
다마스커스 196
다케우치 요시미(竹內好) 91
단절명제 131

태국 225
통일개발당 235
튀니지 193
트루만 134
트리폴리 196

【ㅍ】
패권적 일당우위 정당체계 234
페즈 204, 205
편가르기 253
포항제철(POSCO) 103
프롤레타리아 정당 236
피터 에반스 226
필리핀 225

【ㅎ】
하느라따 그룹(Hanurata Group) 243
하야시 타케히코 266, 267, 268, 279
한국과학기술연구(KIST) 100
한국정신문화연구원(韓國精神文化研究院) 107
한미(관계) 18, 19, 35, 43, 47, 48
한일경제협력 148
한일국교 정상화 143
한일회담 144
합작 투자 146
해롤드 크라우치 225
해외투자 239
행정령 231
헌법 257
헤겔(Georg W. Hegel) 105
호스니 무바라크 281

호아킨 코스타 264
호텔산업 239
황태성(黃泰成) 113
회복프로그램 239
후진국 258
후크(Sydney Hook) 91

【기타】
10월유신 105, 110, 254, 268, 279, 282
1965년 229
1966년 231
19세기 225
1차 3개년 경제개발계획안(1962~1963) 97
3·1운동 258
3선개헌 268, 281
3성조정위원회 134
4·19 124, 256, 257, 259, 260, 264, 274
4대의혹사건 276
5·16 117, 124, 135, 257, 259, 260, 266, 267, 275, 282
5권헌법 270
5차헌법개정 53, 58, 84
8·15 259
9·30 사태 229
9가지 생활필수품 238

GDP 성장률 239
IMF 외환위기 219
IMF제안 239

필자소개

이재석 | 인천대학교 정치외교학과 교수
정일준 | 고려대학교 사회학과 교수
이완범 | 한국학중앙연구원 한국학대학원 교수
신복룡 | 건국대학교 정치행정학부 석좌교수
류상영 | 연세대학교 국제대학원 교수
김은경 | 인하대학교 사회과학부 강사
이희수 | 한양대학교 문화인류학과 교수
최경희 | 한국동남아연구소 전임연구원
김석근 | 아산서원(ASAN ACADEMY) 교수부장